臺灣歷史與文化_{研究輯刊}

四　編

第 14 冊

國府遷台前後（1948～1951）
《國語日報》內容之研究

薛政宏　著

花木蘭文化出版社

國家圖書館出版品預行編目資料

國府遷台前後（1948～1951）《國語日報》內容之研究／薛政宏
著 — 初版 — 新北市：花木蘭文化出版社，2013〔民102〕
目 4+186 面；19×26 公分
（臺灣歷史與文化研究輯刊 四編；第 14 冊）
ISBN：978-986-322-496-9（精裝）
1. 國語運動 2. 語言政策 3. 臺灣
733.08   102017402

臺灣歷史與文化研究輯刊
四 編 第十四冊   ISBN：978-986-322-496-9

國府遷台前後（1948～1951）**《國語日報》內容之研究**

作　　者　薛政宏
總 編 輯　杜潔祥
出　　版　花木蘭文化出版社
發 行 所　花木蘭文化出版社
發 行 人　高小娟
聯絡地址　235 新北市中和區中安街七二號十三樓
　　　　　電話：02-2923-1455／傳眞：02-2923-1452
網　　址　http://www.huamulan.tw 信箱 sut81518@gmail.com
印　　刷　普羅文化出版廣告事業
初　　版　2013 年 9 月
定　　價　四編 22 冊（精裝）新臺幣 50,000 元

國府遷台前後(1948～1951)
《國語日報》內容之研究

薛政宏　著

作者簡介

薛政宏

一九七六年出生於屏東縣潮州鎮。

國立臺中師範學院初等教育系畢業，國立臺北教育大學臺灣文化研究所碩士。

現為桃園縣龜山鄉文華國民小學教師。

提　　要

　　本論文藉由探討國府遷臺前後《國語日報》之內容（1948 ～ 1951），分析在戰後臺灣推行國語運動的背景下，《國語日報》身為國語政策的執行者，亦是中國意識型態的形塑者，其具體的內涵與角色。

　　經由本文的探討，首先，發現戰後國民政府為順利推行國語運動，利用官方資源援助《國語日報》的痕跡。而臺灣省國語推行委員會（以下簡稱省國語會）利用《國語日報》替政府宣達國語政令，《國語日報》此時儼然成為省國語會的機關報。其次，《國語日報》替省國語會執行國語政策，將「樹立標準」及「提倡恢復本省方言」兩個理念具體表現在「語文甲刊」及「語文乙刊」上。最後，在戰後臺灣的中國化背景下，《國語日報》創辦了「史地」和「鄉土」兩個副刊，藉此形塑臺灣人的中國意識型態。而隨著國府遷臺後，學校教育開始全面進行黨化教育的措施，此時《國語日報》「兒童」版面撰擇刊登學生投稿之「黨化教育」類的文章，除了反應出當時學校實施「黨化教育」的內容外，一方面代表報社的立場，另一方面則是報社向讀者形塑「黨化教育」的教材。

　　然而，自從臺灣實施戒嚴後，政府開始對言論自由進行嚴密的箝制；當國府遷臺後，隨著蔣介石政權逐漸穩定下來，語言政策開始定於一尊，「中國化」政策也愈趨窄化，《國語日報》內容也被迫調整。總體而言，國府遷臺前後《國語日報》內容之變化，顯示出政府執行更徹底的國語政策，及更窄化的中國意識型態教育。

目

次

表　次

圖　次

第一章 緒 論

第一節 研究動機與目的

一、研究動機

　　2004 年 4 月 8 日國語日報社發起讀報教育運動，籌備成立國內第一個「兒童讀報教育委員會」，並舉辦教師研習，帶動報紙教學的風氣。2005 年 3 月31 日國語日報社宣布全面推動「讀報教育」活動。編輯部組成「讀報教育」小組，負責策畫、推動臺灣讀報教育〔註1〕。讀報教育，顧名思義就是閱讀報紙的教育，也就是拿報紙當作教材，來教育孩子學習新知。在歐美國家被稱為「NIE」教育，就是「Newspaper in Education」的簡稱，開始於 1930 年代的美國，當時是由美國《紐約時報》協助推動大學的活用新聞運動〔註2〕。

　　近年來，由於網路、視聽媒體發達一日千里，民眾的閱讀習慣產生巨大的改變，由傳統的紙類報章逐漸轉為 E 化的電子書型式，因為接觸文字的機會減少，導致閱讀報紙及書刊的人口亦越來越少，相對地閱讀能力也受到影響。因此，如何拯救國人的閱讀能力變成一個重要的課題，而被稱為國家未來的主人翁的兒童，在他們重要的成長學習階段中要如何提升閱讀能力，亦是政府及媒體責無旁貸的工作。

〔註 1〕 湯芝萱等撰寫，《讀報教育指南・入門篇》（臺北市：國語日報，2006 年），頁62。
〔註 2〕 湯芝萱等撰寫，《讀報教育指南・入門篇》，頁 2。

　　《國語日報》是國內唯一的兒童教育報紙，從 1948 年創刊到現在，迄今已 63 個年頭，一直在推動「兒童閱讀」，盡一個媒體的社會責任，面對「兒童閱讀能力下降」的危機，國語日報率先成立專責的讀報教育工作小組，製作適合國小師生使用的《讀報教育指南》，正式發起臺灣的 NIE 運動，為臺灣的讀報教育開啟新的紀元〔註3〕。

　　由於國語日報社的推動及努力，「讀報教育」獲得了廣大的回響。除使國語日報社在 2005 年 11 月 11 日獲得教育部頒發推展社會教育有功團體獎。更獲各縣市教育局大力支持「兒童讀報」，全年數百所中小學校教師參與「讀報教育」教學研習，上千名教師在課堂實施「讀報教育」，多校家長會響應贊助學校訂報，共同透過「兒童讀報」提升兒童讀寫能力與公民素養〔註4〕。

　　筆者身為國小教師的一分子，亦曾參加由國語日報社舉辦之「讀報教育」教學研習，躬逢其盛，之後並在課堂上善用《國語日報》活化課程，培養學生多元閱讀及學習的能力。《國語日報》能如此被活用的原因在於它是以編教材的態度來編報紙，並且堅持正確的語文使用方式，因此，整份報紙都是教學上可以運用的教材；每一個版面，都是「語文教室」〔註5〕，而且內容全部用注音國字編印，能幫助中小學生順利閱讀。《國語日報》目前共有 16 個版面，從頭版的焦點新聞，依序接下來為文教新聞、生活、青春、少年文藝、漫畫、兒童園地、各科教室（藝術教室、科學教室、語文教室、英語教室等）、兒童園地、兒童文藝、家庭、教育、快樂校園、地方新聞及兒童新聞。涵蓋內容相當廣泛，充分增添教師課堂教學與兒童生活經驗的連結與互動。

　　《國語日報》在教育專業領域裡，具有一定分量，格調和內容都受到讀者肯定，為臺灣報業之中最重視兒童及少年讀者的一份報紙〔註6〕，正因為《國語日報》是一份標榜純教育性的報紙，所以報紙內容必須符合對兒童教育的功能。2008 年 5 月 18 日，《國語日報》的網路版刊登了一篇文章，「陽光健康的台灣總統馬英九」，稱讚馬英九總統是台灣最健康有活力的新總統，文章圖文並茂，把馬英九總統塑造成陽光型男，結果這篇文章引起社會輿論的熱烈討論，大多數人認為這是造神運動，可比美以前小學國語課本的「先總統　蔣

〔註3〕湯芝萱等撰寫，《讀報教育指南・入門篇》，頁 2。
〔註4〕湯芝萱等撰寫，《讀報教育指南・入門篇》，頁 62。
〔註5〕湯芝萱等撰寫，《讀報教育指南・入門篇》，頁 3。
〔註6〕湯芝萱等撰寫，《讀報教育指南・入門篇》，頁 3。

公小的時候」看魚兒逆水上游而決心努力向上的黨國教育。雖然國語日報社總編輯馮季眉澄清表示，該篇文章並非在《國語日報》上刊登，而是《國語日報周刊》刊登，且該文並非《國語日報周刊》主動編採，而是作者投稿。並強調「把新總統用小朋友可理解的方式做介紹，很正常。」該人物系列專題之前也刊登包括大提琴家馬友友、環保專家珍古德、企業家施振榮等人，都是介紹在該領域表現出色的傑出人士，並非溢美之文〔註7〕。

　　但就如國語日報社所出版的《讀報教育指南·入門篇》內〈媒體守門人如何篩選新聞〉所寫，每一則送到讀者眼前的新聞，都是經過層層關卡篩選出來的，先是有記者從大量的新聞來源中，過濾出有哪幾則新聞是要採訪報導的，接下來還有報社的決策主管及編輯，決定哪些新聞能夠刊登在報紙上；因此，一則新聞能否見報，或是會以何種角度呈現給讀音，多少取決於這群「媒體守門人」〔註8〕。而《國語日報週刊》是國語日報社所發行，於1995年創刊，是一份專為學齡前幼兒及低年級小朋友所設計的親子讀物，對於專家作者的投稿，國語日報社決策主管及編輯理當負有守門的責任。

　　當筆者看到「陽光健康的台灣總統馬英九」這篇文章及〈《國語日報》捧馬　民眾質疑違反經營目的〉這則評論時，除了反思《國語日報》的內容及辦報宗旨外，也對《國語日報》的歷史及沿革產生好奇，這份從1948年創刊到現在，迄今已63個年頭，一直強調為教育報的報紙，它創刊時的辦報宗旨及內容為何？版面如何安排？主要讀者對象是誰？又教育讀者哪些「教育」呢？尤其在1950年代初，撤退到台灣的蔣介石政權開始實施威權統治，當學校教育也變成黨國教育，並積極進行造神運動及國語運動時，這份「教育報」所代表的教育角色及傳播立場又為何？這中間的發展過程及意義，引起筆者強烈的研究興趣。

二、研究目的

　　二次大戰後，國民政府接管台灣，認為台灣受日本「奴化」嚴重，對「祖國」文化也不了解，所以積極地要清除台灣社會中的日本色彩。1946年4月，國民政府成立「台灣省國語推行委員會」，做為台灣省國語運動的機關，大力

〔註7〕陳璟民、趙靜瑜，〈國語日報捧馬　民眾質疑違反經營目的〉《自由時報》，2009年5月26日，政治新聞版。
〔註8〕湯芝萱等撰寫，《讀報教育指南·入門篇》，頁16。

推動「國語」運動，欲透過「國語」的推行運動，讓台灣人民加強了解中國文化。後來曾擔任國語日報社長的洪炎秋就說過：

> 光復不僅僅是要使我們那些已經喪失的國土，重新歸入版圖；不僅僅是要使我們那些已經走了樣的文物制度，重新恢復舊觀；最要緊的還在於使那些和祖國的文化脫了節的人民，重新變成一個道道地地的中國人。〔註9〕

《國語日報》前身為北平的《國語小報》。1947 年 1 月 15 日，教育部在北平創刊一份國語小報，是個三日刊的小型報紙，全部用注音國字編印。1948 年 1 月，教育部部長朱家驊來台灣視察教育，發現台灣國語教育的推行十分積極，成績昭著，感到如果把北平的《國語小報》遷來台灣，改為日刊，一定可以發揮作用。於是決定把北平三日刊的《國語小報》遷來台灣，改為《國語日報》，請魏建功和何容負責籌備工作〔註10〕。辦報宗旨為輔導語文教育、宣達政府命令及傳播祖國文化。為能廣泛推銷報紙以利推行國語運動，時任台灣省教育廳新聞處長林紫貴更強調必需符合「看得懂、買得起、用得著」的三個條件，而《國語日報》做到了因純粹國語——看得懂，因優待集體訂戶——買得起，因有專載及副刊教材讀物等等——用得著〔註 11〕，所以內容完全切合條件，對推行國語運動立下基礎。

可知，《國語日報》創刊與推行國語運動可說是密不可分的關係，時任教育部長的朱家驊也提到：

> 國語運動始於「甲午戰爭」的刺激，起初注意在社會民眾智識的提高，逐漸演變到現在，成了整個兒「基本教育」的基本工具訓練的問題。這是一個「語文教育」的工作了……如果用一個籠罩的名目說我們的工作整個兒表現是我們的民族文化。為了表現我們民族的文化，對於臺灣省同胞供給這一個注意語文工具基本訓練的注音報，我想最為妥當切要。〔註12〕

本文就是要探討《國語日報》的創刊背景及發展脈絡，並對《國語日報》的辦報宗旨如何在內容中落實做深入研究，最後探討以強調做為一個教育性的

〔註 9〕 洪炎秋，〈光復節與國語日報〉，《國語日報》，1950 年 10 月 25 日，第五版。
〔註10〕 國語日報社，〈國語日報的故事——簡史〉，（來源：國語日報網站，http://www.mdnkids.com/info/history/02_1.asp，2011 年 7 月 11 日瀏覽）。
〔註11〕 國語日報社，〈啓事〉，《國語日報》，1948 年 11 月 24 日，第四版。
〔註12〕 朱家驊，〈寫在創刊前的幾句話〉，《國語日報》，1948 年 10 月 25 日，第一版。

報紙，是呈現怎樣的一個內容去影響當時的中、小學生及民眾，達到其教育的功能及目的，希望透過本文的探討能釐清上述問題意識。

故本論文期能完成下列目的：

（一）探討《國語日報》創刊時的背景、與國語運動的關係及國府遷台前後（1948～1951）的報務運作，了解《國語日報》在當時的發展意義，及《國語日報》與台灣省國語推行委員會之間的互動關係。

（二）研究《國語日報》在國府遷台前後（1948～1951）的報紙新聞版面內容，了解《國語日報》替當時主政者宣達政令的情形。

（三）探究《國語日報》的創刊宗旨如何落實及發揮。分析其強調做為一個教育性的報紙，是呈現怎樣的一個內容去影響當時的中、小學生及民眾，及如何替當時主政者執行國語政策及形塑中國意識。

第二節　文獻探討

2010 年 11 月 18 日台灣文學館舉辦「『《國語日報》合訂本』捐贈式暨《國語日報》與台灣文學發展座談會」。以「《國語日報》與國語推行運動」、「台灣文學與國語文教育」、「《國語日報》與兒童文學的發展」為題召開座談會。會中提到，《國語日報》是臺灣戰後最早創刊的報紙之一，有如一部國語運動推展史，涵蓋社教文化、兒童文學等各層面的內容。而《國語日報》在國語推行運動和兒童文學發展中也扮演了相當重要的角色。國語日報前社長林良更表示：

> 尤其是當時臺灣剛回歸祖國，在仍普遍使用日文的語文環境，《國語日報》提供了學習中文的捷徑。報紙講究用接近口語的白話文撰稿，將典籍學習普及化，更提供創作示範，對臺灣文學貢獻良多。〔註13〕

另《國語日報》和臺灣的兒童文學發展更是密切，在創刊初期就有兒童版，並以提供符合兒童學習的文學作品為目標。從這場座談會中所討論的議題和內容，顯示了《國語日報》研究的價值和方向，可知《國語日報》的歷史發展及早期內容實有其探討的必要。本論文主要的研究課題為探討國府遷台前

〔註13〕國語日報社，〈「響應文資保存」本報合訂本　贈臺文館典藏——2010／11／19〉，（來源：國語日報網站，http://www.mdnkids.com/info/news/dv_listdetail.asp?serial=70008&keyword= 響應文資保存，2012 年 1 月 1 日瀏覽）。

後（1948～1951）《國語日報》之內容，研究如何實踐其辦報宗旨以及對中、小學生及民眾的傳播教育情形。目前關於戰後初期臺灣報業史的研究成果相當豐碩，故僅就與本論文直接相關之研究做文獻探討。

　　歷年的研究中，關於報業歷史發展做完整討論的有王天濱的《臺灣報業史》〔註14〕，由清代報業開始談起，並分別介紹歷經日治時期，戰後初期及國府遷台後的威權時期之各個階段的報業重要發展，其中和本文背景有關之戰後初期的內容則較著重於《臺灣民報》、《臺灣新生報》、《中華日報》等重要報社之描述，對於《國語日報》的介紹及發展背景內容相對顯得薄弱，參照有限；而陳國祥和祝萍的《台灣報業演進四十年》〔註15〕則是析述台灣報業從戰後初期至 70 年代前期這四十年發展的史綱，描繪報業過去的成長軌跡，其中關於戰後初期 1948 年《國語日報》成立及發展的背景雖有著墨，但受限整本書的論述範圍及時間過於廣泛，以致篇幅太小，內容分析不夠詳盡與深入。故王天濱的《臺灣報業史》和陳國祥和祝萍的《台灣報業演進四十年》對於戰後初期發行量較大或較重要的報社成立過程及發展狀況均有整理，其有關戰後初期報業發展背景的研究成果值得參考，雖然只能算是概論式的研究，但仍可做為本文在描述《國語日報》歷史發展時重要的背景參照資料。

　　另外，何義麟的〈戰後初期臺灣報紙之保存現況與史料價值〉〔註16〕已掌握到報紙的史料價值；而利用單一報紙做分析材料的研究成果頗豐，如李筱峰〈從《民報》看戰後初期臺灣的政經與社會〉〔註17〕、陳恕的〈從《民報》觀點看戰後初期（1945～1947）台灣的政治與社會〉〔註18〕、黃淑英的〈《民報》與戰後初期的臺灣〉〔註19〕及吳純嘉的〈《人民導報》研究（1946

〔註14〕王天濱，《臺灣報業史》（臺北市：亞太圖書，2003 年）。

〔註15〕陳國祥、祝萍作，《臺灣報業演進四十年》（臺北市：自立晚報，1987 年）。

〔註16〕何義麟，〈戰後初期臺灣報紙之保存現況與史料價值〉，《臺灣史料研究》第 8 號（1996 年 8 月），頁 88～97。

〔註17〕李筱峰，〈從《民報》看戰後初期臺灣的政經與社會〉，《臺灣史料研究》第 8 號（1996 年 8 月），頁 98～122。

〔註18〕陳恕的，〈《民報》觀點看戰後初期（1945～1947）台灣的政治與社會〉，（台中，私立東海大學歷史研究所，2002 年）。

〔註19〕黃淑英，〈《民報》與戰後初期的臺灣〉，（臺北：國立臺灣師範大學歷史研究所論文，2003 年）。

～1947）兼論其反映出的戰後初期臺灣政治、經濟與社會文化變遷〉〔註20〕
等，惜時間段限多集中在探究二二八事件前後台灣社會的變動，與《國語日
報》的成立時間1948年並無疊合。而許旭輝的戰後初期臺灣報業之發展——
以《臺灣新生報》爲例〔註21〕，主要探討戰後初期〈1945～1949〉官營報業
的發展與影響，對於《臺灣新生報》的經營與言論立場等有深入的剖析；及
呂東熹的〈臺灣戰後民營報業發展的歷史結構分析——以《自立晚報》爲例〉
〔註22〕，則採取歷史結構的分析，透過台灣政經發展經驗，歸納出台灣報業
發展的特色，同時分析《自立晚報》在報業環境扮演的角色定位及其發展間
的關係；呂婉如的〈《公論報》與戰後初期台灣民主憲政之發展（1947～1961）〉
〔註23〕，在論述公論報的發展背景、創立與經營時，給予本文好的借鏡與啓
發。

　　目前關於「《國語日報》」的主要論述，經筆者於2011年7月13日，在
臺灣博碩士論文知識加值系統中輸入「國語日報」當關鍵字，共得到18筆資
料〔註24〕。整理後得知，從2004年國語日報社發起讀報教育運動，2005年國

〔註20〕 吳純嘉，〈《人民導報》研究（1946～1947）兼論其反映出的戰後初期臺灣政
　　　　治、經濟與社會文化變遷〉，（桃園：國立中央大學歷史研究所碩士論文，1998
　　　　年）。
〔註21〕 許旭輝，〈戰後初期臺灣報業之發展——以《臺灣新生報》爲例〉，（臺北，國
　　　　立臺北教育大學社會科教育學系碩士班，2007年）。
〔註22〕 呂東熹，〈臺灣戰後民營報業發展的歷史結構分析——以《自立晚報》爲例〉，
　　　　（臺北，私立銘傳大學傳播管理研究所碩士論文，2002年）。
〔註23〕 呂婉如，〈《公論報》與戰後初期台灣民主憲政之發展（1947～1961）〉，（臺北，
　　　　國立臺灣師範大學歷史研究所論文，2001年）。
〔註24〕 林芳儀，〈國小三年級讀報教育之行動研究——以閱讀國語日報爲例〉，（臺
　　　　北，國立臺北教育大學語文與創作學系碩士班論文，2011年）、陳靜如，〈摘
　　　　要策略教學對國小三年級學生閱讀理解能力之影響——以國語日報爲教
　　　　材〉，（嘉義，國立中正大學教育研究所論文，2011年）、蘇美如，〈讀報教育
　　　　對國小四年級學童寫作能力成效之研究——以《國語日報》爲例〉，（屏東，
　　　　國立屏東教育大學中國語文學系碩士班，2011年）、鄭惠月，〈《國語日報》語
　　　　文專欄與國小語文教學之應用研究〉，（臺北，臺北市立教育大學中國語文學
　　　　系碩士班論文，2010年）、林家安，〈2008年國語日報高年級童詩金榜研究〉，
　　　　（臺中，國立臺中教育大學語文教育學系碩博士班論文，2010年）、鍾宇欣，
　　　　〈運用國語日報讀報教學提升國小四年級學童中文寫作能力之行動研究〉，
　　　　（臺中，國立臺中教育大學課程與教學研究所論文，2010年）、劉容枝，〈讀
　　　　報教育營造班級閱讀環境之行動研究——以國語日報爲例〉，（高雄，高雄師
　　　　範大學工業科技教育學系論文，2010年）、陳玫吟，〈國民小學二年級實施讀
　　　　報教育之行動研究——以國語日報爲例〉，（嘉義，國立中正大學教學專業發

語日報社宣布全面推動「讀報教育」活動之後，以《國語日報》進行讀報教育的研究成果頗爲豐碩，共有 9 篇；與 1995 年辦理之「國語日報兒童文學牧笛獎」爲研究方向的，共有 3 篇；從報紙內容（童詩、海洋教育議題及小詩人專刊）分析的則有 3 篇，以品牌經營爲主的有 1 篇，以華語教學爲方向的也是 1 篇。而和本文較爲相關，偏重歷史書寫亦僅有一篇而已，且該篇論文主要是分析《國語日報》從創刊以來的歷史，對於本文所要探討的國府遷台前後時空背景雖有描述，但受限於篇幅關係無法深入研究，殊爲可惜，而關於《國語日報》內容則完全沒有在探討範圍內。

由歷來的研究可以發現，對於《國語日報》在國府遷台前後（1948～1951）內容之研究可以說是完全付諸闕如，但就如筆者在前文所提到，《國語日報》從 1948 年創刊到現在，迄今已 63 個年頭，是臺灣戰後最早創刊的報紙之一，其早期歷史有如一部國語運動推展史，內容涵蓋社教文化、兒童文學等各層面。尤其是戰後台灣仍處於普遍使用日文的語文環境下，《國語日報》身爲政府國語政策的執行者，亦是中國意識型態的形塑者，確實有其研究的價值。

再者，《國語日報》在 1948 年創刊時的背景是國共內戰局勢轉變的緊張時期，1949 年更是變化最大及關鍵性影響的一年，《國語日報》爲何能在戒嚴環境下，在眾多報紙競爭中生存？而《國語日報》在創刊時就強調是做爲一個教育性的報紙，在發行之初更爲了配合學生放學時間，以下午報的型式發

展數位學習碩士在職專班論文，2009 年）、林瑋，〈「國語日報」品牌再造研究〉，（臺北，國立政治大學經營管理碩士學程（EMBA）論文，2009 年）、陳怡安，《《國語日報》海洋教育議題之內容分析》，（臺中，國立臺中教育大學課程與教學研究所論文，2009 年）、沈偉妃，〈國小六年級兒童作文的辭格研究──以九十四年《國語日報》爲例〉，（臺北，臺北市立教育大學中國語文學系碩士班論文，200 年）、鍾張涵，〈提升兒童識讀能力與媒體近用研究──以《國語日報》實施 NIE 爲例〉，（臺北，世新大學新聞學研究所（含碩專班）論文，2009 年）、侯詩瑜，〈國語日報華語教師文化教學現況調查與研討〉，（臺北，國立臺灣師範大學華語文教學研究所論文，2008 年）、林哲璋，〈「國語日報」的歷史書寫〉，（臺東，國立臺東大學兒童文學研究所論文，2006 年）、劉芳蓉，〈現代童話之主題分析──以國語日報牧笛獎得獎童話作品爲例〉，（花蓮，國立花蓮師範學院國民教育研究所論文，200 年）、李治國，《《國語日報兒童文學牧笛獎》圖畫故事書研究》，（臺東，臺東師範學院兒童文學研究所論文，200 年）、陳秀枝，〈國語日報牧笛獎及其童話作品研究〉，（臺東，臺東師範學院兒童文學研究所論文，2002 年）、楊茹美，〈從《國語日報》〈小詩人專刊〉看兒童心目中父母親的形象〉，（臺東，臺東師範學院兒童文學研究所論文，2002 年）。

行，負責《國語日報》創刊籌備工作的何容曾說過：「《國語日報》的讀者是本省同胞，尤其是小學生，它雖然還沒有普遍推行到整個社會，但是它已經到達全省每一個國民學校。」〔註25〕在這個情況下，當時的教師如以《國語日報》當做教材，那麼運用的又是什麼內容去實施所謂國語教育呢？上述問題意識都將由本文從《國語日報》史料爬梳中獲得探討。

第三節　研究方法與步驟

本文主要在探討國府遷台前後（1948～1951）《國語日報》之內容，主要史料爲《國語日報》，故主要研究方法擬採用歷史學上的文獻分析法，將報紙內容如新聞報導（國際新聞不在本研究範圍內）、多元副刊及語文補充教材等依研究課題做全面整理、分析、歸納，務求深入且細盡的探究。並透過大量蒐集相關研究資料以做爲輔助，同時參考新聞學及媒體傳播等相關理論進行背景研究，也會參考相關時人的回憶錄或後人替其所撰寫傳紀、口述訪談等作補充說明及考證。

本論文在時間斷限方面，設定以 1948 到 1951 年之間，即 1948 年 10 月 25 日《國語日報》創刊，1949 年 12 月 7 日國府遷台後至 1951 年 12 月 31 日止兩年的範圍。並以國府遷台分成前後兩期，理由有三點：

（一）探究 1948 年《國語日報》創刊時的背景及與國語運動的關係，有助於了解《國語日報》在當時的發展意義、報紙所傳播的教育內容和背後的國家語言政策基本方向。

（二）1949 年 12 月 7 日國府遷台，此時報業由地方色彩濃厚的報紙，一躍而爲全國性報紙，而《國語日報》內容在這其中的的轉換變化，亦值得我們深入探討。及 1949 年 5 月 19 日警備總司令宣佈臺灣省 20 日起戒嚴，1950 年 3 月公布「臺灣省戒嚴期間新聞雜誌管制辦法」，當臺灣處於強人威權體制下，報業媒體被統治者取得文化霸權時，辦報的方向受到一定程度的控制，故《國語日報》在這時期的內容變化需要再析論。

（三）從 1950 年 4 月 1 日起，國語推行委員會撥墊四萬元爲全省國民學校每校訂閱《國語日報》兩份〔註26〕，1951 年 7 月 10 日，教育廳令各級學校

〔註25〕何容，〈國語日報與國語運動〉《國語日報》，1950 年 10 月 25 日，第五版。
〔註26〕張博宇，《慶祝臺灣光復四十年　臺灣地區國語推行資料彙編（中）》（台北市：台灣省立新竹社會教育館，1988 年），頁 122。

應以「國語」教學，嚴禁「方言」，教師和學生之間談話都必須用「國語」，語言教育政策逐漸定於一尊〔註 27〕。在這些政策之下，強調做爲一個「教育性」的《國語日報》，因爲校校有報紙，主要讀者又是中、小學生，在校又規定要說國語，所以當《國語日報》成爲學生學習國語的基本工具，及政府利用《國語日報》進行中國意識型態的形塑時，其內容就更值得研究了。

而在研究步驟方面，因本文主要研究方法爲文獻分析法，所以首先運用「量」的分析統計 1948 年至 1951 年《國語日報》之內容，依各種新聞的性質、副刊種類、語文教材目的做整理，以了解各版面當時編排的重點爲何；再運用「質」的分析方式，歸納《國語日報》之內容及議題，探討出數字背後的意義，以「量」的變化來推論「質」的變化，質量均衡並重。從結果試著了解《國語日報》當時編輯的政策及方向，何以會呈現此報紙內容來教育學生及民眾，而又產生了什麼效果。

尤其是《國語日報》雖然爲一份民營報紙，但是從發行之初，就與台灣省「國語推行委員會」（下文簡稱省國語會）密不可分。1949 年初，《國語日報》就將編輯、印刷工作都移到省國語會，借重省國語會人力辦報；省國語會則利用報社的印刷設備，解決書刊傳佈的困難。1949 年 3 月《國語日報》社成立董事會時，省國語會委員方師鐸、梁容若等人更列名其中，此後，《國語日報》社的人事，與省國語會的委員高度重疊，具有濃厚的官方色彩〔註28〕。這樣一份具有官方色彩的民營報紙，其言論立場的特殊性對於內容編輯的影響及辦報的走向如何，實爲重要的研究課題。

〔註27〕李筱峰著，〈國語推行委員會成立〉《台灣史 100 件大事（下）》（臺北市：玉山社，1999 年），頁 15。

〔註28〕呂東熹，《政媒角力下的台灣報業》（台北市：玉山社，2010 年），頁 250。

第二章 《國語日報》的創辦與經營

本章首先探討戰後初期臺灣推行國語運動的情形，尤其是戰後初期臺灣社會語言使用上仍是日語和母語共同存在的情形下，國民政府是如何來推動國語運動，藉此了解《國語日報》成立時的背景。接著深究《國語日報》籌辦的緣起及創刊發行的經過，還有初期銷售的情形。最後說明在國共內戰下，社會動盪不安，物資極度缺乏，此時報業經營相當不易，《國語日報》經營初期是如何接受台灣省政府的援助，渡過這段時間及逐漸站穩腳步，並發展爲迄今逾 63 年的報社。

第一節 戰後初期臺灣推行國語運動情形

《國語日報》創刊時，教育部長朱家驊就在「寫在創刊前的幾句話」中明確揭示了《國語日報》與國語運動密不可分的關係：

> 國語運動始於「甲午戰爭」的刺激，起初注意在社會民眾智識的提高，逐漸演變到現在，成了整個兒「基本教育」的基本工具訓練的問題。這是一個「語文教育」的工作了〔略〕如果用一個籠罩的名目說我們的工作整個兒表現是我們的民族文化。爲了表現我們民族的文化，對於臺灣省同胞供給這一個注意語文工具基本訓練的注音報，我想最爲妥當切要。〔註29〕

而戰後初期在台灣推行國語運動的主要領導人，亦是《國語日報》創辦人之一的何容也在《國語日報》慶祝光復節跟國語日報五週年紀念特刊中提到：

〔註29〕朱家驊，〈寫在創刊前的幾句話〉，《國語日報》，1948 年 10 月 25 日，第一版。

「《國語日報》是爲國語運動而創辦的。」〔註30〕所以，如果要探究《國語日報》的創辦背景，首先就要了解戰後初期臺灣推行國語運動的情形。

　　中華民國成立以來，推行國語運動隨而蓬勃展開，國語運動的意義，對全中華民國來說，是語言的標準化運動；就臺灣來說，是恢復本國語文〔註31〕。1945年8月15日，日本宣佈無條件投降後，二次大戰結束，中華民國政府接管臺灣。基本上，戰後初期臺灣社會語言使用情形是日語和母語共同存在的雙語社會。日語普及率雖高，卻尚未成爲家庭語言，僅成爲臺灣人吸收現代化知識的工具與公共場合使用的官方語言〔註32〕。臺灣語言學家吳守禮曾在《臺灣人語言意識的側面觀》一文中，將戰後初期臺灣社會語言使用的情形分成三層：

　　　　老年級，除了五十年來沒有機會學日本語的一部分不用提以外，智
　　　　識人的話語雖然大多是臺灣話，生活語也是臺灣話，但是語彙裡已
　　　　經滲入不少的日本語和語法了。中年級，除了一部分人沒有熟習日
　　　　本語，大都能操日本話，看日本書寫日文，有的更因受的是日本教
　　　　育，所以走思路做思想都用日本語的語法，這一層的人，有的雖然
　　　　會說一口還很流利的母語，可是因爲母語已經由社會上退到家庭的
　　　　一角落，他們不得不用日語思想東西。臺灣語的幹根雖然沒有搖動，
　　　　枝葉的作用已經變了。少年級，這一層，不但學會了日本語言，有
　　　　的簡直不會說臺灣話，實際上最難脫離日本語的一層。〔註33〕

可知，由於日本統治臺灣時間長達五十年之久，並實施國語（日語）政策的關係，大部份的臺灣人已經把自己的母語幾乎都遺忘了，作家葉石濤就曾回憶：「由於在日本殖民系統已經穩固了三十多年的殖民地社會完成教育而長大成人，所以我們在語言習慣和思考模式都完全日本化了。」〔註34〕而這個語

〔註30〕何容，〈國語日報與國語運動〉，《國語日報》，1952年10月25日，第六版。
〔註31〕何容，〈本省的國語運動〉《臺灣教育輔導月刊》，1：1，（1950年11月），頁29。
〔註32〕俞智仁，〈戰後臺灣國民學校國語科教材教法之研究（1950～1962）〉，（台北：國立臺北教育大學教育學院社會與區域發展學系碩士論文，2010年），頁19。
〔註33〕吳守禮，《臺灣人語言意識的側面觀》，《臺灣新生報》，1946年5月21日，第六版。轉引自俞智仁，〈戰後臺灣國民學校國語科教材教法之研究（1950～1962）〉，頁21。
〔註34〕陳明柔，《我的勞動是寫作：葉石濤傳》（臺北市：時報文化，2004年），頁34。

言環境對戰後來台的外省人汪彝定而言，則是產生隔閡的原因，他曾回憶：

> 到臺灣的第一件不便就是語言不通，連文字也不通。臺灣沒有幾個
> 人會說國語、讀漢文。他們在日本文化中長大，只會日文，而閩南
> 語又是中國最難懂的方言之一。我們既不懂閩南語，也看不懂日文，
> 等於是一群文盲和另一群文盲在一個社會裡相遇，隔閡之生毋寧是
> 必然的。〔註35〕

此時，國民政府統治下的總機關「臺灣省行政長官公署」，也體認到國語推行
工作的重要性，極需實施「語文復原」工作，所以特請教育部派員協助。事
實上，戰後初期臺灣人民對國語的傳習和認識，是相當紊亂的，也增加國語
推行的繁雜程度。《國語日報》創刊總經理方師鐸曾表示：

> 那時候，臺省人士對於國語是相當狂熱的；他們有的是出於純綷的
> 「祖國熱」，有的是「要為祖國服務」，當然也有人是為「想做新官
> 僚」。那時候，臺灣學習國語的空氣，可以說是濃厚極了：以前無人
> 問過的「趙錢孫李」、「天地玄黃」的書房，也在紛紛恢復了〔略〕
> 也有人在市場的屋簷牆角，掛上一面小黑板，傳習幾句簡單的會話，
> 以便向臨時圍攏來的臨時學員收臨時學費。真是五花八門，無奇不
> 有；甚至連正待遣回國的日本人，都偷偷的在家中讀「華語急就篇」。
>
> 〔註36〕

而作家吳濁流也曾回憶說：「這種新興氣氛，從都市傳到鄉下的各角落去，不
管男女，自動自發地努力學習國語了，懂得國語的人，自動地當了教師，沒
有報酬地開設了講習會。還有漢文講習會也雨後春筍般地林立起來〔註37〕。」
為了應付學習國語的狂熱潮，大量的國語讀本也出現在市面，有現成的，也
有新出版的，中國人編的也有，日本人編的也有，通的也有，不通的也有，
內容妥當的也有，不妥當的也有，意識欠缺的地方也有，照舊標準注音的也
有，用假名注音的也有〔註38〕。根據學者研究成果，戰後初期流行的國語教
科書就有多達十幾種，如《標準中華國語教科書 初級篇》（台北：台灣文化

〔註35〕汪彝定，《走過關鍵年代——汪彝定回憶錄》（臺北：商周文化股份有限公司，
1991年），頁36～37。

〔註36〕方師鐸，《五十年中國國語運動史》（臺北市：國語日報社，1969年），頁141。

〔註37〕吳濁流，《無花果》（台北市：前衛出版社，1993年），頁162。

〔註38〕張博宇，《臺灣地區國語運動史料》（臺北市：臺灣商務印書館，1974年），頁
44。

印書館）、《華語自修書》第一卷（台北：三省堂）、《訂正改版 最新國語教本（基礎篇）》（台南：崇文書局）、《最新國語教本》（台北：大同書局）、《初級簡易國語作文法》第一卷（台中泉安行）、《中國語會話教科書》上卷（台中：中央書局）〔註39〕，《新編初小國語讀本》（上海中華書局）、《初小國語讀本》（世界書局）、《國語讀本》（大東書局）〔註40〕……等。編輯水準大多參差不齊，相當混亂，令臺灣人感到無所適從。

　　就因爲在這樣一種學習國語的無政府狀態下〔註41〕，「臺灣省行政長官公署」特請教育部儘快派員協助處理。而早在 1945 年，中華民國立法院就已正式通過了「教育部國語推行委員會」的組織，所以這一項工作當然是由該會辦理，並派出魏建功及何容，帶領了一部份工作人員，以及推行國語的法令、書籍、和器材，於 1945 年 11 月到達臺灣，籌設「臺灣省國語推行委員會」和各縣市「國語推行所」的工作。1946 年 4 月 2 日，「臺灣省國語推行委員會」正式成立，隸屬於「臺灣省行政長官公署教育處」，主任委員爲魏建功，副主任委員爲何容〔註42〕。此外，又在臺中縣、臺東縣、新竹縣、高雄縣、彰化市、嘉義市、高雄市、屏東市……等八個地方，設立「國語推行所」〔註43〕，辦理各縣市的國語推行工作。

　　不過，臺灣人學國語的熱情，在 1946 年下半年已大爲冷卻。學者黃宣範認爲原因在於當時陳儀希望透過「剛性的推行」，在很短時間內根絕台人「奴人的舊心理，建設革命的心理」。同時把國文能力當作是公家機關人事任用的主要考量，外省人歧視台人不懂國語，斥之爲「奴化」。而台人眼見外省人能力並不比自己強，只因能操國語，就可以當主管，居高位，心理極爲怨憤不平〔註44〕。而在 1946 年 10 月 1 日的《民報》中更談到，台灣人因爲受到外省人的悔蔑，「於是諸君在憤慨之餘，國文不高興學了，國語也不高興說了〔註

〔註39〕 黃英哲，〈魏建功與戰後台灣「國語」運動（1946～1948）〉《臺灣文學研究學報》第 1 期（2005 年 10 月），頁 91。

〔註40〕 李西勳，〈臺灣光復初期推行國語運動情形〉《臺灣文獻》46：3（1995 年 9 月），頁 176。

〔註41〕 黃英哲，〈魏建功與戰後台灣「國語」運動（1946～1948）〉，頁 92。

〔註42〕 方師鐸，《五十年中國國語運動史》，頁 117。

〔註43〕 方師鐸，《五十年中國國語運動史》，頁 118。

〔註44〕 黃宣範，〈國語運動與日語運動〉《語言、社會與族群意識》（臺北：文鶴出版社，1993 年），頁 104。

〔註45〕 黃宣範，〈國語運動與日語運動〉《語言、社會與族群意識》，頁 104。

45〕。當 1947 年「二二八事件」爆發後,在官方的事件調查報告中,認為本省人與外省人發生摩擦的原因在於語言的隔閡,所以政府認為更需加強推行國語〔註 46〕。

　　1948 年,教育部應要求在臺北市設立「教育部國語推行委員會閩臺辦事處」,為「臺灣省國語推行委員會」的上級單位,也是在國府遷臺前,臺灣推行國語運動的最高指導機構。該處在其組織規程中明確指示八項辦理任務:

1. 宣達本部有關語文教育之政策及標準。
2. 輔導並督察本區推行國語之機構。
3. 設計指導調查本區內之方音方言。
4. 堆動本區內注音識字運動。
5. 協助本會在本區編刊「國語小報」及注音讀物。
6. 視察本區內各級國語教學。
7. 主持或協助本區國語師資訓練。
8. 臨時委託事項。〔註 47〕

從第 5 項任務中可以看到,在此時教育部就有意將在北平發行的《國語小報》移至臺灣辦理,《國語小報》即為《國語日報》的前身,而閩臺辦事處主要的任務就是籌辦《國語日報》,其他的都是陪襯。方師鐸曾說:「因為教育部國語會是一個全國國語運動的設計指導機構,對各省市的國語會也只限於設計指導,何況部開的在臺委員,都是臺灣省國語會的專委和常委,根本用不著辦事處來指導。」〔註 48〕

　　但教育部確實也試圖將戰後初期的國語推行工作,做一個全盤計畫與督導,以解決國語傳習的亂象。而「臺灣省國語推行委員會」之後也樹立了國音標準,並針對臺灣的特殊情形,訂定六條「臺灣省國語運動綱領」,做為在臺灣推行國語工作之準則,並由各委員在報端發表論文,在電臺作專題演講,分別闡明「國語運動在臺灣的意義」、「國語的推行」、「國語的文化凝結性」以及「論胡麻主義的國語教育」等等。〔註 49〕像主任委員魏建功就曾在《臺

〔註46〕許雪姬,〈台灣光復初期的語文問題〉《思與言》29 卷第 4 期,(1991 年 12 月),頁 157。
〔註47〕方師鐸,《五十年中國國語運動史》,頁 115。
〔註48〕張博宇,《臺灣地區國語運動史料》,頁 91。
〔註49〕方師鐸,《五十年中國國語運動史》,頁 120。

灣新生報》的「國語副刊」﹝註50﹞上提出「臺灣省國語運動綱領」，等到1948年《國語日報》創刊後，又再提出一次。這六條綱領分別是：

1. 實行臺語復原，從方言比較學習國語。

2. 注重國字讀音，由「孔子白」引渡到「國音」。

3. 刷清日語句法，以國音直接讀文，達成文章還原。

4. 研究詞類對照，充實語文內容建設新生國語。

5. 利用注音符號，溝通民族意志，融貫中華文化。

6. 鼓勵學習心理，增進教學效能。﹝註51﹞

前三條是針對日本人在臺灣施行日本語文教育結果而訂的，因為「省國語會」認為臺灣回歸祖國後，臺灣人民一時無法說聽國語，所以必須先「恢復祖國國語文」，而只有「恢復臺灣話應有的方言地位」，才能夠「從方言比較學習國語」﹝註52﹞。魏建功在文章中亦特別說明：「他是因為看到台灣省人士對於『母語』的關係生疏，由於『母語』的生疏而無應用『國字』的觀念。」﹝註53﹞覺得事態相當嚴重，所以特別訂定了適合臺灣省推行的國語運動綱領。

從這邊我們特別觀察到一點，即魏建功一開始是主張恢復臺灣話應有的方言地位，而此舉也遭到某些知識分子的批評，如曾任長官公署教育處處長范壽康即屬消滅方言派﹝註54﹞，認為既然日本人已大力摧毀了本省的方言，正好任其消滅，甚或促其消滅，讓國語取而代之。這樣推行國語，也不失為一種「語言政策」﹝註55﹞。為此，魏建功特別在《臺灣新生報》上發表〈何

﹝註50﹞ 1946年5月21日，《臺灣新生報》發行了「國語副刊」。這是一個臺灣省國語推行委員會跟臺灣社會取得聯繫的研究討論的刊物，每逢星期二出版，出自三十二期後停刊。由該會改出國語通訊，每月印出十四期又停刊。1950年9月1日「國語」又在中華日報北部版復刊。

﹝註51﹞ 魏建功，〈臺灣省國語運動綱領的再提出〉《國語日報》，1948年11月25日，第一版。

﹝註52﹞ 方師鐸，《五十年中國國語運動史》，頁133。

﹝註53﹞ 魏建功，〈臺灣省國語運動綱領的再提出〉《國語日報》，1948年11月25日，第一版。

﹝註54﹞ 林哲璋，〈「國語日報」的歷史書寫〉（國立臺東大學兒童文學研究所論文，2006年），頁79。

﹝註55﹞ 何容，〈臺灣推行國語工作的回顧與展望〉《中國語文》，第二十九卷第四期，（1971年10月），頁9。

以要提倡從臺灣話學習國語〉一文來支持並強調此一觀點的重要性〔註56〕。

但是，魏建功的主張最後並未能普遍推行，只限於實驗工作。學者張博宇認為：「原因為一般公教人員急需的是國語，不願意花費時間，學那不急之需的方言符號，民眾學它也派不上用場，要就學國語，很自然的就走上注音識字教育的路。」〔註57〕而學者黃宣範則認為，這個計劃並未實現是因為人才與教材兩缺〔註58〕。

臺灣省國語推行委員會就在魏建功及何容的領導策畫之下，積極展開推行國語的其他各項工作：如在各縣市設立國語會、國語講習班、研究會、專修班、語文補習學校，以及協助台灣大學、師範學院，增設國語課程，並派員擔任教學，大量培訓國語師資。派員前往各地輔導國語教學，舉辦各種國語比賽活動。編印國語書刊，作為學習者的讀物。利用廣播電台，作國語的讀音與讀物的示範教學。在台北市設立國語實驗小學〔註59〕，研究國語文的教學方法，並舉辦公務員語文師資講習班，調訓全省各機關的人員前來訓練，然後回原單位傳播國語〔註60〕。這股學習國語的熱潮，戰後身為教師的作家葉石濤就曾在回憶錄中提到：

> 在國民學校下課之後，夜間仍積極參加學校或社會團體辦的國語講
> 習班，努力從注音符號學起，同時也必須在次日將這些初學的ㄅㄆ
> ㄇㄈ教給學生。〔註61〕

作家吳濁流也說：「當時國民學校的教師們則靠ㄅㄆㄇㄈ等標音記號來自修，有的人靠收音機來學。」〔註62〕而時任臺大教授的杜聰明的國語是每天在無線電裏面學得來的〔註63〕；而身為《國語日報》創刊時之「鄉土」副刊的主

〔註56〕魏建功，〈何以要提倡從臺灣話學習國語〉《臺灣新生報》，1946 年 5 月 28 日，「國語」第二期。

〔註57〕張博宇，《臺灣地區國語運動史料》，頁 115。

〔註58〕黃宣範，〈國語運動與日語運動〉，《語言、社會與族群意識》，頁 105。

〔註59〕國語實小的前身是日治時期的「臺北師範第三附小」，戰後省教育廳為推廣國語教育，實驗新的教育方法，於 1946 年 5 月，將原校名改為「臺灣省國語推行委員會附設實驗小學」。

〔註60〕方祖燊，〈國語大師 何容先生年表〉《語文建設通訊》第 60 期，（1999 年 7 月），頁 75。

〔註61〕葉石濤，《我的勞動是寫作——葉石濤傳》（臺北市：時報文化，2004 年），頁 86。

〔註62〕吳濁流，《台灣連翹》（臺北市：草根出版，1995 年），頁 152。

〔註63〕王聿均，孫斌，《朱家驊先生言論集》（臺北市：中央研究院近代史研究所，1977 年），頁 216。

編者黃得時，也回憶過戰後那段利用收音機來聽臺灣廣播電臺教國語的情形：

> 對當時已經三十七歲，進入壯年的我，要從頭開始學習國音，實在
> 是件很吃力的事情〔略〕終於皇天不負苦心人，絕好的福音傳來
> 了。那便是臺灣省國語推行委員會委員齊鐵恨先生，每天上午六點
> 半，以及下午六點半，要在臺灣廣播電臺教國語，先由注音符號開
> 始，然後依次教小學課本。這對於當時苦於無師請教的我而言，確
> 實是天大的好消息。我從第一天開始，就抱著十二萬分的期待，把
> 齊先生所說的話，一言半句也不漏掉，集中全精神收聽。〔註64〕

當時臺灣省國語推行委員會對推行國語工作確實是非常積極的，不管是師資
的訓練，或者是國語的推廣，都投入了相當大的時間和人力。方師鐸就曾回
憶這段推廣國語的忙碌歲月：

> 當時「國語推行委員會」的工作人員，從早到晚眞是忙的不可開交；
> 有人每天早晨六點鐘就得去廣播電臺播音，有人於每天中午休息時
> 間去各工廠傳習國語，有人在晚上下班以後去各小學或工廠，參加
> 國語研習會或討論會，有人連星期假日都沒有，因爲愈是星期假日
> 各機關學校開國語觀摩會、演講會的愈多，到時候「國語推行委員
> 會」的人非得出席參加指導、講評、頒獎不可。〔註65〕

由於「省國語會」對國語推行工作漸漸感到負荷不了，只好向教育部求援，
希望教育部能撥款在臺灣籌辦一個用注音符號注音的國語報紙，因爲「省國
語會」認爲，單靠背誦「國語會話」，民眾是無法隨時用它來表達感情的，如
果想要方便自如地運用，則需要有更豐富的詞彙才能成功，並且必須多讀用
國語寫成的書報才行。而戰後初期那些應時的「國語會話」早已不合時宜，
市面上也找不到合於當前語文教育需要的書，至於報紙上的文字跟會話課本
距離又太遠。所以爲了解決書報缺乏的問題，「省國語會」才會有「辦報」的
需求，何容就曾說：

> 推行國語工作，是要普及語文教育，提高國民運用本國語言文字的
> 能力，並不是僅「傳習官話，以利商旅」。那麼，編印書刊就是推行
> 國語的最基本最主要的工作〔略〕國語會的推行費，歷年來增加的
> 時候少，削減的時候多；把這筆事業費完全用於印刷，能印出幾本

〔註64〕洪炎秋等，《何容這個人》（臺北市：國語日報社，1975年），頁162。
〔註65〕方師鐸，《臺灣話舊》（臺中市：中市文化局，2000年），頁43～44。

書？是可以用數字計算出來的。印出來之後，要想普遍分發到各學校，傳布到廣大的民間，這筆郵運費也相當可觀〔略〕國語會利用國語日報社的印刷設備和發行網，解決了國語書刊印刷和傳布的兩大困難。〔註66〕

事實上在 1946 年初，「省國語會」就託人把兩副注音漢字銅模從重慶運到臺灣，計畫設一個排版房，專排注音書報；可是一直沒有錢開辦。因爲單有鑄字的銅模，不能印書報，而一般印刷廠，無論公營私營，又都不肯投資來增加這項設備〔註67〕。最後，這個願望終於在教育部長朱家驊到臺灣視察時達成了。

第二節 籌辦緣起與創刊發行

一、《國語日報》籌辦緣起

1948 年 3 月，當時的教育部長朱家驊到臺灣視察，對於國語教育的成就，深覺滿意，他曾經提到當時的感想，認爲：「各級學校的員生都能說國語，甚至小學生特別說得好，比內地尤其沿海各省好得多，因爲他們的國語是認真學習的，學的很徹底。」〔註68〕並且也因爲看出臺灣刊行注音報紙的迫切需要，加上「省國語會」的辦報建議，於是決定答應主任委員何容的要求，在臺灣辦一份注音報紙，一份以推行國語、普及教育爲主的專業性報紙。

本來教育部在北平於 1947 年 1 月 15 日已經辦有一份三日刊的《國語小報》，但在北平發展不開，根據當時《國語小報》編輯者的回憶，《國語小報》訂價已經比一般四開的小型報還要低，在半買半送的情況之下，最多也不過銷一兩百份〔註69〕。但是在臺灣卻受到歡迎，在《國語小報》還沒有正式遷臺以前，每期都大量寄到臺灣來，供各機關、學校教學之用〔註70〕；當時「省國語會」還曾經組織一個「國語書報流通社」，協助「國語小報」由北平航空

〔註66〕張博宇，《臺灣地區國語運動史料》，頁 93。
〔註67〕何容，〈國語日報與國語運動〉，《國語日報》，1951 年 10 月 25 日，第五版。
〔註68〕王聿均，孫斌，《朱家驊先生言論集》，頁 216。
〔註69〕寶玉，〈點點滴滴想當年〉，《國語日報》，1954 年 10 月 25 日，第六版。
〔註70〕方師鐸，《臺灣話舊》，頁 44。

快遞來臺，每次都被讀者搶購一空〔註71〕。於是教育部決定把它移到臺灣來繼續出刊，並在 1948 年 6 月以國字三三七三三號令，令教育部國語推行委員會專任委員何容，指示將北平的《國語小報》移臺辦理，由該會常務委員魏建功，專任委員何容，負責主持，迅速籌編出版。《國語小報》移臺辦理要點如下：

1. 《國語小報》移臺辦理。為適應當地需要，改為《國語日報》。

2. 《國語日報》經營原則，應屬行成本會計，除員工名額及經費預算，暫由本部核給外，將來一切業務開支，應由該社力求自給自足。

3. 《國語日報》之開辦費，暫先一次撥給國幣七十六億一百萬元。

4. 《國語日報》之員工名額，暫以《國語小報》社原有編制為限。

5. 北平《國語小報》於六月底停刊，全部員工自七月份遣散，以原有員工名額七至九，三個月之薪津，作為結束及遣散費，不另撥給。

6. 北平《國語小報》之經常費，自七月份起，移歸臺灣《國語日報》社。

7. 臺灣《國語日報》之籌備工作，應於九月底完成，而於雙十節正式出版。

8. 在中央未訂定臺灣「照指數發薪」辦法以前，《國語日報》員工薪金加倍數，由本部函財政部，仍照北平指數發給。〔註72〕

《國語日報》既然是由《國語小報》移臺辦理，那麼我們就應先了解《國語小報》的歷史。《國語小報》是在 1947 年 1 月 15 日，由教育部在北平創刊。報頭的字是吳敬恆（稚暉）所題，旁加注音符號。這是一個三日刊，四開一張，版面大小和《國語日報》一樣。所用的注音鉛字，是中華書局製的五號長仿宋；《國語小報》的發行人是國語推行委員會委員蕭家霖（迪忱），社長則是國立北平師範大學教授王壽康（莃青），實際上負完全責任。因為是當時

〔註71〕夏祖麗，應鳳凰，張至璋著，《蒼茫暮色裡的趕路人：何凡傳》（臺北市：天下遠見，2003 年），頁 191。

〔註72〕方師鐸，《五十年中國國語運動史》，頁 162。

唯一的注音國字定期刊物,所以始終發行到全國各地〔註73〕。在《國語小報》之前已有注音報紙,從《農民報》、《民眾小報》到《國語千字報》,經過這些報紙的奮鬥而沿續下來。

《國語小報》在報頭上就說明了它的三大特色:第一、很白很白的白話文。第二、有聲文字的有聲報。第三、類碼排隊的新聞隊。前兩點指出用簡明白話文編寫新聞,並且注音。第三點是按照類似杜威十進分類法的分類號碼,從000到999,把每條新聞分類編號,這對蒐集資料和分類剪貼保存相當便利。《國語小報》還有一個特色,就是「詞類連書」。排版時照著國語文法,把同一個詞的各字連在一起,與前後的詞用空間隔開〔註74〕。

《國語小報》的編制相當小,社產也不多,能夠移臺的財產更少,張博宇曾在《臺灣地區國語運動史料》中提到:

> 《國語小報》的編制,就拿一個報紙主要部份編輯來說,它只有兩個人〔略〕其他部門就可想而見了。提起它的社產,主要的是對開和四開印刷機各一臺;《國語日報》起初就是用它印的,現在已因破舊作廢了,至於注音國字銅模,二、三、五號各一套,手搖鑄字機一臺,是借用大辭典編纂處的,其餘的就是些傢俱和鉛、字架等,這些零碎東西自然不能移臺,能夠移臺的財產也只僅有兩臺印刷機。〔註75〕

關於《國語小報》移臺的財產,除了印刷機外,還有注音銅模。社長王壽康就曾回憶:「1948年他從北平親自扛了一套注音符號的銅模子坐船到基隆。」〔註76〕而時任《國語小報》編輯曹端羣則證實:「因印刷機和注音銅模均能適時運到臺北,《國語日報》始能在十月初開始試版並在十月二十五日正式出版。」〔註77〕

前文提到,《國語小報》在北平發展不開,事實上,當時國共內戰,時局變易,北平的情勢一天比一天緊急,於是教育部才決定把它移到臺灣出版。《國語小報》最後依照移臺辦理要點,發行到1948年6月26日,宣告停刊,最後一期的《國語小報》刊登了一篇「本報緊要啟事」:「本社為適應

〔註73〕曹端羣,〈憶國語小報〉,《國語日報》,1950年10月25日,第六版。
〔註74〕夏祖麗,應鳳凰,張至璋著,《蒼茫暮色裡的趕路人:何凡傳》,頁191~192。
〔註75〕張博宇,《臺灣地區國語運動史料》,頁92。
〔註76〕王正方,《我這人話多:導演講故事》(臺北市:九歌,2008年),頁29。
〔註77〕王天昌,《書和人第三輯》(臺北市:國語日報社,1987年),頁2056。

需要，決定在台灣刊行《國語日報》。」啓事中以「後會有期」期許〔註78〕。

二、《國語日報》創刊經過

　　當魏建功及何容二人奉令後，即著手積極進行籌備《國語日報》之刊行，初期由魏建功擔任社長，聘請北平《國語小報》實際負責人王壽康當副社長，並請他把《國語小報》各號注音銅模和印刷機等器材，運來台灣使用，而王壽康也確實不負使命將它們押運來臺。只不過機器原本就已老舊，銅模也不清楚，所以教育部早在《國語小報》移臺辦理要點中，就指示撥付國幣七十六億一百萬元當作《國語日報》開辦費，另行採購新機器，並交由何容與方師鐸前往上海，籌辦國字注音銅模。方師鐸曾回憶那段在上海籌辦《國語日報》的情況：

> 我爲這件事又飛到上海和南京去領錢和採購機器。那個時候正趕上通貨膨脹，鈔票不值錢，我領到一大筆款項，就趕找上海的銀行界朋友幫忙，把全部「法幣」換成美鈔，用以保值。否則只要把這筆錢往銀行裡一存，三天以後再去提款，可能物價已經漲了一倍，那就什麼事也不能辦了〔略〕爲了省錢，連旅館也捨不得住，擠在上海一家書店「檢薰閣」。〔註79〕

事實上，當時局勢惡化，幣制改革，教育部原同意撥給的國幣七十六億一百萬元，最後只能改發金圓券一萬元。不過，按當時金圓券兌換國幣之價，乃是三百萬元國幣兌換一元金圓券，如此算來，教育部共核發了三百億元，也算是實現了承諾。爲了對抗不斷貶值的幣值，《國語日報》社趕緊開辦了南昌路海燕堂書店，書籍由上海來薰閣友人支持。至六月二十八日，購買了東門町信義路房子一棟，作爲報社工廠廠房〔註80〕。《國語日報》創刊時的政經情勢確實相當惡劣，也影響了籌備的工作，時任《國語日報》總經理方師鐸曾在《臺灣話舊》一書中提到：

〔註78〕夏祖麗，應鳳凰，張至璋著，《蒼茫暮色裡的趕路人：何凡傳》，頁194。

〔註79〕經筆者查證，店名應爲「來」薰閣才是。來薰閣書店總店在北京琉璃廠西街，主要爲經營古籍，不僅賣古書、收古書，還能出書。1940年10月，在上海開設來薰閣分店。（引自韓征，難忘老字號書店，來源：人民網，http://www.people.com.cn/BIG5/paper39/10603/964161.html，2011年9月2日瀏覽）

〔註80〕洪炎秋等，《何容這個人》，頁69～70。

中央政府就又從南京撤退到重慶，教育部究竟撤退到何處已不得而知；以前教育部所答應的每月撥給國語日報社的人員編制費用，現在一個銅板也沒有了。那個時候，我們在臺灣的籌備工作已經辦得有聲有色、如火如荼；買了廠房，請了編輯，雇用了大批排字工人和印刷工人。但是中央政府搬走了，錢也沒了，我這個被遺棄了的國語日報總經理，當然也做不出「無米之炊」了。〔註81〕

確實，當時教育部為撤退甚至縮小機構，連「國語推行委員會」都取消了，《國語日報》的經費當然也被剔除〔註82〕。時任教育部次長田培林更是直截了當的對何容說：「你們必須作自給自足的打算，千萬不要仰賴教育部給錢。」〔註83〕報社只好在缺乏經費的情形下苦撐，並在植物園內國語推行委員會的一個小小空房子裡，勉強籌備出版，因為預告已經出去了，全臺灣各縣市的中小學校都知道了：「國語日報訂於民國三十七年雙十節出版。」出版是非出版不可〔註84〕。

如果按照教育部的規定，《國語日報》之籌備工作應於九月底完成，而於雙十節正式出版。但事實上，所有編輯、印刷，甚至發行各部門都沒有籌備就緒。可是，開張廣告是登出去了，訂戶擠滿了營業股的櫃臺，同業和文化界的賀禮不斷的送來，機關首長的題字賀詞也連翩而至〔註85〕。在不得不出報的情況下，總編輯和副社長只好親自出馬，最後連省國語會主委何容也加入編報了。

不過，《國語日報》最後終究無法順利在雙十節創刊，一直拖到十月二十五日光復節，才勉強創刊。方師鐸曾說：「光復節的前夕，真是國語日報難產的一夜！他相信，單是那一夜，可能就會使他少活三年。」〔註86〕而《國語日報》前任董事長兼發行人林良（筆名子敏），也曾回憶創刊時的情景說，經費不足，設備不夠，是《國語日報》開創最困難之處：

〔註81〕 方師鐸，《臺灣話舊》，頁48。
〔註82〕 方師澤，〈三年來國語日報的艱辛小史：一萬金圓券開辦費〉，《國語日報》，1951年10月25日，第三版。
〔註83〕 方師鐸，《五十年中國國語運動史》，頁171。
〔註84〕 方師鐸，《臺灣話舊》，頁48。
〔註85〕 方師澤，〈三年來國語日報的艱辛小史：創刊號難產的一夜〉，《國語日報》，1951年10月25日，第三版。
〔註86〕 方師澤，〈三年來國語日報的艱辛小史：創刊號難產的一夜〉，《國語日報》，1951年10月25日，第三版。

十月二十四日晚上，我們編次日的創刊號。從大陸運來的印刷機不但簡陋，而且有毛病。印創刊號時，印刷機的輪軸皮帶出了問題，必須在輪軸上綁一根木棍，纏上布，才能用手轉動。每轉一圈，印一張報。不過好在創刊號只出兩百份，而且一份只有一張。〔註 87〕

圖 2－1 《國語日報》創刊號第一版

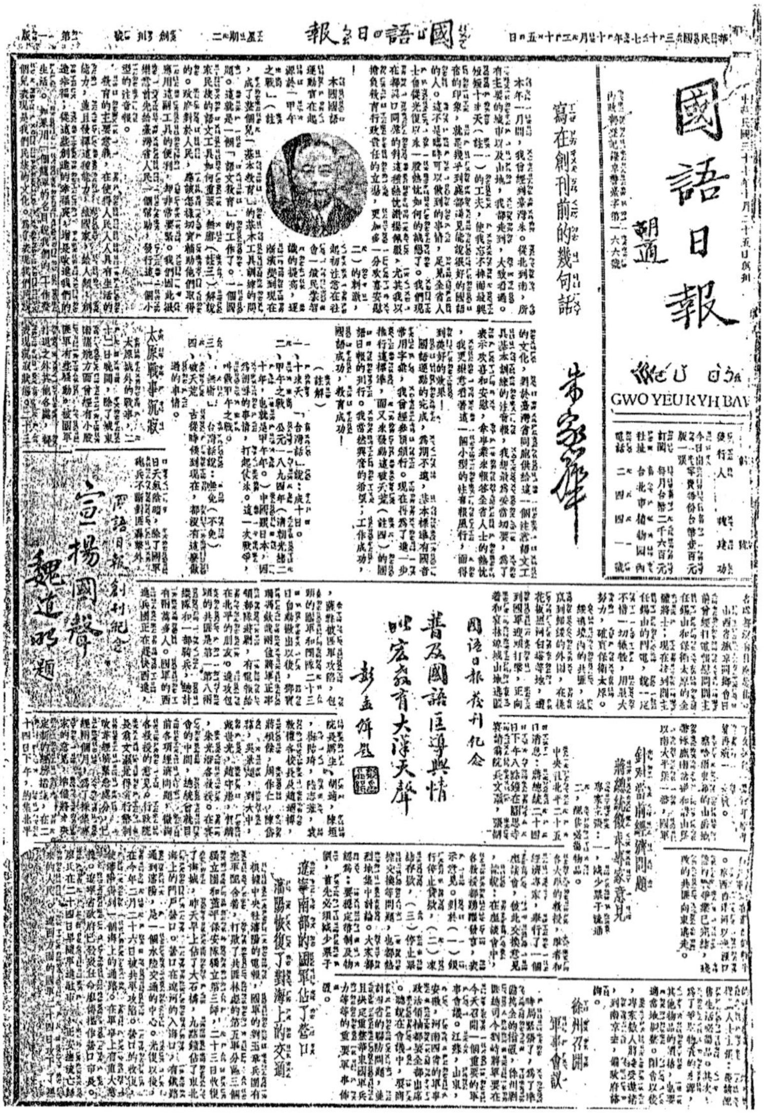
國語日報
胡適 題
GWO YEU RYH BAW
寫在創刊前的幾句話
太原戰事沉寂
宣揚國聲 國語日報創刊紀念 魏道明題
普及國語 恢宏教育 大浮天聲 國語日報創刊紀念 彭孟緝
針對當前經濟問題 蔣總統徵求專家意見
徐州召開軍事會議
遼寧南部的國軍佔了營口
瀋陽恢復了對海上的交通

資料來源：〈創刊號〉《國語日報》，1948 年 10 月 25 日，第一版。

〔註 87〕夏祖麗，應鳳凰，張至璋著，《蒼茫暮色裡的趕路人：何凡傳》，頁 195。

在 1949 年 10 月 26 日第一版刊出的〈國語日報一週年〉一文中，也說明在字盤半空，工友不認識注音符號，編輯人員剛下飛機，辦公室工廠雜亂不分的情形之下，《國語日報》社人員硬是咬著牙齒印出第一張報〔註88〕，可知《國語日報》創刊時的確是相當倉促，《國語日報》在創刊號第二版中，特別刊登啓事，承認創刊編報實爲「勉強」之事，但也在結尾處再次強調，會盡力完成它對讀者的信條：

> 本報因爲趕著出版，在遠道約請的編輯人員還沒有到齊；工廠的設備也沒有布置妥當；現在勉強試排困難很多。本省國語推行委員會曾給最大的幫忙，各同業也多方面贊助，創刊號，又蒙各機關首長題詞和題字，各同業贈送禮物，我們感到非常榮幸，在這兒一齊道謝。我們願意努力本著林紫貴處長的話，把本報做到：「看得懂，買得起，用得到」的地步，好報答各方面對我們的好意。並希望各方面的朋友和讀者常常給我們指示批評，使本報能夠一天天地進步長成！〔註89〕

《國語日報》刻意趕在「光復節」出版，洪炎秋曾在 1950 年 10 月 25 日第三版中，撰寫〈光復節和國語日報〉一文來說明兩者密切的關係：

> 光復最要緊的在於使那些和祖國的文化脫了節的人民，重新變成一個地地道道的中國人〔略〕要使光復徹底完成，就非努力去光復中國精神不可；要光復中國精神，就非努力去使大家能夠熟達中國的語言文字不可〔略〕於是乎就在兩年前的光復節，創刊了本報，爲的是要使本省的光復，不但在形式上，而且在實質方面，能夠名符其實地徹底完成。本報所以選擇光復節這一天，來發行創刊號，意義就在這裏。〔註90〕

1949 年 10 月 25 日《國語日報》創刊一週年的第四版，還特別加蓋一則紅色醒目的注音國字標語「眞正中國人，得說中國話」，向各界說明《國語日報》的辦報意義。洪炎秋更說得明白，《國語日報》就是用來撲滅日本語文的遺毒，進而推廣國語教育，光復中國精神〔註91〕。

〔註88〕 〈國語日報一週年〉，《國語日報》，1949 年 10 月 26 日，第一版。

〔註89〕 〈本報啓事〉，《國語日報》，1948 年 10 月 25 日，第二版。

〔註90〕 洪炎秋，〈光復節和國語日報〉，《國語日報》，1950 年 10 月 25 日，第五版。

〔註91〕 洪炎秋，〈光復節和國語日報〉，《國語日報》，1950 年 10 月 25 日，第五版。

圖2-2 《國語日報》一週年紀念，加蓋「真正中國人得說中國話」大字

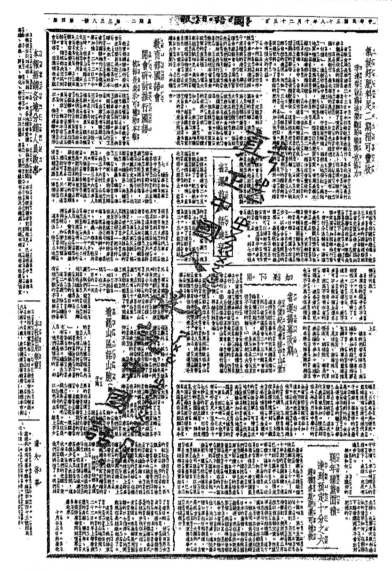

資料來源：《國語日報》，1949年10月25日，第四版。

　　可是，創刊號發行以後，因為鑄字房的銅模不夠，標題字無法鑄全，兩個刻字工人都補不全字，第二天實在難以為繼，因此，《國語日報》還是決定在各報上刊登「延期出版」的啓事。《國語日報》人員認為，與其勉強出版，不如先把內部佈置周全好再繼續刊行。因此，一方面函電外埠的編輯人員趕緊來臺，一方面大量的補充銅模和鉛字。經過二十幾天，才在11月19日，續出第二號。經筆者研究發現，相當多的學者都誤認《國語日報》第二號出版

日期爲 11 月 13 日，但是第二號報紙上印的出版日期卻是 11 月 19 日，深究之後，才發現原來是進行「試版」的關係。方師鐸對此有明確的解釋：

> 我們從三十七年十一月十二日起，連續試版了四個夜晚。十一月十八日的夜間，我們才開始了「第二號報」的編印。現在，我還珍藏著二、三、四、五號那四張試版的報樣。和我們接近的友人，在接著試版的二、三、四、五號報以後，又連續得到正式出版的二、三、四、五號報，都感到驚奇，還以爲是我們把號數弄錯了。〔註92〕

創刊之後的窘境造成了第二號「延遲出刊」，《國語日報》也在 1948 年 11 月 19 日刊行第二號第二版中，特別刊登啓事向讀者說明原委並道歉負責：

> 一、本報原定在本省光復紀念日（十月二十五日）出版。創刊號業已印出，因臨時發現重慶所製注音字銅模注音時有錯誤，必須改正另製，因此遲延多日，試版多次，到今天纔能勉強繼續刊行。除已經登載本省新生報，中華日報聲明外，特再向讀者道歉。
>
> 二、本報創刊號印刷不多，除贈送預訂戶和關係各方面外，已無餘存，新訂戶多要求從創刊號起，實在無法應命。以後看需要的有多少人，可以再版補送：特此道歉，並請原諒。〔註93〕

確實，當《國語日報》苦撐過這段創業惟艱的日子後，終於能夠按照時程順利出報，不再有延遲的情形。不過，在報紙成功刊出的背後，卻是無數失敗和艱苦的累積，而這股向前的動力，來源則是推行國語的熱情。方師鐸就曾回憶說：

> 那時我們因爲物資條件所限，編輯部和排字房都在植物園，印刷廠卻設在東門町。每天夜裏，版排好了以後，都得用三輪車把版從植物園送到東門町的印刷廠去，誰知有一夜，車夫不小心，把版碰翻了，結果又送回排字房另排。有一次上機器的時候，工人沒把版托穩，又來了一次「翻版」，趕送回排字房另排時，排字工人已經星散，校對先生也早回家，好容易費盡唇舌，到天亮時才功德圓滿。我們每次都得陪著「開夜車」。〔註94〕

〔註92〕方師澤，〈三年來國語日報的艱辛小史：重整旗鼓再接再厲〉，《國語日報》，1951 年 10 月 25 日，第三版。

〔註93〕〈本報啓事〉，《國語日報》，1948 年 11 月 19 日，第二版。

〔註94〕方師澤，〈三年來國語日報的艱辛小史：中途翻版大傷腦筋〉，《國語日報》，1951 年 10 月 25 日，第三版。

林良也曾在《國語日報》紀念特刊中寫道：「國語日報當初創刊的時候，因爲印報的老爺平版機損壞，曾經由一位同仁去搖鐵輪，搖一轉是一份報。買來的捲筒紙不能上平版機，又缺乏裁紙的機器，編輯、記者和經理部職員，用雙手和大戒尺去裁新聞紙，裁下一張可以印一份報。」〔註95〕可知，在這麼艱難困苦的環境下，《國語日報》甚至曾經簡陋到只夠爲人印些表格和名片〔註96〕，最後能站穩腳步，實屬不易。

三、初期發行及銷售

　　《國語日報》創刊時，每天發行四開一張，採用新五號注音銅模印刷。以版面大小來看，算是一種小型報，但用注音國字印刷出版，則是當時台灣唯一出版的注音報，目標當然是爲了推行國語，讀者只要學會注音符號，就能順利唸出報紙內容，進而幫助學習國語國字。臺灣省國語推行委員會就曾在創刊初期的《國語日報》上刊登啓事，特別撰文介紹《國語日報》給台灣同胞，並強調它是眞正爲臺灣同胞服務的報。因爲在台灣出版的報都沒有注音〔註97〕。而唯有《國語日報》是用白話字注音，全部使用純粹的國語，可以讓民眾看得懂報紙。

　　雖然讀者設定爲台灣同胞，但主要推廣對象則是小學生，爲此，省國語會於1950年4月1日起撥墊四萬元爲全省國民學校每校訂閱《國語日報》兩份〔註98〕，方便學生學習國語。出報時間上，洪炎秋曾坦言：「創刊時因爲一直沒有能力向通訊社買稿子，只能抄抄早報的消息，同時收聽中國廣播公司的新聞，改編發行，出報總在過午。」〔註99〕雖然《國語日報》礙於現實成爲下午報，但剛好也配合上學生下午放學的時間，所以也算是便利學生課後的閱讀。

　　由於下午出報的關係，缺少了新聞的即時性，因此訂戶只把《國語日報》當作國語讀物，不作報紙看待，所以銷路老是打不開。直到1951年6月，因

〔註95〕林良，〈一個會實現的夢——國語日報十六週年獻詞〉，《國語日報》，1964年10月25日，第五版。

〔註96〕日日談，〈出刊三十年敬告讀者〉，《國語日報》，1978年10月25日，第四版。

〔註97〕〈介紹「國語日報」給台灣同胞〉，《國語日報》，1948年12月2日，第四版。

〔註98〕張博宇，《慶祝臺灣光復四十年　臺灣地區國語推行資料彙編（中）》（台北市：台灣省立新竹社會教育館，1988年），頁122。

〔註99〕洪炎秋，〈國語日報簡介〉《臺灣文獻》，頁160。

為報社開始自己購買通訊稿,增用採訪人員,編輯量增大,才從 7 月 9 日起,改以晚報發行,銷售數量也逐漸增加;至於現今的早報型態,則是要到 1965 年,因為營運規模擴增,發行量達到三萬份,才和其他大報一樣改出早報,方便讀者閱讀當天最新消息。

報紙銷售方面,發行通路有兩種,第一種為直接向報社訂報,可以到郵局匯款或利用郵政劃撥儲金訂閱,報社就會直接發報給訂戶;第二種為直接向代銷者或代銷處(認銷數量在壹百份以上者得成立「國語日報代銷處」)訂報,《國語日報》為歡迎他人代銷報紙,特別訂定代銷辦法,代銷者一律按七折計算〔註 100〕,給予特別優惠。初期發行時,每天只印五百份,而訂戶只有一百份,其他大都是用來贈送給特定關係做宣傳。確實,筆者就曾在 1948 年 11 月 29 日《國語日報》第一版的報頭上,看到「贈閱」兩字蓋章,可為證明。

《國語日報》為提高銷售量,曾在報紙上刊登啟事,歡迎各同業交換發行所有出版物(期刊或單行本),彼此互作宣傳推薦〔註 101〕;也為便利、優待訂戶,實施流動訂報服務。1948 年 12 月 31 日第四版上,一篇名為〈為便利訂戶,優待訂戶起見〉的啟事就寫著,本報將設有臨時流動訂報處汽車兩輛,週行全臺北市各區,凡是在臨時流動訂報處訂的。一律都按八折優待。汽車上寫有國語日報臨時流動訂報處字樣及旗幟,請愛閱本報的諸君注意,實行的日期在民國卅八年元月五日、六日、七日三天,希望諸君到時踴躍的:訂報!介紹!批評!指教〔註 102〕!由報社的促銷手法推論,初期的銷路實難打開,洪炎秋就曾回憶那時報社請郵局代為推銷的情況:

> 起初由於報份過少,沒有人肯代辦經銷業務,只好向郵政總局的公共關係室,請求幫忙,在各地的郵局代為推銷,報份纔逐漸增加,所以郵局對於初期本報的貢獻是相當大的。郵局的代辦業務辦得非常有效率,帳目非常清楚,付款時日也非常準確,只因各局人手有限,沒有人專責推銷,派報也必須跟著郵班,時間不易爭取,所以較大的地方,就有人起來設立分銷處,取而代之了。〔註 103〕

〔註 100〕 〈代銷國語日報辦法〉,《國語日報》,1948 年 11 月 19 日,第二版。
〔註 101〕 〈國語日報歡迎各同業交換發行〉,《國語日報》,1948 年 12 月 21 日,第四版。
〔註 102〕 〈為便利訂戶,優待訂戶起見〉,《國語日報》,1948 年 12 月 31 日,第三版。
〔註 103〕 洪炎秋,〈國語日報簡介〉《臺灣文獻》,頁 165。

當時送報方式分為台北市區和外埠兩種，市區內招用報童騎自行車送報，外
埠則採用郵寄，曾任《國語日報》董事的王天昌就回憶說：「因為外縣市的報
份要用郵寄，報社人手不夠，所以他和幾位同學就每天到報社經理部摺報紙、
貼名條。」﹝註104﹞後來外埠也曾改用火車運送報紙，請代銷處人員直接到指
定的車站去取報。但因當時火車速度較慢，所以外埠讀者收到報紙時，往往
都是前一天的報。

　　關於報童的招用，《國語日報》在報紙啓事就清楚寫著，每晨分送本市區
內報紙，凡年滿十六歲，身體健康勤苦耐勞，熟悉本市街巷地名，有妥實保
證人者，可即來本社發行科面洽，倘自備自行車更佳，報酬從豐﹝註105﹞。雖
然招用資格及標準寫得清楚，但聘用後還是發生因為報童對地名不太清楚、
不太熟悉，或報童忽然辭職不幹了，使得訂戶收不到報紙的尷尬情況。但有
時並非報童的問題，而是在於街道名稱的分歧雜亂。《國語日報》曾在一則〈代
郵〉啓事中提到：

> 本省市各縣市的街道名稱，不但新舊名雜用，並且巷街的編排，也
> 分歧雜亂〔略〕這不僅使我們的報差（此處應指報童）沒法找，就
> 連以送信為業的郵差也沒法辦。我們發出的報，現在幾乎每天都有
> 退回的〔略〕請求讀者，以後開地址給我們的時候，最好把新地名
> 跟舊地名一齊開給我們，要能附一張簡明的地圖，那我們就更加感
> 謝了。〔註106〕

為了留住訂戶，《國語日報》也只能登報道歉，並承諾用最大的努力，在最短
時間克服困難，使訂戶滿意，如果當日再收不到報紙的話，可打電話通知報
社處理。就在《國語日報》社同仁的努力推廣及各地代銷處紛紛設立下，終
於在一年後，銷售量已達七千六百份﹝註107﹞，有這樣的成績實屬不易。因為
除了解決內部的發行問題外，外部的大環境不利因素仍考驗著《國語日報》。

〔註104〕　王天昌，〈懷念洪炎秋社長〉《書和人》，第388期，（1980年4月），頁8。
〔註105〕　〈本報社發行科招用報童〉，《國語日報》，1948年11月22日，第二版。
〔註106〕　〈代郵〉，《國語日報》，1948年12月4日，第三版。
〔註107〕　〈國語日報一週年〉，《國語日報》，1949年10月26日，第一版。

圖 2－3 《國語日報》報頭上「贈閱」兩字蓋章

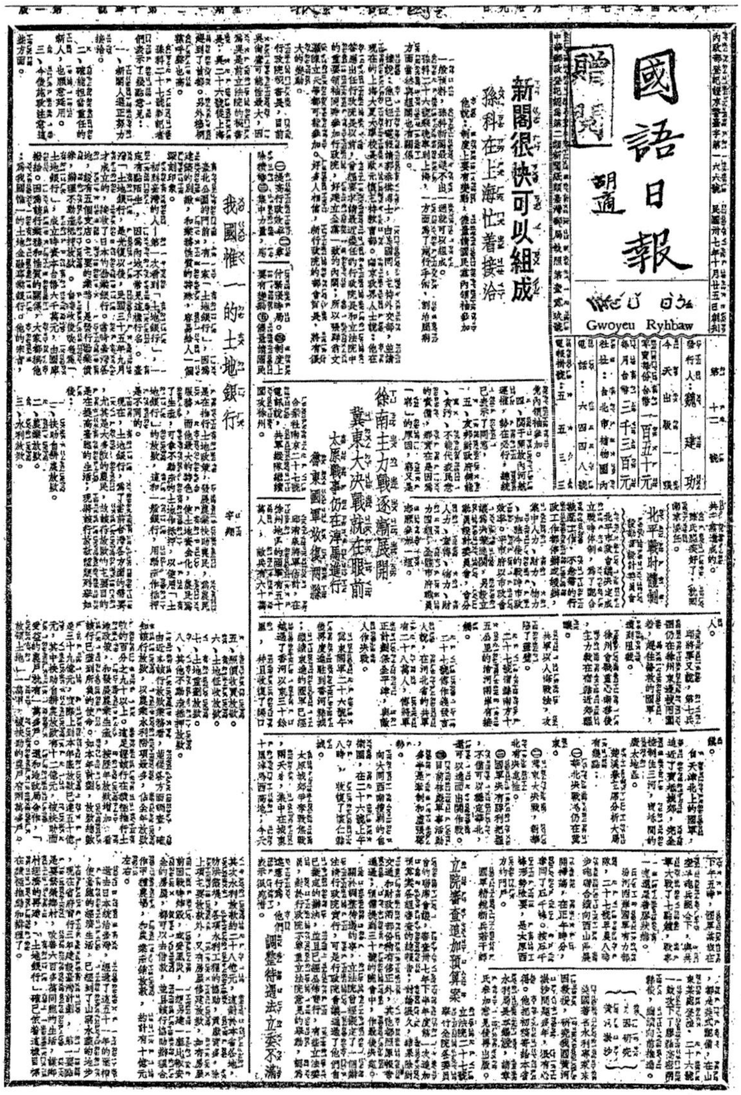
贈閱
國語日報
Gwoyeu Ryhbaw
發行人：魏建功
新閣很快可以組成
孫科在上海忙着接洽
我國唯一的土地銀行
徐南主力戰逐漸展開
冀東大決戰就在眼前
太原戰事仍在淖馬進行
魯東國軍收復兩縣
北平戰時體制

資料來源：《國語日報》，1948 年 11 月 29 日，第一版。

由於當時國民黨在中國大陸節節敗退，從中國大陸來台的人數在短期間大量增加，物品需要額外增加亦非常明顯，尤以 1948 年下半年趨於嚴重，因此更帶來連續性的大幅度物價水準上漲〔註 108〕，台灣此時正陷入惡性通貨膨脹的局勢下。

〔註 108〕李筱峰著，〈幣制改革（發行新台幣）〉《台灣史 100 件大事（下）》（臺北市：玉山社，1999 年），頁 25～26。

　　由於各項物價上漲，成本當然也會增加，報費當然會受到衝擊而波動起伏。觀察《國語日報》1948 年 10 月 25 日創刊後，至 1951 年 12 月 31 日，這三年來的每月報費變動，整理如下表：

表 2－1　1948～1951 年之間《國語日報》每月報費變動

時　　間	零售每份價格（單位：元）	每月訂閱價格（單位：元）
1948 年 10 月 25 日	舊台幣壹百元	舊台幣二千六百元
1948 年 11 月 19 日	舊台幣壹百伍拾元	舊台幣三千三百元
1948 年 12 月 1 日	舊台幣三百元	舊台幣八千元
1949 年 3 月 2 日	舊台幣五百元	舊台幣壹萬二千元
1949 年 5 月 1 日	舊台幣一千元	舊台幣貳萬元
1949 年 6 月 1 日	舊台幣二千元	舊台幣肆萬元
1949 年 7 月 1 日	新台幣一角	新台幣三元
1950 年 1 月 1 日	新台幣二角	新台幣五元
1950 年 5 月 1 日	新台幣二角	新台幣六元
1951 年 10 月 1 日	新台幣三角	新台幣九元

資料來源：《國語日報》1948 年 10 月 25 日至 1951 年 12 月 31 日第一版報紙價格。

　　根據表 2－1 我們發現，《國語日報》1948 年 10 月 25 日創刊後不到一個月，1948 年 11 月 19 日第二號的每份報費，就上漲了百分之五十，而每月報費則是上漲了接近百分之二十七。一直到 1949 年 6 月 1 日，也就是幣制改革前的每份及每月報費，更上升了幾乎 20 倍，顯然受到通貨膨脹的影響。

　　1949 年 6 月 15 日，台灣省政府實行幣制改革，公佈「新台幣發行辦法」，宣佈舊台幣四萬元折合新台幣一元。但報價仍然持續在上漲，如以 1951 年 10 月 1 日零售價每份新台幣三角來換算，大約等於舊台幣一萬二千元，和創刊時相比，竟差了將近 120 倍。對訂戶來說，三年多來報紙共調價九次，報費的不斷上漲絕對會影響訂報的意願。至於報社，原本為了打開銷售量，還願意讓訂戶欠款，只為讓讀者看到報紙；到最後，則一律規定要先預付報費才能訂報，以免發生收不到報費的情況。總結來說，大環境的劇烈變化，確實是《國語日報》創刊初期發行所面臨的極大挑戰。

第三節 初期經營接受台灣省政府援助過程

一、創刊初期困境及組織改造

　　《國語日報》創刊初期由於內部條件及外部環境都不利報紙發行，雖然有省國語會以免費人力支援《國語日報》辦報，節省了重要的人事開銷，可是排字房和工廠裡的專業工人，卻不得不支薪。方師鐸曾說：「單這一項開支，就使我們瀕於破產。」〔註109〕這時期常常是挖東牆補西牆，靠賣出東門町的廠房和南昌路的「海燕堂書店」，來維持基本開銷和發放工資，撐了好幾個月。等到又發不出工人的薪水，沒辦法時，《國語日報》同仁們只好變賣私人物品，有人賣了大辭典，有人賣史書，還有人賣三輪車。方師鐸曾回憶過那段艱困的歲月：「這當中，逢到要發工資，而又碰到報社周轉不靈的時候，最令我們傷腦筋。我記得有一次被工人逼得沒法，山窮水盡的時候，我把自己寶愛的一部『二十五史正續編』賣掉了，才暫解了燃眉之急。」〔註110〕而林良也曾對那時的困境做了寶貴的證言，他提到：

> 當年在經費短絀下，有些力量的來源是學生，老師交代學生做事，不會有問題，當然更不會有現代勞基法。開辦之初，工人的薪水發不出來，副社長祁致賢還賣掉三輪車換錢。《國語日報》待遇低，夏先生（指夏承楹，筆名何凡）就鼓勵大家寫稿兼差，他的看法是遇到困境就要想辦法改善，他自己有段時期就兼編《民族報》的「萬象版」。《國語日報》的開創起始幾乎可以說是義工。〔註111〕

《國語日報》當年與其他報不同的，就是同仁之間的師生關係，而學生義務幫忙不支薪，使《國語日報》節省不少人事費用。至於排版和印刷工人的工資，及必買的紙張油墨費用，就像個無底洞一樣，無盡無休。由於《國語日報》是份教育報，不登社會新聞，所以沒有廣告收入，單靠賣報紙還不夠付郵費。

　　雖然這樣，《國語日報》仍有隨時停辦的危險，恰好這個時候，國語運動

〔註109〕方師鐸，〈三年來國語日報的艱辛小史：工資難開 經理賣書〉，《國語日報》，1951年10月25日，第三版。

〔註110〕方師鐸，〈三年來國語日報的艱辛小史：工資難開 經理賣書〉，《國語日報》，1951年10月25日，第三版。

〔註111〕夏祖麗，應鳳凰，張至璋著，《蒼茫暮色裡的趕路人：何凡傳》，頁214。

前輩吳稚暉到台灣來，報社把艱苦情形報告吳稚暉，他提出一句簡單的指示：「我看你們應該把它當作一種社會事業來辦。」〔註112〕在這種情形之下，《國語日報》社為鞏固基礎，並擴大發展業務，來適應各方的需要，於是決定組織董事會，聘請各方熱心人士為董事，在 1949 年 3 月 16 日《國語日報》第四版中，記載了董事會成立的經過情形，會中並決定聘請吳稚暉先生為名譽董事長，傅斯年為董事長，何容為副董事長，洪橳為社長，王壽康為副社長：

> 董事會於十二日上午九點，在省國語推行委員會正式成立，共聘定傅斯年（教育部國語會委員，現任臺灣大學校長），李萬居（本省參議會副議長，本省國語會委員），杜聰明（省政府委員，臺灣大學醫學院院長），游彌堅（省政府委員，臺北市市長，本省國語會委員），黃純青（省參議會參議員），魏建功（教育部國語會常務委員），汪怡，陳懋治（教育部國語會委員），何容（省國語會主委），洪橳（省國語會副主委），齊鐵恨，王玉川，梁容若，李劍南，王壽康，祁致賢，方師鐸（省國語會常委），劉明（本省煤礦公會理事長）這十八人為董事。〔略〕推選：傅斯年，杜聰明，游彌堅，李萬居，何容，洪橳，齊鐵恨，王玉川，祁致賢這九個人為常務董事。〔略〕董事會成立後，關於本社經費的籌措，規程的制定，正副社長的任用，和其他有關社務，都要由董事會議決辦理，常務董事會是執行董事會所決議的事。〔註113〕

觀察《國語日報》董事會成員的經歷可發現，與教育部國語會及省國語會的委員高度重疊，具有濃厚的官方色彩。而成員背景中，外省籍人士如傅斯年、魏建功等十二位，即佔了全體的三分之二；其他三分之一則有半數是半山人士，即李萬居、游彌堅、洪橳（炎秋）；剩下純屬台籍人士，只有杜聰明、黃純青及劉明三人。《國語日報》創刊總編輯梁容若曾回憶：「這個會包括許多國語教育者，和臺灣省提倡國語教育的名流。」〔註114〕可知，半山人士及台籍人士能進入董事會，熱心國語教育是被考量的原因之一。不過，以董事會成員背景比例來看，外省籍人士仍握有主導的優勢。

〔註112〕夏祖麗，應鳳凰，張至璋著，《蒼茫暮色裡的趕路人：何凡傳》，頁 196。
〔註113〕《國語日報》，1949 年 3 月 16 日，第四版。
〔註114〕梁若容，〈記國語日報董事會〉，《國語與國文》（臺北市：國語日報社，1969年），頁 3。

二、接受台灣省政府援助情形

　　傅斯年擔任董事長時，曾促成一筆承攬臺灣省政府翻印黨義書籍的印刷生意，使《國語日報》的經濟問題得到解決。洪炎秋曾在文章中談到此事，並認爲從此以後，國語日報才漸漸成長發展起來：

> 那時陳辭修先生擔任臺灣省主席，傅斯年跟他談起國語日報的困難情形，他答應設法支持。恰巧那時候省政府收到一筆指用於教育方面的捐款，陳主席指撥其中的一部分，用於翻印三民主義有關的書籍，計三十萬冊，分發各機關各學校，要用注音國字排版〔略〕國語日報社承攬了這一批印刷生意，除添置了一些印刷器材外，還淨賺了一千令的白報紙。報有了紙，就像人有了米一樣，生命可以獲得保障。從此以後，國語日報才漸漸趨向健康，而一天一天地成長起來。〔註115〕

當書籍印刷完畢後，《國語日報》曾在 1949 年 12 月 12 日刊登了一篇〈爲了宣揚三民主義　教廳分發注音書籍〉的新聞，明確揭示了省政府印刷三民主義注音本的目的：

> 本省陳主席有鑒及此，特令教育廳選定三民主義理論書籍十種，交國語推行委員會注音，由國語日報社用「注音國字」排印。十種書名是㈠三民主義、㈡三民主義表解、㈢三民主義之體系及其實行程序、㈣建國方略、㈤總理行誼、㈥行的道理、㈦革命的道理、㈧國民革命與中國國民黨、㈨總裁言論集、㈩總裁之革命的理論與實踐〔略〕這些書籍可以使三民主義深入民間，收到普遍宣傳的效果，同時也可以幫助學習國音國字。國立臺灣大學一年級新生，跟省立師範學院的國語專修科都打算採用這種注音本三民主義作國語教材。〔註116〕

傅斯年拜訪台灣省政府主席陳誠時，原意是請省政府將《國語日報》收爲省營報紙，但陳主席表示，省政府正在精簡機構，裁減人員，不能褙上這個包袱〔註117〕，因此傅斯年才提議要承印注音版的三民主義書籍。傅斯年時任臺

〔註115〕洪炎秋，《教育老兵談教育》（臺北市：三民書局，1974 年），頁 89～90。

〔註116〕〈爲了宣揚三民主義　教廳分發注音書籍〉，《國語日報》，1949 年 12 月 12 日，第四版。

〔註117〕李西勳，〈臺灣光復初期推行國語運動情形〉，頁 195。

灣大學校長，也藉此機會將三民主義注音本引進到臺大當國語教材，他認為三民主義是大學生必讀的；國語也是大學生必須學的；讀國語注音的三民主義，可說是一舉兩得〔註118〕。而《國語日報》則意外添置了印刷器材及購買許多白報紙，解決必備的基本開銷。

　　白報紙會對當時報業如此重要，主要和國民政府實施戰時節約用紙措施有關〔註119〕。報社不能自己採購白報紙，必須由政府統一配給，而價格當然也是由政府決定，不管紙價多少，報社都必須買單，因此購買白報紙的成本，一直是各報社很大的負擔及壓力。《國語日報》在發行第二號就已刊登新聞用紙漲價的新聞：

> 紙業公司從本月十六日起提高紙價到八倍多，引起各家報館的不滿以後，各方面都很注意這件事。省參議會方面，已經給行政院、資源委員會、省政府去電報，要求制止加價〔略〕根據紙業公司的解釋，是物價漲，成本增高；原料少，不夠生產。〔註120〕

而在三天後，《國語日報》第五號對此事也做了後續報導：

> 紙業公司提高價錢這一件事，現在已全部解決。㈠新聞用紙每磅一千塊錢（原來打算由二百五十五塊漲到兩千二百二十五塊）。其他紙價照原漲的價格調整㈡各報館用的紙，根據各報實際的需要重新分配。〔註121〕

當時《國語日報》每天發行四開一張，報社買紙一令（全開 500 張）可印刷四開報紙 1000 張，如報紙每天出報 1000 份計算，一千令可印 1000 天，相當於 3 年的報紙印刷量。所以當《國語日報》因承印三民主義注音版而賺進一千令白報紙，換句話說，可省下 3 年買白報紙的費用，因此洪炎秋才會說是擁有了生存下去的重要食糧。

　　省參議會更早在報紙創刊初期，就決議援助《國語日報》。《國語日報》曾在台灣省新聞版面中刊登此項內容：

> 其中有關黃純青議員提出的「請求政府援助國語日報，促其發展，以期普及國語」一案，當時諸位議員認為必要，審查結果是請學產

〔註118〕梁若容，《國語與國文》，頁166。

〔註119〕呂東熹，《政媒角力下的台灣報業》（台北市：玉山社，2010年），頁150。

〔註120〕〈新聞用紙將再定價　可能減低一倍多〉，《國語日報》，1948年11月19日，第二版。

〔註121〕〈新聞用紙一磅一千塊錢〉，《國語日報》，1948年11月22日，第二版。

> 會儘量援助，多數參議員認爲本報應該擴充篇。充實新聞教育內容，
> 教育廳也表示絕對贊成。〔註122〕

後來杭立武〔註123〕當教育部長時，又補助了新臺幣七千五百元〔註124〕，在國
語日報的台灣省新聞內容也刊登這則新聞〈教育部國語會 開會研討推行國語
杭部長表示可補助本報〉〔註125〕。按台灣省國語推行委員會三十九年度工作
報告表所紀錄，爲發展《國語日報》，由教育部撥給補助費新台幣七千五百元，
增籌新四號字，並購置二號方體標題字〔註126〕，可知，這筆錢主要用來改善
印刷設備。而由於《國語日報》的讀者雖然設定爲台灣同胞，但主要推廣對
象則是小學生，爲此，省國語會於1950年4月1日起撥墊四萬元爲全省國民
學校每校訂閱《國語日報》兩份〔註127〕，方便學生學習國語。方師鐸對此也
曾回憶：

> 臺灣省教育廳也曾通令臺灣全省各中小學每班訂一份《國語日報》；
> 報費由省政府代訂，免費送給學校；而這筆報費卻全數撥給《國語
> 日報》社，作爲工人生活維持費。〔註128〕

如此，《國語日報》在設備較充實及印刷業務增多的情況下，逐漸站穩腳步，
發展成長起來。呂東熹曾在《政媒角力下的台灣報業》一書中，將戰後至政
府全面實施報禁的台灣報業分成四種屬性不同的雛型：

> 其一爲接收日人佔領時期之報紙，連同其後政府出版之報紙，形成
> 官報類型；其二爲執政黨所有之黨報類型；再則爲具有執政黨背景
> 採商業經營之獨立報紙；另外爲台灣本土報人所經營之獨立報紙類
> 型。雖有類型之不同，由於前三種類型報紙實力之強大，台灣報業
> 基本上仍爲中國大陸時期黨人報業之延續。〔註129〕

〔註122〕〈省參議會第二次預備會議 昨天分組審查提案 文教組決議援助本報〉，《國
　　　　語日報》，1948年11月22日，第二版。
〔註123〕杭立武任教育部長期間爲1949年3月21日至1950年3月10日。
〔註124〕方師澤，〈三年來國語日報的艱辛小史：工資難開 經理賣書〉，《國語日報》，
　　　　1951年10月25日，第三版。
〔註125〕〈教育部國語會 開會研討推行國語 杭部長表示可補助本報〉，《國語日報》，
　　　　1949年10月25日，第四版。
〔註126〕張博宇，《慶祝臺灣光復四十年 臺灣地區國語推行資料彙編（中）》，頁122。
〔註127〕張博宇，《慶祝臺灣光復四十年 臺灣地區國語推行資料彙編（中）》，頁122。
〔註128〕方師鐸，《臺灣話舊》，頁48。
〔註129〕呂東熹，《政媒角力下的台灣報業》，頁94。

可知，民營性質的《國語日報》，因和台灣省國語推行委員會有密切之關係，應屬具有執政黨背景採商業經營之獨立報紙類型。也因此在《國語日報》創刊初期，處於國共內戰下，時局變易，政經情況皆不利報業發展，但因為《國語日報》負有為政府執行語言政策的角色及功能，是為推行國語運動而創辦的，如果《國語日報》停刊，那麼對台灣的國語推行工作將是一大挫折。

　　從上述探討可知，《國語日報》接受省政府的委託編印注音書籍，賺進一千令的白報紙，省下一大筆經費；省參議會提議援助《國語日報》；和台灣省政府代訂《國語日報》免費送給學校，而這筆報費卻全數撥給《國語日報》社，都可見政府為順利推行國語運動，利用官方資源援助民營報業的痕跡。

第三章 《國語日報》的辦報立場與宗旨

　　本章先從《國語日報》與台灣省國語推行委員會的互動情形，探討其言論立場的特殊性對於內容編輯的影響及辦報的走向。其次是探究《國語日報》的辦報宗旨及報紙特色，瞭解其在時代背景下創刊的意義。最後是探討《國語日報》登載各地推行國語動態的消息。《國語日報》創刊時，三大宗旨之一即為宣達政府命令，藉由統計台灣省新聞內容中，相關各地推行國語運動的消息，析論《國語日報》替政府宣達推行國語政令之角色與功能。

第一節　與台灣省國語推行委員會的關係

一、社址

　　《國語日報》和台灣省國語推行委員會在業務上保持著相當密切的關係，而《國語日報》社的社址，事實上就和台灣省國語推行委員會在同一個地方。1946 年 4 月 2 日，行政長官公署公布「臺灣省國語推行委員會組織章程」，同時成立「台灣省國語推行委員會」，23 日在戰前的臺北女子專門學校〔註1〕（今台北市國語實驗小學）辦公〔註2〕。因 8 月時，省國語會撥出一部份建物，充做國語實驗小學校舍，於是在 1947 年，省國語會搬遷至植物園原台北民眾教育館〔註3〕，該處即日治時期的建功神社〔註4〕。

〔註 1〕 臺北女子專門學校專收高女畢業生，兩年制，為當時島內的最高女子學府，以培育優質的賢妻良母為目的，學生多名門才媛。
〔註 2〕 李西勳，〈臺灣光復初期推行國語運動情形〉，頁 181。
〔註 3〕 李西勳，〈臺灣光復初期推行國語運動情形〉，頁 185。

　　故《國語日報》在 1948 年創刊時，辦公室就設置於台北市植物園內的省國語會裡的一個小空房，而在創刊號第一版的報頭上，也清楚寫著社址是位於台北市植物園內，正確地址爲台北市重慶南路二段十四號，當國語會的前部，植物園的東面〔註 5〕，王正方曾回憶：「當時建功神社大門口就掛著兩隻招牌，分別爲《國語日報》社和台灣省國語推行委員會。」〔註6〕《國語日報》創刊時的社長魏建功亦曾經在一場招待同業的的宴會中提到：「《國語日報》社社址以前是日本的建功神社，花木繁茂，稱爲台北市的名勝。但三年以來日本侵略者的神龕早已變了推進國語教育的司令台，本報創立在這種環境裏，實在深有意義。」〔註7〕

　　可知，《國語日報》創刊時，主要的辦公室就設在省國語會裡，這種情形一直要到 1954 年，因中央圖書館要暫時遷入，省國語會被迫遷至木柵，而《國語日報》則搬至長沙街，於是兩者才終於分開。

圖 3－1　臺灣省國語推行委員會位置圖

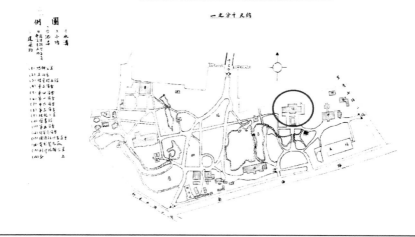

〔註 4〕　建功神社建造完成於 1928 年，主要祭祀因領台而殉難的人，並宣稱只要有貢獻，不分台日均可審核通過後被祭祀。戰後，國民政府將之整修改建爲台北民眾教育館，隨後又成爲台灣省國語推行委員會和《國語日報》的辦公室，現址目前則爲國立教育資料館。

〔註 5〕　〈本報在鐵路飯店招待同業　魏社長報告創刊經過〉《國語日報》，1948 年 10月 25 日，第四版。

〔註 6〕　王正方，《我這人話多：導演講故事》，頁 18。

〔註 7〕　〈本報在鐵路飯店招待同業　魏社長報告創刊經過〉，《國語日報》，1948 年 10月 25 日，第四版。

註：圖上圈圈所示
資料來源：〈林業試驗所植物園面積平面圖送請核示案〉，《國語推行委員會侵佔植物
　　　　　園產權》，國史館臺灣文獻館藏，卷號：0000036977，1949 年，分類號：
　　　　　057.47，案次號：79，卷次號：1。

圖 3－2　《國語日報》社社址圖

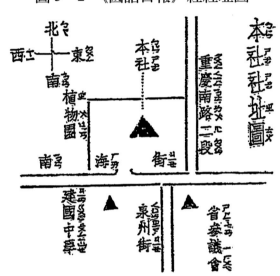

資料來源：〈本社社址圖〉，《國語日報》，1948 年 12 月 7 日，第三版。

二、報社組織

　　根據《國語小報》移臺辦理要點所指示，《國語日報》之員工名額，只能暫以《國語小報》社原有編制為限。但事實上，《國語小報》的編制相當小，就拿一個報紙主要部份編輯來說，它只有兩個人，其他部門就可想而見了。而教育部原承諾之《國語日報》人員編制經費，因中國大陸局勢緊張，中央政府播遷的關係，教育部都自顧不暇了，更無法撥款給《國語日報》。

　　因此，《國語日報》創刊時的組織只好因簡就陋，除了發行人兼社長魏建功、副社長王壽康之外，總編輯為梁容若，總經理是方師鐸。而編輯部設有編輯組，經理部負責發行、廣告等業務。此外，《國語日報》社還有一間座落在東門町的印刷廠，和一間計劃中的門市部，位於南昌路上的「海燕堂書店」。根據洪炎秋的回憶，當時全部員工，總共只有二十一名〔註8〕。

　　一般而言，任何一家民營報社應該都是有限股份公司組織，要向主管機

〔註 8〕 洪炎秋，〈國語日報簡介〉《臺灣文獻》26：4／27：1，（1976 年 3 月），頁 165。

關經濟部登記，公司的負責人是董事長；而發行人是報社法定對內外的負責的人，社長是報社聘請處理日常行政的主管，兩者更應由不同人士擔任才對；另外新聞內容重要來源之一，即必須要由記者親自去現場採訪報導，才會增加真實性。然而，《國語日報》起初未成立「董事會」，也未成立「股份有限公司」，整個領導階層，只由魏建功擔任發行人兼社長；而編輯部門裡的採訪組，更是在 1951 年 6 月後才始設立，均顯見《國語日報》創刊初期組織架構的不健全。

由於資金缺乏，設備簡陋，加上銷入無法打開，因此積欠員工數月薪水。最後拖不下去，只好裁減員工，並在 1949 年初，出賣東門町的印刷廠和海燕堂書店，把編輯、印刷、發行各部門，都搬到設在植物園裡內省國語會的走廊上辦公，並借重著省國語會的人力，分擔工作。省國語會以人力幫助報社出報，而報社則以注音報紙幫忙省國語會推行國語〔註9〕。原任社長魏建功因留在北平出不來，改由洪炎秋擔任社長職務。方師鐸就曾說：「當時所有職員編輯，一概不支薪給，由熱心國語的同志兼充。我們上自社長、總編輯、下至推銷員、信差，都是義務兼差〔註10〕。這時候的《國語日報》可以說是投進「台灣省國語推行委員會」的懷抱。」〔註11〕

三、人員組成

《國語日報》的創刊由於和「省國語會」密不可分，因此報社人員組成方面，一些較重要的職務，像是發行人、社長、副社長、總編輯、總經理等，幾乎都由「省國語會」的幹部出任，就連副刊專欄主編，也大多與「推行國語」有關。而這群人的學術專業背景，關係著整個報社的言論走向及發行經營，因此有必要對報社重要人員之成長背景做一簡單探討。

發行人兼社長魏建功（1901～1980 年），江蘇人，1925 年從北京大學文本科中國文學系畢業，1928 年擔任北京大學中國文學系助教，後升任副教授及教授。1935 年任「教育部國語推行委員會」委員兼常務委員。戰後，魏建功被派來台灣擔任「台灣省國語推行委員會」主任委員，1948 年兼任「教育

〔註 9〕李西勳，〈臺灣光復初期推行國語運動情形〉《臺灣文獻》46：3（1995 年 9月），頁 194。

〔註10〕方師澤，〈三年來國語日報的艱辛小史：工資難開 經理賣書〉，《國語日報》，1951 年 10 月 25 日，第三版。

〔註11〕方師鐸，《五十年中國國語運動史》，頁 171。

部國語推行委員會閩臺區辦事處」常委兼主任，並在台灣大學中文系任教。1948 年 6 月教育部指示將北平的《國語小報》移臺辦理，並改名為《國語日報》，由魏建功及何容負責主持並籌編出版，1948 年 10 月 25 日《國語日報》創刊。

但《國語日報》創刊後一個月，魏建功在北大校長胡適力催下，返回北平，竟從此與台灣告別。原來魏建功來台後，他在北大所教的「古音學」無以為繼，許多大四學生必須修完這門課才能畢業。於是校長胡適要求魏建功趕回北大，續教這門課，以免耽誤學子。沒想到魏建功回到北大未幾，政治局勢迅速惡化，竟然沒能再回到台灣〔註 12〕。王壽康的兒子王正方也在〈國語童年〉一文中提到過：

> 魏建功伯伯在台北籌建《國語日報》，地址在台北植物園建功神社，兩個「建功」純屬巧合。我們全家到了台北暫住魏伯伯家〔略〕魏伯伯幾天後有急事匆忙搭機去北平，說辦完事就搭下一班飛機回台北，但是從此後就沒有下一班飛機了。〔註 13〕

王正方的最後一句話「沒有下一班飛機」，暗指魏建功從此離開台灣。但報社總不能沒人領導經營，所以此時《國語日報》的社務只能暫由副社長王壽康負責，而發行人一職從《國語日報》上的報頭觀察可發現，仍由魏建功掛名，一直等到 1949 年 3 月 12 日《國語日報》成立董事會時，才發佈人事異動的新聞：

> 本報原任社長魏建功，還在北平，因為南北交通不方便不能來，董事會已經決定改請洪樨（炎秋）擔任社長，副社長一職仍由王壽康先生擔任。〔註 14〕

而筆者觀察 1949 年 3 月 15 日《國語日報》的報頭亦發現，發行人一職也已改成洪炎秋，也就是說從這時候開始，《國語日報》的發行人兼社長由洪炎秋擔任，而魏建功到此可說是完全和《國語日報》分道揚鑣。

綜觀魏建功在台灣推行國語的表現，黃英哲在〈魏建功與戰後台灣「國語」運動（1946～1948）〉一文中提出他的看法：

> 魏建功在台推行國語的最終理想是希望中國五四新文化運動的基本

〔註 12〕 夏祖麗，應鳳凰，張至璋著，《蒼茫暮色裡的趕路人：何凡傳》，頁 198。
〔註 13〕 王正方，《我這人話多：導演講故事》，頁 18。
〔註 14〕 《國語日報》，1949 年 3 月 16 日，第四版。

> 理想——言文一致〔略〕能夠率先在戰後的台灣實現。國語推行委
> 員會之具體做法是訓練國語傳習者，在全省各地設置國語推行機構
> ——國語推行所，各置國語推行員。魏建功更將其細緻構想——樹
> 立國音標準、從方言學習國語，意圖透過該委員會的活動予以落實。
> 魏建功在任期間雖大約只有一年半時間〔略〕但是，他至少確立了
> 戰後國府之台灣國語運動方針。〔註15〕

　　雖然魏建功實際主持《國語日報》社務的時間不長，但《國語日報》的創刊
確實是由他和何容到到處奔走而籌備成立的，創刊後因為國家情勢的關係造
成初期經營上的困難及窘境，但魏建功和他同仁們還是撐了下來；而《國語
日報》初期一些關於推行國語運動的基調也大致看得到他的精神，都顯示出
首任社長魏建功對《國語日報》的努力與貢獻。

　　《國語日報》創刊另一重要人物為何容（1903～1990年），原名兆熊，筆
名老談，河北人，1923年考上北京大學預科英文班，與洪炎秋為同學；1925
年，進入北京大學英國文學系，1931年，擔任教育部國語統一籌備委員會委
員，開辦國語師資訓練班，到各校講授國語文法，開始立志推行國語，並在
《世界日報》中主編《國語周刊》，發表闡揚國語教育的理論。戰後，奉命到
台灣擔任「台灣省國語推行委員會」副主任委員。魏建功離台後，何容接任
為主任委員。1948年10月《國語日報》創刊時，身為重要推手的何容此時雖
未進入報社的經營層，但因省國語會主委的職務關係，實際上對《國語日報》
的影響及貢獻仍然很大。

　　雖然何容忙著在台灣全省推行國語工作，但忙碌之餘，還是抽空為《國
語日報》的讀者編副刊週末版，用另一種幽默風趣的寫作方式來推行國語。
何容後來曾任《國語日報》董事長，有「超級校對」之稱，洪炎秋曾為文寫
道：

> 何容生來是個勞碌命的人，他任國語日報社董事長，本來可以高高
> 在上，飛蹤指示，由各部門的主持者分層負責，不必去管實務；可
> 是他不這樣做，偏偏要把幾個不搶時間的版面的校對，攬到身上來，
> 咬文嚼字，一字一字地細校，一句一句地推敲，每天總要費上兩三
> 個小時，來從事這一樁誰都厭煩的工作。因為他認為國語日報每天

〔註15〕黃英哲，〈魏建功與戰後台灣「國語」運動（1946～1948）〉《臺灣文學研究學
　　　報》，第1期，（2005年10月），頁79。

> 雖然只發了八萬多份，但是每份報紙總有三四個人閱讀，全部就有
> 二三十萬個讀者，他們都很信任國語日報，如果出了錯誤，他們以
> 訛傳訛，將錯就錯，貽害不淺，所以非特別慎重不可。〔註16〕

《國語日報》因為是用注音國字編排的，所以校對起來比其他報紙麻煩許多，尤其是同字異音的「破音字」，更是要細心注意，以免誤導讀者。所以對於何容推行國語的成就，洪炎秋曾說過，比起國語推行前輩吳稚暉先生，他認為有過之而無不及〔註17〕。

魏建功離台後，接任《國語日報》社長的洪炎秋（1899～1980年），原名洪槱，台灣彰化鹿港人，1923年到中國留學，進入北京大學預科英文班，與何容為同學。1946年回到台灣後，曾在台灣省立師範學院（國立台灣師範大學前身）教書，後調任台灣省立台中師範學校校長時，碰上二二八事件，被人檢舉「鼓動暴動，陰謀叛國」因而遭到撤職，雖然後來得到平反，但也失去教職。就在此時，大學同學何容拉了他一把，洪炎秋曾在〈我和國語日報〉一文中回憶這段往事：

> 就在我徬徨歧路的當兒，窗友何容要我當他國語推行委員會的副主
> 任委員，「幫」他販賣國語膏藥。我在民國八年從表弟丁瑞魚學會了
> 三十九個注音字母的妙用，曾經靠它陪同先父遊歷國內八省，不但
> 能夠通行無阻，而且可以替先父弄到不易入手的阿片煙膏，因之對
> 它發生了很深的愛情，認為是統一國語、團結民族唯一的工具。此
> 次經了何容這一引誘，遂使我心甘情願，入他的「幫」，去「幫」他
> 搖旗吶喊。〔註18〕

得到何容提拔後，洪炎秋於1948年受聘為台大中文系教授，魏建功離台後，1949年接任《國語日報》社社長，這段和何容為《國語日報》並肩作戰的情誼，洪炎秋曾比喻說：

> 創立國語日報以後，倆人搭配起來，成了守衛報社山門的哼哈二將：
> 遇到魑魅魍魎前來攪擾的時候，就讓何容這位哼將軍，先去和他們
> 哼哼唧唧，應付一番，如果一直糾纏不清，無法招架，我這個哈將
> 軍就得出來哈他一聲，有時也能夠把他們哈走，一柔一剛，多方適

〔註16〕洪炎秋等，《何容這個人》（臺北市：國語日報社，1975年），頁5。
〔註17〕洪炎秋等，《何容這個人》，頁6。
〔註18〕洪炎秋，《教育老兵談教育》（臺北市：三民書局，1974年），頁134。

應，好不容易纔把這張經過無數風霜的教育報紙，保全下來。〔註19〕洪炎秋後來在 1969 年以 72 歲高齡當選立法委員，也曾再擔任《國語日報》的發行人及復任為社長，終其一生，可說幾乎都奉獻給了《國語日報》。

《國語日報》創刊時之副社長王壽康（1898～1975 年），河北人，北平師大國文系畢業，受國學大師錢玄同啟導，開始對語言文字下工夫，在北平時創辦《國語日報》之前身《國語小報》並擔任副社長，也在母校擔任教授。1948 年，魏建功聘請他當《國語日報》副社長，並請他把《國語小報》各號注音銅模和印刷機等器材，運來台灣使用，而王壽康也確實不負使命將它們押運來臺。

之後，王壽康加入台灣省國語推行委員會任常務委員，同時也在台灣省立師範學院（國立台灣師範大學前身）教書。魏建功離台後，王壽康實際負責《國語日報》的社務，一直到董事會成立後，才移交給洪炎秋。後來他還擔任台灣省國語推行委員會附設的國語文補習學校校長，並為台北市教育局立國民學校教員國語文補習教育，提高國語教學能力。洪炎秋稱讚他是對台灣國語運動最有貢獻的人〔註20〕。而王壽康夫人曹端羣女士是北平女子師範家政系畢業，久任北平《國語小報》編輯，《國語日報》創刊後，也替報社編了很久的「家常」副刊。

《國語日報》創刊總編輯梁容若（1904～1997 年），河北人，北平師大國文系畢業，1931 年在山東主編《民眾週刊》，1936 年公費前往日本東京帝國大學文學部大學院留學，研究中日文化的相互影響。1948 年，與王壽康來台，佐《國語日報》社社長魏建功，籌辦《國語日報》刊行，並辭去北平「平明日報」總主筆和大學兼任教授職務，接受《國語日報》總編輯的職位，之後也擔任「台灣省國語推行委員會」常務委員。前文曾提到《國語日報》創刊前夕人力及物力均艱難的情況，當時就是由梁容若領導整個編輯部，在短短五、六天的時間下，讓報紙順利在 10 月 25 日光復節正式出版。

1951 年，梁容若擔任《國語日報》副社長，為了提高讀者語文的程度，幫助讀者自修，於 9 月創辦「古今文選」。1958 年，離開《國語日報》和師範大學，任台中東海大學中文系主任，1965 年，應《國語日報》邀請，創辦「書和人」雙週刊。「古今文選」和「書和人」都非常受到讀者歡迎，為報社帶來

〔註19〕洪炎秋，《教育老兵談教育》（臺北市：三民書局，1974 年），頁 136。
〔註20〕夏祖麗，應鳳凰，張至璋著，《蒼茫暮色裡的趕路人：何凡傳》，頁 199。

不少報費收入，進而可以充實其他設備，梁容若對此確實貢獻很大〔註21〕。

《國語日報》創刊總經理方師鐸（1912～1994 年），江蘇人，北京大學中文系語言文字組，北京大學文科研究所畢業。1946 年 4 月，台灣省國語推行委員會成立時，即獲聘為常務委員，協助推行國語工作及《國語日報》創刊。方師鐸在〈國語日報誕生了〉一文中曾提到這件事：

> 我想，個時候在「臺灣省國語推行委員會」的常務委員當中，大概就數我的年紀最輕，於是「辦報」這件美差就落在我的頭上了。那個時候還算是非常時期，一切都在「管制」之下，普通人是絕對不准辦報的，但我們所要辦的報是為了推行國語而辦，中央政府的教育部指定要辦理的，不但沒有阻力，反而得到很多助力。我記得，我為這件事到臺北市政府找市長幫忙時，市長不但一口答應，而且還派人把教育局長請來，叫他全力協助。〔註22〕

為了《國語日報》的籌備工作，方師鐸和何容也曾趕到上海和南京去請領教育部的經費和採購機器，因此當《國語日報》創刊後即擔任總經理，負責報社的發行、廣告、印刷、運輸、採購、福利……等，協助《國語日報》撐過創刊時期艱辛歲月。1960 年，應聘為台中東海大學中文系教授，並在台中終老。

夏承楹（1910～2002 年），筆名何凡，江蘇人，北平師範大學外文系畢業後，進入北平《世界日報》擔任編輯，1948 年 12 月與妻子林海音〔註23〕來到台灣，並進入《國語日報》擔任編輯，四個月後升任副總編輯，1951 年再升任為總編輯，之後也獲聘為省國語會的委員。夏承楹雖然不是《國語日報》創刊推手，但是卻參與了創刊後初期的重要編輯工作，梁容若就曾說，在我發現他的新聞經驗、教育陶冶、兒童文學修養、翻譯寫作能力遠在我之上以後，就決定讓他作總編輯了〔註24〕。

另外，《國語日報》膾炙人口的兒童幽默漫畫「小亨利」和「淘氣阿丹」，

〔註21〕關於梁容若的生平大致參考自陳正茂，〈梁容若（1904～1997）〉《傳記文學》75：6＝451，（1999 年 12 月），頁 142～144。

〔註22〕方師鐸，《臺灣話舊》，頁 47。

〔註23〕林海音（1918～2001 年），原名林含英，台灣苗栗頭份人，知名作家，成名作為《城南舊事》，曾主編《國語日報》週末副刊五年共兩百五十多期，直到 1954 年 10 止。

〔註24〕夏祖麗，應鳳凰，張至璋著，《蒼茫暮色裡的趕路人：何凡傳》，頁 212。

就是由夏承楹引進的，並長期爲沒有文字說明的「小亨利」擔任解說及翻譯「淘氣阿丹」，長達 50 年。總計夏承楹在《國語日報》期間，先後歷任總編輯、副社長、社長、發行人等重要職務，在報社工作長達四十三年之久，爲《國語日報》做了許多開創性事業，如建蓋報界第一棟大樓、成立出版部、國語日報語文中心……等，林良就曾說，他的創意連連，爲報社注入一股生命力〔註 25〕。夏承楹確實爲《國語日報》創刊後三十多年間最主要的領導階層人之一。

關於這幾位領導人的人格特質，曾任《國語日報》社長的樂茝軍（薇薇夫人）認爲：「那時報社幾位領導的長者，都有讓人敬佩景仰的風範。洪炎秋、何容都是溫煦待人、刻苦工作。夏先生在思想和觀念上比較少壯派，譬如各種制度的改進就是，夏先生是一位堅持而有骨氣的君子。」〔註 26〕而觀察他們的背景可發現，多半出自北京大學、北京師範大學等名校，學術涵養極佳，也都在臺灣大學、師範大學、東海大學等學校任教。後來曾任《國語日報》副社長的蔣竹君就曾直言，他們是眞正實現讀書人辦報的精神，更以辦教育的理念做爲報紙內容的指標〔註27〕。

此時期的報社重要成員還有一項特色就是幾乎都爲外省籍人士，因此曾有讀者投書質疑《國語日報》是站在內地人的觀點辦報，推行國語。而不是站在臺灣人的觀點編報〔註 28〕。爲此報社還特地澄清，提出社長洪炎秋和週末編輯林海音就是爲臺灣本省籍人士（但倆人戰前均住在中國北平，擁有中國經驗），也認爲現在外省人和本省人是不應當有兩種觀點的。筆者認爲，戰後初期，台灣人正在轉換語言，對不熟悉的國語尚在摸索當中，如要進入以推行國語爲目標的《國語日報》，實有困難；再加上二二八事件時，多位台灣報業菁英因直言遭到殺害，如《民報》社長林茂生、《人民導報》社長宋斐如等，所以事件後，台籍報界人士多隱身緘口，變成無聲的一群，因此在報業中要看到台籍人士可說是不太容易。

此外，《國語日報》創辦人幾乎都有辦報或編周刊的經驗：像何容在《世界日報》中主編《國語周刊》、王壽康創辦《國語日報》之前身《國語小報》

〔註25〕夏祖麗，應鳳凰，張至璋著，《蒼茫暮色裡的趕路人：何凡傳》，頁 225。
〔註26〕夏祖麗，應鳳凰，張至璋著，《蒼茫暮色裡的趕路人：何凡傳》，頁 262。
〔註27〕林良等，《見證：國語日報六十年》（台北市：國語日報，2008），頁 16。
〔註28〕〈幾點解釋〉，《國語日報》，1950 年 10 月 25 日，第十一版。

並任副社長、梁容若在山東主編《民眾週刊》及擔任北平「平明日報」總主筆、夏承楹則在北平《世界日報》擔任編輯。他們豐富的辦報經驗，正是《國語日報》得以創刊成功的重要倚賴及資產。

第二節　辦報宗旨與特色

一、《國語日報》的宗旨

在我國出版事業的官方登記中，開宗明義要填寫出版物的宗旨，這一宗旨，就是報紙的立場，也就是編輯政策。《國語日報》是教育部委託魏建功和何容負責籌備工作，為協助推行國語運動而創辦，創刊宗旨為輔導語文教育、宣達政府命令及宣揚祖國文化。《國語日報》在 1948 年 10 月 25 日創刊號第三版〈我們的副刊〉一文中，就已針對輔導語文教育及宣揚祖國文化這兩項宗旨做重要介紹，也明白宣達了要透過報紙副刊來達到創刊的使命：

> 本報三大宗旨的第一點是輔導語文教育。許多有關語文教育的常識資料問題，都須要給社會大眾跟學校教師討論研究的機會，從工具以及方法上也得隨時推廣普及。我們覺得該辦兩種語文範圍裏的小期刊：甲用國語為主，乙用方言為主。所謂國語，指國音、國字、國文的綜合。所謂方言，在臺灣注重鄉里常用的各種語言跟標準語之間的對照〔略〕閩南話、客家話、山地話各方面都要逐漸做到，目前先忙閩南語。（中略）

> 本報宗旨末一點是宣揚祖國文化。這不是一個口號，我們是在這個意義之下努力工作的。生活方式是文化的表現。我們民族文化的源遠流長，因為疆域的廣大〔略〕形形色色風俗習慣人情世相。所以報導研究全國性綜合的文化各方面，對一般大眾互相了解有幫助，同時也可以讓本省沒出外去各省的人士，得一個增廣見聞，補充談話資料的機會〔略〕本省目前社會人士需要對本國悠久的歷史跟遼闊的地理加深扼要的印象。〔註29〕

從《國語日報》之辦報宗旨來看，我們可發現實深受時代背景的影響。如戰後初期臺灣發行量最大之官報《臺灣新生報》，於 1945 年 10 月 25 日創刊，

〔註29〕 〈我們的副刊〉，《國語日報》，1948 年 10 月 25 日，第三版。

其辦報任務即為介紹祖國文化、傳達及說明政府法令、做臺灣人民喉舌〔註30〕。而《國語日報》，因為和省國語會關係密切，具有濃厚官方色彩，故除負有協助推行國語運動的使命外，也不可避免地須為政府宣達政令及宣揚祖國文化。

二、版面介紹及編輯特色

《國語日報》初期的版面為四開一大張，分四個版面，第一版為國家新聞，第二版為台灣省新聞，第三版為副刊，第四版為國際新聞，廣告、啟事和政府公告則大部份都放置在第二至四版的下方。《國語日報》第一版主要刊登當時中國內戰的問題，有時會有專欄做新聞的深度追蹤報導。第二版主要刊載台灣地方新聞，由於標榜為唯一的教育報，因此內容著重於文教新聞，甚少社會新聞，偶而也有專欄作家會針對重要事件做評論。第三版為副刊，《國語日報》創刊時即擁有多元化的副刊，高達七種之多，每天都有不同變化。第四版報導二戰後，美、英、法、蘇等世界強權的動態，和戰敗國日本的國內現狀新聞。由於第四版和台灣關聯較少，故不列入本論文探討範圍內。

為了提供適合的學習讀物給不同年齡層的學生閱讀自修，《國語日報》在1948年12月17日第三版下方加入適於中學至大學初年級程度的中級國語文選，主編者為臺灣大學教授吳守禮先生；1948年12月29日第四版下方加入適應小學讀者的小學國語補充教材，主編者為專門研究國語教材教法的王玉川先生。此時，《國語日報》也配合教育廳於1949年1月舉辦空中學校，登載初級及中級國語國文教材（中級國語文選併入於此），但刊登兩課後，因教育廳暫緩籌備空中學校，這兩樣教材也暫時停止了。

1949年1月19日起，《國語日報》版面有了重大改版，為適應讀者的需要，增加青少年讀物的分量，排在第二版的本省市新聞改排在第四版，原排在第四版的國際新聞歸併到第一版，第二版登載青少年的讀物及小學國語補充教材。1949年3月2日起，第二版的青少年的讀物正式以少年版刊登。

而這樣的版面安排，直到1951年12月31日止，也就是在本論文的研究斷限內都沒有改變，但亦會配合不同讀者的需要，出現小幅度的版面調整增刪。1951年8月1日起，配合臺灣廣播電台國語講座，登載廣播教材；1951

〔註30〕許旭輝，〈戰後初期臺灣報業之發展——以《臺灣新生報》為例〉，頁98。

年 9 月 7 日起，第二版增加伊索寓言木刻版畫，配合生動活潑的語言，將有趣的故事介紹給學生；1951 年 9 月 13 日，每星期四將「國語廣播教材」一個禮拜的內容獨立刊出，隨報附送；1951 年 9 月 16 日起，爲供給初中高中學生和一般人士關於國語國文的閱讀材料，增加學習的便利，特別編印「古今文選註」，隨報附贈，不另收費；1951 年 10 月 1 日起，第四版增加長篇連環漫畫「小亨利」，原本「小亨利」是沒有文字說明的，爲顧到小讀者的理解能力，特別由夏承楹翻譯編註。

　　副刊爲中國報紙的一大特色，在十九世紀末報業即有副刊出現。而《國語日報》創刊時，就已計劃要出版七種副刊，在 1948 年 10 月 25 日創刊號第三版中，即刊登一篇「我們的副刊」專文介紹。文中提到，由於當時新聞處處長林紫貴勉勵《國語日報》要讓人「看得懂」、「買得起」、「用得到」，爲了實現這三個條件，《國語日報》用注音國字編輯內容，所以「看得懂」；報費根據行市定價並優待集體訂戶，所以「買得起」；而創立副刊，把「小報當大報出」，「麻雀雖小，五臟俱全」，內容多元，有知識、有休閒，深入淺出，針對不同的讀者階層，將內容分門別類做詳細介紹，所以「用得到」。

圖 3-3　《國語日報》各種副刊名稱及主編人陣容

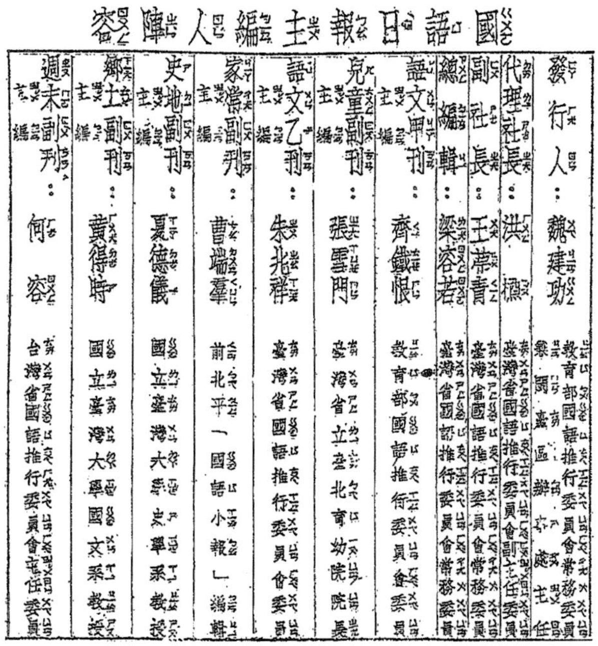

國語日報主編人陣容

職稱	姓名	單位
發行人：	魏建功	北京大學國語推行委員會主任委員
代理社長：	洪炎秋	教育部國語推行委員會委員兼臺灣區辦事處處長
副社長：	王夢青	發行人兼臺灣省國語推行委員會常務委員
總編輯：	梁容若	臺灣省國語推行委員會常務委員
兒童副刊 主編：	齊鐵恨	教育部國語推行委員會委員臺灣省國語推行委員會常務委員
語文副刊 主編：	張雲門	前臺灣省立臺北育幼院院長
乙羽副刊 主編：	朱兆祥	臺灣省國語推行委員會委員
家庭副刊 主編：	曹瑞華	前北平「一國語小報」編輯
史地副刊 主編：	夏德儀	國立臺灣大學國文系教授
博士副刊 主編：	黃得時	國立臺灣大學國文系教授
週末副刊 主編：	何容	台灣省國語推行委員會常務委員

資料來源：《國語日報主編人陣容》，《國語日報》，1948 年 12 月 9 日，第三版。

　　《國語日報》的副刊多元豐富，一個星期七天，每天一種副刊。星期一為語文甲刊，星期二為兒童，星期三為語文乙刊，星期四為家常，星期五為史地，星期六為鄉土，星期日為週末。觀察其主編人陣容可發現，大多有推行「國語運動」的背景，如齊鐵恨曾任教育部國語推行委員會委員，朱兆祥則任臺灣省國語推行委員會委員等（各主編人詳細經歷待第四、五章副刊探討時介紹）。而從副刊內容來看，「語文人甲刊及語文乙刊」，這兩種副刊分二種語文，甲刊用國語為主，乙刊用方言為主，提供的是學習語文的工具及方法，所謂國語指國音、國字、國文的綜合，方言在此以使用人數較多的閩南語為主。「家常、史地及鄉土版」，從這三種副刊可見到全中國性綜合的文化各方面介紹及台灣土地風光向外宣傳的情形。「兒童及週末版」，由於《國語日報》的讀者對象主要是中、小學生，所以兒童版可說是它的一大特色；而週末版主要為休閒小品，可提供我們瞭解當下民眾的生活文化。而因為主編個人因素，版面也曾經調整過，如「鄉土版」在 1949 年 5 月 28 日停刊，從 1949 年 6 月 4 日起改為「科學版」；「家常版」在 1949 年 8 月 11 日停刊，從 1949 年 8 月 18 日起改為「小學教材教法」。

　　《國語日報》為當時全國唯一的注音教育報，有它特殊的讀者對象，因此在編輯方面，也有幾個特色，洪炎秋曾撰文介紹：

　　　第一、文字簡潔，完全口語，要達到「怎樣說，就怎樣寫」的目標。就是翻譯電訊稿，也是這樣改寫精編。

　　　第二、在新聞處理方面，以「教育意義重於新聞價值」作準則，凡是違反教育原則的新聞，不管他如何轟動社會，也都一字不提。對文教新聞的報導，有獨到的地方。

　　　第三、副刊的編輯，大都適應學習國語和輔導教學的要求，深入淺出，篇篇適用。〔註31〕

而在《國語日報》1950 年 10 月 25 日第五版「國語日報兩周年紀念增刊」上，也刊登了報紙未來的走向，訂定明確的編輯方針：

　　　一、把握民族國家的要求，就是反共跟抗俄，把握時代文化的要求，就是科學與民主。

　　　二、新聞要正確乾淨，要扼要要明瞭，要顧到教育的意義和讀者的

〔註31〕洪炎秋，〈十五年來的國語日報〉《報學》3：3（1964.3），頁 71。

需要。轟動一時的情殺案可以一字不登，某人忽生忽死的矛盾
傳說，也可以省略。

三、適應各種學國語的要求，編譯各種方式各種程度讀物。要深入
而能淺出，要有趣味而不低級。要科學讀物能文學化，要趣味
作品能教育化，能科學化。

四、怎樣說就怎樣寫，念得出還要能聽得懂。表現一個意思，要找
到最適當的字或詞。能用短句的不用長句，能用常用字的不用
生字難字。〔註32〕

雖然《國語日報》曾被讀者寫信投書批評內容太平淡，缺乏驚奇潑辣、引人
注意、動人心魄的新聞和文藝〔註33〕，但自始即強調要做為一個純粹的教育
性報紙，《國語日報》仍持續堅持它獨有的特色，在基本方針不變的原則下，
為協助政府推行國語運動，扮演重要的輔助學習工具。

第三節　登載各地推行國語動態

一、新聞內容

　　一般報紙的新聞內容來源，不外是內部記者自行採訪，或是靠外部通訊
社之電稿。《國語日報》創刊時因為沒有採訪部，收電設備也沒有，所以主要
來自當時發行量較大的報紙，如《臺灣新生報》、《公論報》，把這些報紙上的
新聞剪貼下來，或收聽中國廣播公司的新聞報導，改寫成白話文發下去，第
二天登出來，等於是昨天的新聞，社內人戲稱《國語日報》應該叫「國語昨
日報」〔註34〕。洪炎秋也說過：「創刊時因為一直沒有能力向通訊社買稿子，
只能抄抄早報的消息，同時收聽中國廣播公司的新聞，改編發行。」〔註35〕
再加上注音報紙的編輯校對本就較其他報紙耗費時間，因此，有讀者曾投書
批評《國語日報》的新聞消息總是較慢一點。

　　當《國語日報》經營逐漸好轉後，開始增加器材設備及採訪人員，1951

〔註32〕〈國語日報向哪裏去？〉，《國語日報》，1950 年 10 月 25 日，第五版。
〔註33〕〈本報的讀者對象和趣味〉，《國語日報》，1949 年 10 月 30 日，第三版。
〔註34〕夏祖麗，應鳳凰，張至璋著，《蒼茫暮色裡的趕路人：何凡傳》，頁 249。
〔註35〕洪炎秋，〈國語日報簡介〉《臺灣文獻》，頁 160。

年 7 月 7 日，《國語日報》在第一版刊登啓事，宣佈新聞內容來源的重要改變：
爲了爭取新聞，改善內容，從本月九日起，改爲每天上午編刊，下午出版，
完全刊登日報上沒有登過的新消息，臺北市當天送到，敬請讀者注意〔註36〕。
這其實就是晚報的編報方式。但外縣市的訂戶收到的報紙仍是前一天的新
聞，爲澄清外埠讀者的疑慮，《國語日報》曾刊登啓事解釋說，日子雖然晚一
天，新聞卻報導快了：

> 過去的本報是照本省的舊例，印第二天的日子。比如說，您在苗栗，
> 八月三日雖然可以看到三日的報，實際那張報是二日出版的，而新
> 聞卻多半是一日的。現在我們爲了加速報導，改造臺北的晚報編印
> 法，八月二日的報下午出版，上面的消息完全是二日早報沒有登過
> 的，也就是二日的消息〔略〕您那兒雖然看到日期不符，實際上新
> 聞卻是快了一天。〔註37〕

而在地方新聞方面，《國語日報》初期爲報導地方情形，反映宣達人民的意見，
則是徵求定期和不定期的通訊員提供各地通訊，如新竹、臺中、臺南等地。
而要擔任永久通訊員，還必須投稿三次，合乎報社需要才可以聘請〔註38〕。

二、登載各地推行國語動態

前文已提到，臺灣省國語推行委員會在成立之初，就在魏建功及何容的
領導策畫之下，積極展開推行國語的各項工作：如在各縣市設立國語會、國
語講習班、研究會、專修班、語文補習學校，以及協助台灣大學、師範學院，
增設國語課程，並派員擔任教學，大量培訓國語師資。派員前往各地輔導國
語教學，舉辦各種國語比賽活動。編印國語書刊，作爲學習者的讀物。利用
廣播電台，作國語的讀音與讀物的示範教學。在台北市設立國語實驗小學，
研究國語文的教學方法，並舉辦公務員語文師資講習班，調訓全省各機關的
人員前來訓練，然後回原單位傳播國語。

而在《國語日報》創刊後，省國語會也藉此傳播管道，在報紙的台灣省
新聞版面，登載各地推行國語的最新消息，除了提供一般民眾了解各地推行

〔註36〕〈本報啓事〉，《國語日報》，1951 年 7 月 7 日，第一版。
〔註37〕〈日子雖然晚一天　新聞卻報導快了〉，《國語日報》，1951 年 8 月 3 日，第四
　　　　版。
〔註38〕〈本報徵求各地通訊〉，《國語日報》，1948 年 11 月 26 日，第二版。

國語情形外，最終目的當然是要營造學習國語的熱潮，並將推行國語運動的
風氣帶動起來。筆者試整理 1948 年 10 月份至 1951 年 12 月份的《國語日報》
台灣省新聞標題中，相關各地推行國語運動之內容，統計後發現，1948 年登
載各地推行國語運動之消息數量為 8 篇，涵蓋台北市、台中縣市、高雄縣、
竹東、玉里區署等地，都市及鄉下皆有；1948 年之後登載比例逐年增高，而
1951 年整年刊登的國語運動相關新聞數量，佔總體數量的一半。

表 3－1　《國語日報》台灣省新聞中相關各地推行國語運動之消息數量
　　　　 統計表

年　　份	1948 年	1949 年	1950 年	1951 年	小　　計
數量（篇）	8	95	110	245	458
百分比	2	21	24	53	100

　　而從新聞的內容來分析，則可發現，登載全省各地舉行國語競賽的新聞
最多，佔全體新聞數量的 41％；其次是各地舉辦國語講習班的新聞消息，佔
14％，接下來還有政府宣達推行國語的政令消息及省國語會的動態等，也都
佔據了不少版面。而在 1951 年時，《國語日報》更是直接在台灣省新聞版面
內，開闢一個專門刊登各地推行國語運動消息的「國語圈」專欄，更顯示其
報紙特殊且獨有的編輯方針。接下來筆者將國語運動相關新聞依其工作中
心，分成「國語活動報導」、「國語政令宣達」及「省國語會動態」等三個主
題，來探討《國語日報》刊登推行國語運動消息之傳播角色及功能。

表 3－2　《國語日報》台灣省新聞中相關各地推行國語運動之內容分析
　　　　 統計表

編號	名　　稱	數量（篇）	百分比
1	國語競賽	188	41
2	國語講習班	64	14
3	國語政令	47	10
4	國語實小	35	8
5	國語會議	30	7
6	省國語會	26	6
7	國語圈	24	5

編號	名　稱	數量（篇）	百分比
8	國語教學	17	4
9	國語日報	11	2
10	國語學習風氣	10	2
11	國語推行理念	6	1
	小計	458	100

註：上表是筆者依據《國語日報》國語運動相關新聞之內容所做的粗略分類，但因個人觀點不同及少數新聞內容報導廣泛，僅能就其中心主題加以歸類，因而在分類統計上可能會造成誤差。不過，此表仍能大致看出《國語日報》報導國語運動相關新聞之方向和比重。

圖 3－4 「國語圈」專欄

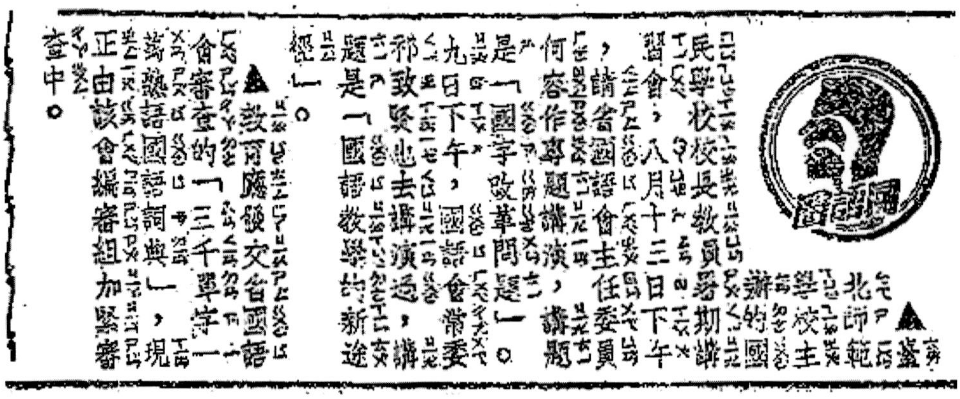

▲臺北師範學校主辦的國民學校校長教員暑期講習會，八月十三日下午，請省國語會主任委員何容作專題講演，講題是「國字改革問題」。九日下午，國語會常委祁致賢也去講演過，講題是「國語教學的新途徑」。

▲教育廳發交省國語會審查的「三千單字一萬熟語國語詞典」，現正由該會編審組加緊審查中。

圖片來源：《國語日報》，1951 年 8 月 15 日，第四版。

（一）國語活動報導

國語活動報導包含國語競賽、國語講習班、國語會議、國語教學、國語圈及國語學習風氣。國語競賽在所有推行國語運動新聞中，所佔比例最高，依對象分成一般民眾、地方基層公務人員及國校教員、學生的競賽。尤其以國校教員及學生的競賽新聞最多，顯示出當時推行國語的工作重點是放在國民學校。當時各縣市大都每年至少要舉行一次國校教員的國語競賽，競賽目的，一方面是加強國語教學，一方面來提高教員們學習國語的興趣〔註 39〕。除此之外，主要的是在考查各校教員平日對國語的自修進度如何。同時是利

〔註 39〕〈國語競賽發獎禮在市府舉行 教育局長勉勵國校教師繼續努力〉，《國語日報》，1950 年 12 月 6 日，第四版。

用競賽的方式，來推行語文教育﹝註40﹞。而對於參加的教員，省國語會還贈送參加競賽的教員們，每人一套注音讀物﹝註41﹞當做紀念品。對於國校教員的國語競賽，洪炎秋認為是刺激、鼓舞教員進修國語文的方法：

> 當時各縣市規定所有教員、不分省籍、年齡、和性別，一律要參加，
> 因此人數常在千人以上，競賽結果，成績優良的，由當局優予獎勵。
> 這種競賽所表現的成績，一年比一年好，所以也是刺激、鼓舞教員
> 進修國語文的一種省而多效的方法。﹝註42﹞

在《國語日報》上也刊登強迫教員參加並給予獎勵的情形，如〈桃園縣桃園區舉辦國語注音和朗讀比賽 教員強迫參加勝的給獎金〉這篇報導就說：「凡是該區的現職教員，不論省籍，一律強迫參加。優勝的，第一名給獎金三百元，第二名二百五十元，第三名二百元，第四名一百五十元，第五名一百元。」﹝註43﹞而無故不參加競賽的教員，教育局則加以處罰﹝註44﹞。甚至將國語比賽成績列入教員考核中﹝註45﹞。由此可知，教育當局以恩威並施及成績列入教員考核的方式，強迫教員們參加國語競賽，最終達到提高教員國語能力的目的。

而各縣市教育局舉辦學生國語競賽的意義，不是在單單的提高學生學習國語的興趣，而主要的是提高學生國語的程度，使大家能夠在比賽以前，有充分的時間練習，先打好了國語的根基，然後再來比一比高低﹝註46﹞。

當時舉辦國語競賽的地點幾乎遍及全省各地，如基隆市、台北市、草山、竹東、信義鄉、台南、屏東、宜蘭、花蓮、台東延平、澎湖等地。而舉辦單位也各有不同，除了中央機構如教育廳、社會處外，還有地方機構如台北市教育局、台北文化服務站、高雄縣府、台北警察局、北港警察局等，也有學

﹝註40﹞ 〈校教員國語比賽順利舉進行〉，《國語日報》，1951 年 5 月 7 日，第四版。
﹝註41﹞ 〈國校教員國語競賽順利進行 參加者五百七十人結果在評定中 競賽目的在考查教員自修的進度〉《國語日報》，1950 年 11 月 27 日，第四版。
﹝註42﹞ 洪炎秋《教育老兵談教育》，頁 51。
﹝註43﹞ 〈桃園縣桃園區舉辦 國語注音和朗讀比賽 教員強迫參加勝的給獎金〉，《國語日報》，1951 年 1 月 10 日，第四版。
﹝註44﹞ 〈看誰的成績好 國校教員國語賽揭曉 大安國校得團體冠軍 無故不參加的人將受處罰〉，《國語日報》，1950 年 12 月 1 日，第四版。
﹝註45﹞ 〈北市教員考核 國語比賽成績列入〉，《國語日報》，1951 年 6 月 10 日，第四版。
﹝註46﹞ 〈北市教局決定在本學期 舉辦中學生國語競賽 比賽辦法正跟國語會商討中〉，《國語日報》，1951 年 9 月 6 日，第四版。

校單位如師院、嘉義市立初中，及報業單位如中央日報社、國語日報台東辦事處等。

比賽項目則有演說、朗讀、作文、注音符號測驗、注音會話、說故事、時事測驗、國台演說等，相當多元。演說的題目中，則大多與「國語推行」及「反共抗俄」的背景有關，如〈臺東縣六七兩日舉辦　國語朗讀演講比賽〉這則新聞中就報導著演講題目為：

> 初中組：甲、怎樣鼓勵山地同胞努力學習國語。乙、怎樣勸大家學習標準國語。丙、我學習國語的經驗。高中組：甲、反共期中吾人應有的認識。乙、我學習國語文的經過與檢討。丙、我們要抱學以致用的態度去求深造。社會組：甲、軍公教人員應如何進修。乙、保衛臺灣與爭取反共的最後勝利；丙：努力學習國語促進中華民族大團結。〔註47〕

其他類似演說題目不勝枚舉，如台北市國語演說比賽題目，小學組是「勸大家努力學國語」，中學組是「如何學國語」〔註48〕、烏來鄉第一屆國語賽國校學生組的題目是：我怎樣幫助父兄學習國語〔註49〕。及屏東國校教員比賽國語演講，講題是：「如何做小學教員」，「反共抗俄」，「三民主義與教育」〔註50〕、宜蘭縣國語朗讀演講競賽演說題目：反共抗俄神聖戰爭中我們應負的使命，怎樣保密防諜，我對反共基地新臺灣的展望，如何發展地方自治等四題，任意選擇一題〔註51〕等亦是。

朗讀的材料一般是用國語課本抽籤決定課文，有時也會在一定的規定範圍內，由教員自由採擇，如〈宜蘭縣定期舉行　國語朗讀演講競賽　中縣國語演說提前舉行〉這則新聞就提到：「朗讀材料為教部審定高小課本，依下列所指示自由採擇一課，高小一冊，第三課蔣總統的故事，第十五課李水父子，

〔註47〕　〈臺東縣六七兩日舉辦　國語朗讀演講比賽〉，《國語日報》，1949 年 11 月 3 日，第四版。

〔註48〕　〈台北市國語演說比賽　中小學參加者百餘人　中央日報社發動舉行〉，《國語日報》，1949 年 10 月 24 日，第四版。

〔註49〕　〈烏來鄉第一屆國語賽〉，《國語日報》，1951 年 9 月 26 日，第四版。

〔註50〕　〈屏東國校教員　比賽國語演講〉，《國語日報》，1950 年 8 月 29 日，第四版。

〔註51〕　〈宜蘭縣定期舉行　國語朗讀演講競賽　中縣國語演說提前舉行〉，《國語日報》，1951 年 11 月 4 日，第四版。

高小二冊,第一課國父的少年時代。」〔註52〕可知,充斥於學校課本內的國家領袖故事,特別受青睞。

而參加國語競賽所得到的獎勵及獎品可說是包羅萬象,通常會由教育部或省國語會提供獎狀、錦旗、銀盾等榮譽性獎勵,也有獎品包括毛巾、鏡框,及文具用品如墨水、筆記簿、書籍等。《國語日報》就報導過:「朗讀競賽場裏,四壁掛滿了錦旗,五光十色,構成有力的誘惑。參加決賽的教員們,對言『琳瑯滿目』的獎品,發出會心的微笑。」〔註53〕以此來說明獎品對教員們的吸引力程度。而對於成績優異的人,則是給予獎金的鼓勵,在〈屏東縣教員國語比賽 東港國校張炳煜獲得第一〉這則新聞中就提到,「第一名是臺幣二百元,第五名也有獎金、第六名有獎品〔註54〕。」而表現優異的小朋友甚至有機會到電臺去廣播比賽的演講內容〔註55〕。

而這些比賽獎品中,最特別的要算是《國語日報》。《國語日報》社除了自行舉辦比賽外,亦提供自家的報紙來贊助比賽,目的當然是協助國語的推行。如〈台北市國語演說比賽 中小學參加者百餘人 中央日報社發動舉行〉提到:「本報方面對於各組一二三名分贈三個月兩個月同一個月的日報」〔註56〕、〈台東六屆國語比賽 仁愛國校臺東中學佔先〉:「本報臺東辦事處為協助國語推行,這次臺東六屆國語比賽時,特把本報贈送各組第一、二、三名」〔註57〕、〈十個學員成績很好 本報各贈送義務報一份〉〔註58〕等都可見到相關報導。

從1946年10月25日起,台灣省政府每年年底會舉行全省國語競賽,而競賽消息是《國語日報》的重點新聞。當天競賽結束後,《國語日報》除了立

〔註52〕 〈宜蘭縣定期舉行 國語朗讀演講競賽 中縣國語演說提前舉行〉,《國語日報》,1951年11月4日,第四版。
〔註53〕 〈國語比賽決賽完畢〉,《國語日報》,1951年5月14日,第四版。
〔註54〕 〈屏東縣教員國語比賽 東港國校張炳煜獲得第一〉,《國語日報》,1951年6月27日,第四版。
〔註55〕 〈兒童故事演講比賽成績很好 分甲乙丙三組每組錄取十名 各組前五名十七日到電臺去廣播〉,《國語日報》,1949年11月16日,第四版。
〔註56〕 〈台北市國語演說比賽 中小學參加者百餘人 中央日報社發動舉行〉,《國語日報》,1949年10月24日,第四版。
〔註57〕 〈台東六屆國語比賽 仁愛國校臺東中學佔先〉,《國語日報》,1949年11月13日,第四版。
〔註58〕 〈十個學員成績很好 本報各贈送義務報一份〉,《國語日報》,1951年9月1日,第四版。

即附送號外〔註59〕，提供最新比賽成果結果給教員，日後也有相關檢討與改進的報導〔註60〕，提供給讀者做爲下次比賽的參考。如〈記新竹縣第六屆國語比賽會〉報導著：「在國語發音方面，老頭子不如年青人，年青人不如小孩兒。公務員不如教師，教師不及學生。至於內容方面，自然是小學生不如中學生，中學生不如社會人士了。」〔註61〕

總體而言，全省國語演說競賽辦法由省國語會訂定，省國語會人員擔任評判，而與省國語會關係密切的《國語日報》，則成爲省國語會傳播比賽消息的最佳工具及途徑。

國語講習班通常由各機關依需求成立，有教師學員就可以開班，所以在《國語日報》上，就可看到鄉鎮公所、學校、郵局、臺電，甚至監獄等開班的單位，如〈鎮公所全體職員講習 基督徒和下女都受教 澎湖縣國語會最近的工作〉〔註62〕、〈外省籍教師熱心學國語 臺北第一女中辦講習班〉〔註63〕、〈北市郵局辦國語進修班〉〔註64〕或〈花蓮監獄辦國語班〉〔註65〕等新聞標題。

而講習班依據不同的開班目的，課程內容就會有所不同，像訓練國語推行員時，講習的課程內容有國語概說，注音符號，國語文法，臺灣方音符號，國語專題演講，國語書報介紹，國語教育活動，國語教育座談會等。並由省國語推行委員會贈送該會編輯的注音符號，注音符號十八課，國語教育實施概況，國語教育法令概要，怎樣從臺灣話學習國語，方音符號傳習小冊等好些種講習的用書，分發給各學員〔註66〕。

而由師院主辦，爲輔導教師進修的課程，教授都是國語推行委員會的專

〔註59〕 〈國校教員朗讀比賽 在實小順利舉行 本報附送比賽號外〉，《國語日報》，1950 年 12 月 4 日，第四版。

〔註60〕 〈全省國語比賽結束 高雄市的總分最多 失敗別灰心明年再努力〉，《國語日報》，1950 年 12 月 18 日，第四版。

〔註61〕 〈記新竹縣第六屆國語比賽會〉，《國語日報》，1949 年 12 月 3 日，第四版。

〔註62〕 〈鎮公所全體職員講習 基督徒和下女都受教 澎湖縣國語會最近的工作〉，《國語日報》，1949 年 3 月 15 日，第四版。

〔註63〕 〈外省籍教師熱心學國語 臺北第一女中辦講習班〉，《國語日報》，1951 年 1 月 4 日，第四版。

〔註64〕 〈北市郵局辦國語進修班〉，《國語日報》，1951 年 8 月 1 日，第四版。

〔註65〕 〈花蓮監獄辦國語班〉，《國語日報》，1951 年 10 月 11 日，第四版。

〔註66〕 〈新竹訓練國語推行員 舉辦講習會一禮拜 省國語會派員去教〉，《國語日報》，1949 年 2 月 13 日，第四版。

家。科目有八種：1. 注音符號：包括發音拼法聲調及寫法（教授王弗青）；2. 國音練習，包括輕聲變調（教授齊鐵恨）；3. 國語練習，包括應用會話（教授王玉川）；4. 國語文選（教授李劍南）；5. 文法綱要（教授何容）；6. 國語教學法（教授王玉川）；7. 國語運動史（教授梁容若）；8. 專題講演有方音符號、文字改革、國語與日語〔註67〕。

國語會議通常會由省國語會派員指導並提出建議，相關新聞如〈臺北市召開國語會議 省國語會派員指導〉〔註68〕、〈台中縣國校校長會議 齊鐵恨講國語教育〉〔註69〕、〈台北縣國語會開全會 省國語會提三項建議 各學校切實嚴禁使用日語 普遍組織教師國語研究會 講習班學員畢業組推行隊〉〔註70〕等。

《國語日報》在刊登國語競賽及國語講習班動態之餘時，常會有活動的花絮報導，藉此營造各地熱烈學習國語的風氣，以此帶動學習國語的熱潮。如〈全省國語比賽結束 高雄市的總分最多 失敗別灰心明年再努力〉這則新聞就提到，參賽者講他學習國語的動機，「是由於鬧了一個笑話，這笑話是：有一天，老師叫他去買一張「報紙」，他去買一個「包子」回來，受了老師的埋怨以後，他就苦心的學習起國語來。」〔註71〕

而〈介紹一個語文班 有兩千人在那兒學會了用國語說讀寫〉則報導了語文班學員及講師們的熱忱：

> 省立台中圖書館附設的語文補習班，是本省中部推行國語很有成績的
> 地方。〔略〕該館經費少，電燈泡兒壞了沒法兒添置，同學們自動買
> 來裝上去；講師們的津貼可就沒法兒調整，現在每節只拿兩百塊臺幣，
> 吃不到一杯杏仁茶？但他們還是拼命教導，沒有半點倦態。〔註72〕

〔註67〕 〈師院主辦的國語講習班成立 輔導教師進修參加者很踴躍〉，《國語日報》，1949 年 12 月 2 日，第四版。

〔註68〕 〈臺北市召開國語會議 省國語會派員指導〉，《國語日報》，1949 年 2 月 24 日，第四版。

〔註69〕 〈台中縣國校校長會議 齊鐵恨講國語教育〉，《國語日報》，1950 年 5 月 7 日，第四版。

〔註70〕 〈台北縣國語會開全會 省國語會提三項建議 各學校切實嚴禁使用日語 普遍組織教師國語研究會 講習班學員畢業組推行隊〉，《國語日報》，1949 年 2 月 25 日，第四版。

〔註71〕 〈全省國語比賽結束 高雄市的總分最多 失敗別灰心明年再努力〉，《國語日報》，1950 年 12 月 18 日，第四版。

〔註72〕 〈介紹一個語文班 有兩千人在那兒學會了用國語說讀寫〉，《國語日報》，1949 年 12 月 3 日，第四版。

類似的新聞相當多，如〈鳳山山胞比賽國語　爬山涉水也要趕來參加　旅館老板熱心半價收費〉就提到：

> 各地間交通十分困難，一個鄉要翻一天山，一個鄉要渡過許多河，
> 並走過二十八座鐵線橋，才可以到達〔略〕又六龜的金山旅館對國
> 語推行也很有信心，這一次對去參加比賽的人員住宿，僅收半價，
> 以表優待。〔註73〕

另外，學校推行國語的成果，及教師、學生學習的成效，也是《國語日報》的報導重點，如〈陳雪屏談巡視觀感　學習國語老師不如學生　臺中一中可稱模範學校〉這則新聞即提到：

> 現在中小學都已經能夠切實推行國語，尤其是國民學校比中學好，
> 中學生比教師講得更流利。教師當中，外省的比本省的差，因為外
> 省教師除標準北平官話以外，還穿插著四川、湖南、廣東、福建等
> 地的方言，不如本省開始就拿北平國語標準學習的來得標準。〔註74〕

而一間學校是否積極推行國語，和校長的領導息息相關，〈教學生不倦　學國語不厭　記雙園國校林煉校長〉提到國校校長學國語的勤勉態度：

> 隨身不離的半舊的布包袱裏面，裝的全是國語書籍、國語日報跟國
> 音標準彙編等。假如在午後四點多鐘的時候，你從他的辦公室前面
> 經過，準會看著他捧著國語日報，在一個字，一個字的高聲朗讀。
> 〔註75〕

當時國語推行運動的重點在學校，洪炎秋就曾說過：「本省當局對於國語推行的運動，用在學校的力量多，而用在社會的力量少，確是一件不容否認的事實。」〔註76〕所以，社會上常因本省籍和外省籍雙方語言不通而產生衝突，在《國語日報》上，也曾有文章寫著：

> 臺北市公共汽車現在共有二百四十多位女車掌，其中只有一個外省
> 人。他們和乘客的發生衝突，主要的原因是雙方語言不通，要想解

〔註73〕〈鳳山山胞比賽國語　爬山涉水也要趕來參加　旅館老板熱心半價收費〉，《國語日報》，1951年7月171日，第四版。
〔註74〕〈陳雪屏談巡視觀感　學習國語老師不如學生　臺中一中可稱模範學校〉，《國語日報》，1949年12月2日，第四版。
〔註75〕〈教學生不倦　學國語不厭　記雙園國校林煉校長〉，《國語日報》，1951年9月11日，第四版。
〔註76〕洪炎秋，《教育老兵談教育》，頁57。

決這個問題，惟一的辦法就是教她們努力學國語。〔註77〕

整體而言，《國語日報》在刊登國語活動相關新聞時，除了報導比賽的時程和內容給讀者了解外，也透過大眾媒體的散播，營造各地熱烈學習國語的風氣，以此帶動學習國語的熱潮。

（二）國語政令宣達

《國語日報》創刊宗旨之一，即為宣達政府命令，而推行國語運動相關政令的公告，當然是《國語日報》的重要報導。筆者將這些新聞依內容分成二類，第一類為樹立讀音標準，第二類為公開場合及學校禁止日語台語。

第一類樹立讀音標準：省國語會成立的第一年，工作上有兩個中心目標，其中之一就是樹立標準。在何容等編撰的《台灣之國語運動》中有提到：

> 第一個目標是樹立標準。〔略〕1. 指明國音的標準音是教育部公佈的「國音常用字彙」，並且把所有關於國音標準的材料匯集起來，編成了一本「國音標準彙」。同時 2. 請一位標準人，就是本會的的常務委員齊鐵恨先生，在廣播電臺作「讀音示範廣播」，3. 我們進行的各種工作，像編輯、審查、訓練。以及 4. 對各機關各學校舉辦的講習會、訓練班、座談會、討論會、演說競賽等等。所做的協助輔導工作，也都是以樹立標準為中心，5. 我們經常用書面或口頭解答於國語的詢問，也都是有關標準的問題。〔註78〕

由於是省國語會的中心工作，所以在《國語日報》上和此相關的新聞內容頗多，如〈教育廳會報何容報告國語推行工作 擬呈請教育部撥給存臺電器 設立廣播電臺推行國語教育〉〔註79〕、〈省參議會昨天上午第三次會議 陳雪屏廳長報告教育工作 將設電臺配合本報推行國語教育〉〔註80〕、〈國音標準彙

〔註77〕 英，〈進步中的公共汽車和它的女車掌〉，《國語日報》，1951 年 6 月 1 日，第四版。

〔註78〕 何容等編撰，《台灣之國語運動》（台灣省教育廳，1948 年），頁 10。轉引自黃英哲，〈魏建功與戰後台灣「國語」運動（1946～1948）〉《臺灣文學研究學報》第 1 期（2005 年 10 月），頁 101。

〔註79〕 〈教育廳會報何容報告國語推行工作 擬呈請教育部撥給存臺電器 設立廣播電臺推行國語教育〉，《國語日報》，1949 年 6 月 11 日，第四版。

〔註80〕 〈省參議會昨天上午第三次會議 陳雪屏廳長報告教育工作 將設電臺配合本報推行國語教育〉，《國語日報》，1949 年 6 月 18 日，第四版。

編 教廳分發全省國校〉〔註81〕、〈教廳擬定明年工作計劃大綱 推行義務教育加強普及國語〉〔註82〕、〈教廳修正各縣市推行國語辦法 重新規定國語推行員工作項目 各縣市政府應儘量收播國語講座〉〔註83〕等。對於讀音標準化的工作，洪炎秋也曾回憶，並認為最有效的方法是推行注音國字：

> 由於師資缺乏，用藍青官話或各省方言來教授所謂國語的人很多，臺灣省國語推行委員會認為情形嚴重，就利用三十七個注音符號做為標準，每天派人在廣播電臺作標準讀音的示範教學，同時政府歷次公佈的關於國音標準的文件和書籍編成一冊「國音標準彙編」，公開發行，作為全省國語教學的依據。其次對於讀音標準化最有效的方法是推行注音國字。〔註84〕

所以對於教師用方言教學的問題，在〈糾正方言教學掃除國語運動障礙 當局公布學校正音補救辦法 內容分廣播教學和舉辦正音講習等〉這則新聞中也提到：「因為有些學校教員，他本身的國語說得不好，而且一些外省籍的教員，更只用他自己的方言教學，以致生出「標準的分歧」，許多學生都不能聽懂，而使推行國語工作受到很大的障礙。」〔註85〕洪炎秋也認為：「外省籍教員所講的國語，大都是南腔北調，不合標準……教育局對於這一批人，每年都是利用暑假，在各縣市舉辦一次小學教員暑期講習會，加以補救。」〔註86〕

　　除了教學上要使用標準國語外，政府也在社會環境上加強使用注音符號的標示，徹底推行注音符號，如〈花蓮在努力推行國語〉街道名牌、標語跟店鋪招牌都加注國音，對於民眾學習國語，認識國字有很大的效力〔註87〕。〈鐵路局換路牌 都加注音符號〉該局特地寫信給省國語會，請幫忙做注音的工作〔註88〕。〈政院下令徹底推行注音符號 教師民眾都要學習 學生念書要照國音

〔註81〕〈國音標準彙編 教廳分發全省國校〉，《國語日報》，1949年11月14日，第四版。
〔註82〕〈教廳擬定明年工作計劃大綱 推行義務教育加強普及國語〉，《國語日報》，1949年11月26日，第四版。
〔註83〕〈教廳修正各縣市推行國語辦法 重新規定國語推行員工作項目 各縣市政府應儘量收播國語講座〉，《國語日報》，1950年1月29日，第四版。
〔註84〕洪炎秋，《語文雜談》（臺北市：國語日報附設出版部，1978年），頁168。
〔註85〕〈糾正方言教學掃除國語運動障礙 當局公布學校正音補救辦法 內容分廣播教學和舉辦正音講習等〉，《國語日報》，1949年9月28日，第四版。
〔註86〕洪炎秋，《教育老兵談教育》，頁57。
〔註87〕〈花蓮在努力推行國語〉，《國語日報》，1951年7月17日，第四版。
〔註88〕〈鐵路局換路牌 都加注音符號〉，《國語日報》，1951年7月29日，第四版。

各種招牌應加注音符號〉〔註89〕等新聞都可見到相關報導。像創始於 1934 年，
台灣最早的西餐廳「波麗路」，以法國名作曲家拉威爾名曲「波麗路」為店命
名，從早期日文搭配英文「BOLERO」，到台灣光復初期推行注音符號，改以
「ㄅㄛ ㄌㄟ ㄌㄡ」取代日文〔註90〕。

圖 3−5 「波麗路」餐廳注音符號招牌

圖片來源：〈創始於 1934 年／波麗路 台灣最老的西餐廳〉自由電子報
http://www.libertytimes.com.tw/2010/new/dec/5/today-life11.htm#
2012 年 3 月 31 日瀏覽。

　　第二類為公開場合及學校禁止日語台語：相關新聞有〈地方教育檢討會
十九日結束 陳廳長指出明年教育重點 國語會何主委報告教員國語進修情
形〉何容說該會工作重心是在以國文國語消滅日文日語，並且特別注意識字
方面〔註91〕、〈切實推行國語 鐵路局禁止說日本話 新竹縣開四百訓練班〉〔註

〔註89〕〈政院下令澈底推行注音符號 教師民眾都要學習 學生念書要照國音 各種
　　　　招牌應加注音符號〉，《國語日報》，1951 年 11 月 3 日，第四版。
〔註90〕〈創始於 1934 年／波麗路 台灣最老的西餐廳〉（來源：自由電子報，
　　　　http://www.libertytimes.com.tw/2010/new/dec/5/today-life11.htm#，2012 年 3 月
　　　　31 日瀏覽）。
〔註91〕〈地方教育檢討會十九日結束 陳廳長指出明年教育重點 國語會何主委報告
　　　　教員國語進修情形〉，《國語日報》，1950 年 12 月 21 日，第四版。
〔註92〕〈切實推行國語 鐵路局禁止說日本話 新竹縣開四百訓練班〉，《國語日報》，
　　　　1951 年 3 月 5 日，第四版。

92〕、〈切實推行國語運動 嚴禁日語臺語教學 吳主席正式宣佈本年度施政準則〉〔註 93〕、〈宜蘭縣各戲院禁用臺語翻譯〉〔註 94〕、〈省府明年施政計劃擬定 各縣市要加強推行國語 嚴厲禁止再用臺日語教學〉〔註 95〕、〈中央改委會代電教廳 切實推行國語禁用日文 推行成績列爲縣市工作考成〉〔註 96〕等，都可見到政府宣達政令的情形。

而從下列這則新聞中也可以看到，爲了加強山地學校推行國語的成績，除了教學上要一律使用國語並禁用日語外，學校推行成績差的校長，也要接受處罰：

> 教育廳爲加強考核山地學校推行國語成績，特擬定辦理要點三項，第一：山地國民學校的校長教員不懂國語的，一律限期補習。期滿還不會的就要免職。以後並且不許再委派不會國語的人做山地國校教員。如果有這種事，該縣教育科科長應受處分。第二：山地學校的教學應當一律使用國語，必要時可以山地語做輔助，絕對禁止用日語，違犯的就免職。第三：山地國校應當積極加強說話教學，並配合中心訓練週內容，嚴格推行「一天一句國語」運動。〔略〕列爲該校校長教員考績第一重要項目。成績太壞的要處罰。〔註 97〕

對於一般公務人員學習國語的情況，雖然當時的總統蔣介石曾表示希望本省籍行政人員，要努力學習國語，外省籍行政人員要學習本省語言，以減少傳譯的麻煩，才能夠打破隔閡，溝通思想〔註 98〕。但是卻也曾出現過〈改委會請省府停用 不懂國語公教人員 新用人員也要會國語的〉〔註 99〕的新聞，而引來讀者朱國慶的投書，認爲如果停用不懂國語的人，或許是機關的損失：

〔註93〕 〈切實推行國語運動 嚴禁日語臺語教學 吳主席正式宣佈本年度施政準則〉，《國語日報》，1951 年 3 月 18 日，第四版。

〔註94〕 〈宜蘭縣各戲院禁用臺語翻譯〉，《國語日報》，1951 年 7 月 30 日，第四版。

〔註95〕 〈省府明年施政計劃擬定 各縣市要加強推行國語 嚴厲禁止再用臺日語教學〉，《國語日報》，1951 年 11 月 22 日，第四版。

〔註96〕 〈中央改委會代電教廳 切實推行國語禁用日文 推行成績列爲縣市工作考成〉，《國語日報》，1951 年 11 月 27 日，第四版。

〔註97〕 〈山地推行國語成績 教育廳決加強考核 不會國語不能做校長教員〉，《國語日報》，1951 年 5 月 9 日，第四版。

〔註98〕 〈總統接見各縣市長 希望行政人員能溝通語言〉，《國語日報》，1950 年 6 月 1 日，第四版。

〔註99〕 〈改委會請省府停用 不懂國語公教人員 新用人員也要會國語的〉，《國語日報》，1951 年 2 月 17 日，第四版。

> 我覺得不會國語而有能力會做事的人很多，予以停用，未始不是機
>
> 關的損失。如果各機關督促這些人學習國語，只要他們認真學習，
>
> 慢慢的會說起國語來，這樣不失為一個兩全其美的辦法。〔註100〕

綜觀來看，《國語日報》大量刊登推行國語運動相關政令的新聞，並以樹立讀音標準及公開場合、學校禁止日語台語為主，明確顯示出政府及省國語會推行國語運動工作的重心。而民營的《國語日報》因官方色彩濃厚，故替政府宣達國語推行政令，則是其不可避免的使命。

（三）省國語會動態

　　筆者在此將省國語會動態分成「省國語會」、「國語實驗小學」及「國語日報」及三種。前文已提到過，省國語會以人力幫助《國語日報》出報，而《國語日報》報社則以注音報紙幫忙省國語會推行國語，兩者關係密切。因此，省國語會本身工作活動的動態，也經常藉此登載在《國語日報》上，《國語日報》儼然成為省國語會的機關報。國語實驗小學為省國語會所附設，主要實驗為說話教材教法及綜合法注音符號教學法〔註101〕，由於是省國語會所屬的機構，所以國語實驗小學的辦學成果，也是《國語日報》的新聞題材。而《國語日報》的創辦本來就是國語推行運動中的一項工作，故在國語運動相關新聞中，也是不可缺少的。

　　臺灣省國語推行委員會在成立之初，就積極展開推行國語的各項工作：如在各縣市設立國語會、國語講習班、語文補習學校、派員前往各地輔導國語教學，舉辦各種國語比賽活動等，而活動的實施情況散見於《國語日報》上，如〈高雄市積極推行國語 成立國語推行委員會〉〔註102〕、〈高雄市國語推行會成立 計劃辦國語補習班〉〔註103〕、〈市國語補習班 報名期限延長〉〔註104〕、〈省國語會派員參加 高雄縣國語座談會 並舉行國語工作展覽〉〔註

〔註100〕〈參加高雄國語競賽後的感想〉，《國語日報》，1951 年 2 月 24 日，第四版。
〔註101〕張博宇，《臺灣地區國語運動史料》，頁87。
〔註102〕〈高雄市積極推行國語 成立國語推行委員會〉，《國語日報》，1949 年 1 月 26 日，第四版。
〔註103〕〈高雄市國語推行會成立 計劃辦國語補習班〉，《國語日報》，1949 年 1 月 28 日，第四版。
〔註104〕〈市國語補習班 報名期限延長〉，《國語日報》，1949 年 2 月 4 日，第四版。
〔註105〕〈省國語會派員參加 高雄縣國語座談會 並舉行國語工作展覽〉，《國語日報》，1949 年 3 月 17 日，第四版。

105〕、〈省國語推行委員會舉辦「國語廣播教學」〉〔註106〕、〈國語推行委員會辦語文補習學校 校址在南海路實小〉〔註107〕、〈國語運動高潮瀰漫全省各地 省國語會忙著派人評判指導〉〔註108〕、〈配合社教運動週 國語會決定活動項目 高縣舉辦國語演講比賽〉〔註109〕、〈省國語會何主委應邀作環島演講〉〔註110〕等。

　　而省國語會在該會成立週年紀念時，也利用《國語日報》闡明工作的內容讓讀者明白，如〈國語推行委員會成立三週年紀念〉就寫著：

　　　　三年以來，我們的主要工作有下列幾項：1. 訓練國語師資；2. 輔導
　　　　語文教學；3. 編輯語文書刊；4. 協辦國語傳習；5. 國語廣播教學；
　　　　6. 國語活動指導。〔略〕目前我們的中心工作是供應國語讀物，因
　　　　為我們感到這是當前最需要的工作。〔註111〕

而王玉川這首打油詩，表明省國語會推行國語的目標：

　　　〈三週年紀念〉王玉川

　　　國語會！國語會！向前進！別後退！

　　　滴！滴！滴！是前進號。殺！殺！殺！是衝鋒隊。

　　　我們要消滅文盲！我們要剷除愚昧！〔註112〕

另外在〈臺灣省國語推行工作簡述〉中也提到省國語會的工作內容，一類是配合省府教育廳工作的，一類是協助各縣市各學校各機關團體推行國語的；一類是自行計劃進行的〔註113〕。而省國語會成立四週年時，也有像〈國語會慶祝

〔註106〕 〈省國語推行委員會舉辦「國語廣播教學」〉，《國語日報》，1949 年 4 月 16 日，第四版。

〔註107〕 〈國語推行委員會 辦語文補習學校 校址在南海路實小〉，《國語日報》，1950 年 4 月 4 日，第四版。

〔註108〕 〈國語運動高潮瀰漫全省各地 省國語會忙著派人評判指導〉，《國語日報》，1949 年 11 月 25 日，第四版。

〔註109〕 〈配合社教運動週 國語會決定活動項目 高縣舉辦國語演講比賽〉，《國語日報》，1951 年 11 月 9 日，第四版。

〔註110〕 〈省國語會何主委應邀作環島演講〉，《國語日報》，1949 年 8 月 16 日，第四版。

〔註111〕 〈國語推行委員會成立三週年紀念〉，《國語日報》，1949 年 4 月 2 日，第四版。

〔註112〕 王玉川，〈三週年紀念〉，《國語日報》，1949 年 4 月 2 日，第四版。

〔註113〕 〈臺灣省國語推行工作簡述〉，《國語日報》，1951 年 4 月 2 日，第四版。

四週年 國語日報銷數已過萬 注音書籍遍佈了全省〉這樣的成果報導〔註114〕。

國語實驗小學〔註115〕，日治時期爲臺北師院附小，戰後爲省立臺北國民學校，1946 年 8 月由國語推行委員會接辦，改稱爲臺灣省國語推行委員會附設國語實驗小學〔註116〕。爲實驗國語教學而設立，校長則是由省國語會的委員兼任，如第二任校長王玉川、第三任校長祁致賢〔註117〕。關於國語實驗小學的新聞，大部分都是一些例行性的學校活動訊息，如〈國語實小學生響應救災〉〔註118〕、〈歌舞跑跳一應俱全 實小今天開運動會〉〔註119〕、〈國語實小研究注音符號教學〉〔註120〕等。少數也有專文報導，如〈介紹國語實驗小學〉就特別提到它的教學特色爲「實驗國語教學」：

> 教學方面：完全用國語，所聘教師，也注意說標準國語，教師爲研究教學方法的改進，有示範教學，每兩週舉行一次。請富有教學經驗的，作爲示範教學。還有國語研究會，教學法研究會，定期開會，互相研究，以期教學相長。〔註121〕

雖然報紙上有關國語實驗小學的新聞報導不多，但是從上述內容中我們仍可

〔註114〕國語會慶祝四週年 國語日報銷數已過萬 注音書籍遍佈了全省〉《國語日報》，1950 年 4 月 4 日，第四版。

〔註115〕現在名稱爲臺北市國語實驗小學，從現在的校歌仍可看到學校與「國語運動」的淵源。〈臺北市國語實驗小學——校徽校歌〉（來源：臺北市國語實驗小學 http://www.meps.tp.edu.tw/modules/tinyd/index.php?id=4，2012 年 4 月 1 日瀏覽）。

國語實小校歌
國語實小放光明，國語實小放光明，
我們有前進的精神，我們有創造的作風
用注音國字，把民族文化提高，
照三民主義，把國家建設完成，
國語實小放光明，國語實小放光明。

〔註116〕以上內容大致參考張博宇，〈國語實驗小學〉，《臺灣地區國語運動史料》，頁87。

〔註117〕〈臺北市國語實驗小學——校史沿革〉（來源：，臺北市國語實驗小學 http://www.meps.tp.edu.tw/modules/tinyd/index.php?id=2，2012 年 4 月 1 日瀏覽）。

〔註118〕〈國語實小學生響應救災〉，《國語日報》，1950 年 5 月 4 日，第四版。

〔註119〕〈歌舞跑跳一應俱全 實小今天開運動會〉，《國語日報》，1950 年 12 月 31 日，第四版。

〔註120〕〈國語實小研究注音符號教學〉《國語日報》，1951 年 10 月 18 日，第四版。

〔註121〕〈介紹國語實驗小學〉，《國語日報》，1950 年 1 月 15 日，第四版。

發現，省國語會利用《國語日報》刊登國語實驗小學的學校動態，而學校的辦學績效，事實上就是省國語會的工作成果展現。

觀察《國語日報》對於自家報社的新聞報導，首先可以看到許多政府資助報社的過程，如〈省參議會第二次預備會議 昨天分組審查提案 文教組決議援助本報〉〔註122〕、〈省國語會加強國語教育 訂本報贈送全省各國校〉〔註123〕等，因這兩則新聞在前文已探討過，故不再予以申論。而〈國語會新編「臺語會話」本報代印歡迎訂購〉內容提到省國語推行委員會為了應全省軍公人員學習臺語的需要，特新編「臺語會話」一種，交本報排印〔註124〕。可知，省國語會利用《國語日報》在報界中唯一的注音國字印刷設備，讓《國語日報》做獨門生意，前文已提到的教育廳委託《國語日報》排印注音版三民主義的新聞〈為了宣揚三民主義 教廳分發注音書籍〉〔註125〕，也是如出一轍，都是政府補助民營報業的痕跡。而《國語日報》社會利用週年紀念日時，送給來賓注音三民主義等紀念贈品〔註126〕，當然這也是省國語會推行國語運動的宣傳方式。

此外，各縣市政府或首長為積極推行國語而訂閱唯一的注音報紙《國語日報》的新聞，亦是報社宣傳、廣告的重點報導，如〈桃園縣積極推行國語 社會風氣轉變 縣議員以能說國語為榮〉獎勵各國校四年級以上班級都訂閱「國語日報」〔註127〕；以及〈張山鐘縣長 加緊學國語〉首任屏東縣長張山鐘向記者說，他現在正加緊學習國語，從五月一日起特訂閱本報一份〔註128〕。而這則〈國語圈〉的新聞更讓讀者看到學生積極學習國語的態度：

嘉義縣太保國民學校，只有十五個班，而訂閱本報達二十四份之多。

〔註122〕〈省參議會第二次預備會議 昨天分組審查提案 文教組決議援助本報〉，《國語日報》，1948年12月18日，第二版。

〔註123〕〈省國語會加強國語教育 訂本報贈送全省各國校〉，《國語日報》，1950年4月2日，第四版。

〔註124〕〈國語會新編「臺語會話」本報代印歡迎訂購〉，《國語日報》，1950年8月10日，第四版。

〔註125〕〈為了宣揚三民主義 教廳分發注音書籍〉，《國語日報》，1949年12月12日，第四版。

〔註126〕〈本報三週年紀念茶會 參加的各界來賓三百多人〉，《國語日報》，1951年10月25日，第四版。

〔註127〕〈桃園縣積極推行國語 社會風氣轉變 縣議員以能說國語為榮〉，《國語日報》，1951年11月26日，第四版。

〔註128〕〈張山鐘縣長 加緊學國語〉，《國語日報》，1951年5月1日，第四版。

> 該校全體員生都天天細心的看，一字不漏。學生天天課後在大太陽
> 底下等著送報的汽車。有時汽車誤時，學生還是要等到看到了報以
> 後，才回家。〔註129〕

其他像是《國語日報》自行舉辦的各項國語比賽，也常是新聞的焦點，如〈本報臺東辦事處將舉辦 時事測驗國字注音競賽 分個人團體兩種歡迎各校參加〉就說明舉辦比賽的的是爲了推廣國語運動，促進本省籍的中小學教職員和學生養成讀書看報的習慣〔註130〕。

在關於《國語日報》的新聞中，也可以看到有許多學校團體到《國語日報》社進行校外教學參訪，如〈新店國校 參觀本報〉〔註131〕、〈臺中師範山地學校 昨參觀本報各部門〉〔註132〕、〈女師學生參觀本報〉〔註133〕等，筆者認爲，這類報導應該是報社藉此來呈現經營成果，報社經營成功，也代表著推行國語運動的成功。

總而言之，省國語會利用《國語日報》做傳播訊息的工具，將省國語會、國語實驗小學與國語日報，三者推行國語工作的動態，傳達給社會大眾周知；也藉著報紙版面，表達各項組織的工作中心目標。而《國語日報》的台灣省新聞版面，就是省國語會提供一般民眾了解各地推行國語情形，也是政府宣達國語政令的最佳途徑，更是省國語會宣傳國語運動理念的工具。而最終目的，則是要透過新聞報導，營造社會上學習國語的熱潮，並將推行國語運動的風氣帶動起來，達到推行國語成功的目標。

〔註129〕 〈國語圈〉，《國語日報》，1951 年 7 月 28 日，第四版。

〔註130〕 〈本報臺東辦事處將舉辦 時事測驗國字注音競賽 分個人團體兩種歡迎各校參加〉，《國語日報》，1949 年 12 月 27 日，第四版。

〔註131〕 〈新店國校 參觀本報〉，《國語日報》，1951 年 11 月 19 日，第四版。

〔註132〕 〈臺中師範山地學校 昨參觀本報各部門〉，《國語日報》，1951 年 11 月 28 日，第四版。

〔註133〕 〈女師學生參觀本報〉，《國語日報》，1951 年 12 月 8 日，第四版。

第四章　國語政策的執行

　　本章首先進行《國語日報》社人員的理念分析，並以此來了解《國語日報》社人員如何去執行政府的國語政策。其次是分別探究《國語日報》「語文甲刊」及「語文乙刊」的內涵與角色。「語文甲刊」及「語文乙刊」為《國語日報》上兩個重要的主題副刊，而「語文甲刊」以國語為主，「語文乙刊」則以方言為主。所謂國語，指國音、國字、國文的綜合；方言則暫時著重在閩南語。從這兩種副刊的深究，我們可以了解它們此時的內涵為何，及它對於省國語會在輔導語文教育方面所代表的角色意義。

第一節　報社人員的理念分析

　　台灣省國語推行委員會於 1946 年 2 月成立，在行政系統上隸屬於長官公署教育處，其定位是一個主持設計研究，並協助國語教育的機構，是台灣全省國語推行的指導機關，政令的實施則由教育處執行。但學者黃英哲指出，省國語會實際上就是戰後台灣語文教育——國語教育的執行機構〔註1〕。從前文探討已知，省國語會以人力幫助《國語日報》出報，利用它的印刷設備和發行網，解決國語書刊印刷和傳布的兩大困難，也以《國語日報》為工具來推行國語運動；而《國語日報》則以國語注音報紙的角色，成為省國語會國語政策的執行者。

　　由於《國語日報》的成員與省國語會高度重疊，擁有濃厚的官方色彩，

〔註1〕黃英哲，〈魏建功與戰後台灣「國語」運動（1946～1948）〉《臺灣文學研究學報》第 1 期（2005 年 10 月），頁 102。

所以當我們要探討《國語日報》如何替省國語會執行國語政策時，有必要對省國語會及報社的重要領導人物如魏建功（時任省國語會主委，亦是《國語日報》創刊發行人兼社長）、何容（時任省國語會副主委，魏建功離台後，接任主委）、洪炎秋（魏建功離台後，第二任《國語日報》發行人兼社長）等人的國語推行理念，做綜合觀察分析，並以此來了解《國語日報》執行國語政策的內涵及意義。

魏建功曾經在〈國語運動在台灣的意義〉一文中提到：「臺灣推行國語的唯一的意義，是恢復臺灣同胞應用祖國語言聲音和組織的自由」。〔略〕不僅是『傳習國語』和『認識國字』兩件事，而最主要的就在『言文一致』的標準語的說和寫。」〔註2〕因此，省國語會針對臺灣的特殊情形，訂定六條「臺灣省國語運動綱領」，做為在臺灣推行國語工作之準則，這六條綱領分別是：

1. 實行臺語復原，從方言比較學習國語。

2. 注重國字讀音，由「孔子白」引渡到「國音」。

3. 刷清日語句法，以國音直接讀文，達成文章還原。

4. 研究詞類對照，充實語文內容建設新生國語。

5. 利用注音符號，溝通民族意志，融貫中華文化。

6. 鼓勵學習心理，增進教學效能。〔註3〕

對此，省國語會成立的第一年，工作上有兩個中心目標，第一是樹立標準，第二是提倡恢復本省方言〔註4〕。首先在「樹立標準」部份，由於省國語會成立之前，臺灣傳習國語情形標準不一，這種亂象讓台灣人民對學習國語感到疑惑。學者張博宇曾說：「由於戰後來到臺灣的人，雖然都是講的國語，江蘇人講的江蘇國語，四川人講的四川國語；其實都是藍青官話，並不是標準國語。」〔註5〕而當時報紙的社論也指出：「有些國語教師本身國語教不標準，

〔註2〕 方師鐸，《五十年中國國語運動史》（臺北市：國語日報社，1969年），頁124～125。

〔註3〕 魏建功，〈臺灣省國語運動綱領的再提出〉，《國語日報》，1948年11月25日，第一版。

〔註4〕 何容等編撰，《台灣之國語運動》（台灣省教育廳，1948年），頁10。轉引自黃英哲，〈魏建功與戰後台灣「國語」運動（1946～1948）〉《臺灣文學研究學報》第1期，頁101。

〔註5〕 張博宇，《臺灣地區國語運動史料》（臺北市：臺灣商務印書館，1974年），頁45。

有的是「廣東國語」，有的是「浙江國語」，甚至竟有乾脆拿上海話教國語，使學習者大大地降低了信心。」〔註6〕

所以省國語會成立後最迫切的工作就是樹立標準。由魏建功遵照「國音常用字彙」編成「國音標準彙編」一部，經呈長官公署後，於1946年5月30日公告週知：「這本書在國語推行上，可以收到標準化的效果。嗣後關於一切注音讀物，悉應以書為準。」〔註7〕洪炎秋也認為：「於是乎多年來所揭櫫的『推行國語必先統一讀音，讀音統一端賴標準』的一天難題，在臺灣得到了徹底的解決。」〔註8〕

省國語會除了編定「國音標準彙編」外，也在報端發表論文，闡明標準國語的理念，如魏建功亦曾在〈國語運動在臺灣的意義〉中提到國音標準的重要：

> 我們的國語是用北平話做標準。〔略〕中華民國的人民共同採用的一種標準的語言是國語，國語是國家法定的對內對外公用的語言系統。〔略〕我們要穩穩實實的，清清楚楚的，先把國語聲音系統的標準，散布到全臺灣。這是在臺灣同胞與祖國隔絕的期間，國語運動的目標，傳習國音──「統一國語」的基礎。〔註9〕

而何容也認為，推行全國通用的標準語，是全國同胞彼此通情達意的媒介：

> 在近代要發展國民教育，要加強全國人民的團結，方言紛歧的現象就成為一個急需解決的問題。要解決這個問題，就必須推行一種全國通用的標準語。這種標準語，不但要作為全國同胞彼此通情達意的媒介，並且要作為教育上，文化上，全國統一的通用的工具。〔註10〕

對此，洪炎秋也認為國音標準樹立，是正確且合法的，他說：

> 想要統一國語，如果不樹立一個確定的標準，而容許大家可以根據

〔註6〕〈社論 國語推行運動的實施〉《中華日報》，1947年1月26日，轉引自黃英哲，《「去日本化」「再中國化」：戰後臺灣文化重建（1945～1947）》，頁61。

〔註7〕齊鐵恨，〈解答問題〉，《國語日報》，1948年11月22日，第三版。

〔註8〕洪炎秋，〈十年來的臺灣國語運動〉《教育老兵談教育》（臺北市：三民書局，1974年），頁48～49。

〔註9〕方師鐸，《五十年中國國語運動史》，頁121～124。

〔註10〕何容，〈國語運動的意義和目標〉《何容文集》，（臺北市：國語日報社，1975年），頁13。

各人的土音，「普通」下去，那麼〔略〕豈不陷入無政府的狀態？那麼，對內既沒有標準，對外自然也就不能夠取得國際通用語的地位，這個損失，是難以計算的。在臺灣從事國語教育的人，以北平的音系為標準國音，以北平的語彙和語法為標準國語，不但正確，而且合法。〔註11〕

而省國語會這篇〈關於國語標準的解說〉文章中則提到標準語就叫做國語：

在一個國家裏頭，總不免有各種不同的方言。這種方言彼此之間的差別，也許很大，也許很小，但總是不一致的。因此每一個國家，都需要一種「標準語」。有了標準語，儘管同時還有各種不同的方言存在，可是各地的人都學習這種標準語，彼此就有了「一致」的語言。這種標準語，就叫做「國語」。〔註12〕

可知，省國語會及《國語日報》的重要成員們對樹立標準的認知，皆認為要統一國語，必先統一讀音，統一讀音必先確立標準。而這個標準，就是「國音標準彙編」；而要使用這個標準，必須要學會注音符號。只要學會注音符號，就能夠用正確的注音符號發音和拼音，也就能發出標準國音。

而《國語日報》為國語運動而創辦，是當時唯一的注音教育報，特色就是字字注音，它所用的鉛字是國字和注音符號鉛在一起的；這樣的鉛字，就叫做「注音國字」。方師鐸曾提到：「像這樣見天見出版的日報，並且把新聞全都照口語改編，字字用注音國字排印，不但就「時間」來說，是空前的；就是就「空間」來說，在全中國也是唯一無二的。」〔註13〕讀者只要學會注音符號，就能拿《國語日報》來練習，可知，《國語日報》就是推行注音符號的基本讀物，而在《國語日報》成立週年紀念日增刊上，也登載中國語言學家趙元任於1927年為推廣注音符號所創作的「注音符號歌」。《國語日報》對國語運動的意義，就如何容所說：「辦日報這件事本身就是國語運動的一項工作，而且是一件最重要而最基本的工作」。〔註14〕

〔註11〕洪炎秋，《語文雜談》（臺北市：國語日報附設出版部，1978年），頁78。
〔註12〕方師鐸，《五十年中國國語運動史》，頁126。
〔註13〕方師鐸，〈注音國字的來歷〉，《國語日報》，1948年12月12日，第二版。
〔註14〕何容，〈國語日報與國語運動〉，《國語日報》，1952年10月25日，第六版。

圖 4-1　《國語日報》成立週年紀念日增刊上登載「注音符號歌」

資料來源:《國語日報》,1949 年 10 月 25 日,第六版。

其次,在「提倡恢復本省方言」方面,在省國語會提出的「臺灣省國語運動綱領」中第一條就提到要「實行臺語復原,從方言比較學習國語」。因為根據省國語會對台灣語言環境的觀察,他們認為有下面幾種認識:

1. 臺胞寫文章,多少有點受日本語法的影響。

2. 臺胞用漢字,幾乎全是日本文裏所用的漢字觀念。

3. 臺胞學國語,很受日本人語音影響,也大半用日本人學中國話的方法。

4. 臺胞說臺灣話,沒有說日本話方便了。

5. 臺胞因為臺灣話與日本話沒關係,因而對於祖國的國語的感覺,也大有毫無關係似的。

6. 臺胞因為日本語的標準訓練,養成很自然的信守標準習慣,對祖國語沒有絕對標準頗覺困難。

7. 臺胞自己嘴裏的臺灣話用詞與國語相同,卻不知道國語用詞是什麼,往往感覺國語裏詞彙難知道。

8. 臺胞不知道尋求一種捷徑,去學國語,即是沒有外省各地自然從方言對照學習國語的觀念。〔註15〕

〔註15〕方師鐸,《五十年中國國語運動史》,頁 137。

而何容對於戰後當時台灣的語言情況也曾有段親身的經驗，他說：

> 有一次，我讓一個年輕的女工去買「香蕉」（用國語說的），她不懂。
> 我改說「巴拿拿」，她似乎有些驚異，說：「你也會說日本話？」我
> 告訴她那不是日本話。〔略〕諸如此類的像「拉雞窩」「哥拉斯」「內
> 古代」〔略〕她都會說，卻有時認為是日本話而不願說；而「芎蕉」
> 「番仔火」，也許是根本不會說，也許是認為這些詞「太土」而不願
> 說；至於「領帶」「玻璃杯」「無線電收音機」，她又不會依照方言說。
> 由她這一代傳下去，本省的這種方言，可不就趨於消滅了嗎？〔註16〕

所以「省國語會」認為，戰後臺灣人民一時無法說聽國語，所以必須先「恢
復祖國國語文」，而只有「恢復臺灣話應有的方言地位」，才能夠「從方言比
較學習國語」。省國語會多位委員也在各報端發表論文，闡明推行理念。如魏
建功在〈何以要提倡從臺灣話學習國語〉一文中提到：

> 我對於臺灣學習國語的問題，認為不是一個單純的語文訓練，卻已
> 牽連到文化和思路的光復問題。〔略〕如果臺灣不是與祖國語脈相
> 通，如果我們語言不足表現文化，如果臺胞表現思想的方法不要與
> 全國同胞相互交流，我們推行國語就不必提倡從臺灣話學習國語了
> 〔略〕。受日本語五十年的渲染，教育文化上如何使得精神復原，
> 這才是今日臺灣國語推行的主要問題〔略〕。我的意思在於給臺灣
> 人警覺，保存母語，推行國語，成了光復以後的雙重責任。這不過
> 是一個原則，意義在恢復民族意識，建設學習心理。〔註17〕

可知，魏建功認為「保存母語，推行國語」是戰後臺灣學習國語最重要的原
則，以母語當作學習國語的捷徑，而最終的意義在恢復民族意識，建設學習
心理。在另一篇〈台語即是國語的一種〉文章中，魏建功也再度說明理念：

1. 台灣語並不是「非中國語」，而所謂「國語」是指「中國標準語」。

2. 台灣人所講的是「中國的方言」，並且與標準語系統相同。

3. 台灣光復是回娘家，既回娘家，語言的關係與毫不相關的外國人
   學習情形不能一樣。

4. 外國人學另一國家的語言是學一個記一個，我們有「方言」和「標

〔註16〕 何容，〈國語跟方言的關係〉，《何容文集》，頁10。
〔註17〕 方師鐸，《五十年中國國語運動史》，頁136～138。

　　準語」對照的關係存在，學習方法上應該有捷徑可走。〔註18〕

而何容則是在〈恢復臺灣話的方言地位〉一文中強調他的理念，他認爲：

> 推行國語，「不必」也「不能」把方言消滅。爲什麼「不必」把方言
> 消滅呢？〔略〕因爲方言和國語是由一種語言演變而成的不同支
> 派，彼此的語法是大致相同的；語音的差別雖大，也有演變的系統
> 可尋，並不像兩種不同系的語言的音那麼毫無關係。〔略〕爲什麼
> 「不能」消滅方言呢？因爲方言和國語是同系的語言。推行同系的
> 語言的一支派來消滅另一支派，是不可能的。〔註19〕

何容最後在文章中呼籲：

> 我們要恢復臺灣話的方言地位，第一就是在凡可以用臺灣話的時
> 候，都用臺灣話，不用日本話。其次，從內地來的不會臺灣話的人，
> 應該學習臺灣話。〔略〕那麼就只有兩條路可走，推行國語，學習
> 臺灣方言。這兩條路是可以同時並行的。〔註20〕

可知，何容認爲「推行國語」、「學習臺灣方言」就是恢復臺灣話應有的方言
地位的兩種方法。而洪炎秋後來在〈十年來的臺灣國語運動〉中也說：

> 光復當時的臺灣的國語運動，在提倡語言的標準化以前，所以要來
> 一個中國語文的恢復運動，尤其是固有「母語」的恢復運動，也就
> 是恢復閩南語和客家語的恢復運動，是針對著現實的需要而來的。
> 因爲母語的恢復，比國語的學習，容易的多；母語恢復了後，再進
> 而利用它爲跳板，來學習同一語系的標準國語，可以收到事半而功
> 倍的效果。〔註21〕

洪炎秋在另一篇文章中也說明：

> 方言是和國語並行不悖，共存共榮的。我們可以利用它的發音基礎
> 去學習國語和別的語言，何況我們各地的方言詞彙和標準國語的詞
> 彙，十之八九都相同的，只要把讀音和構造稍一改變，那麼方言不

〔註18〕魏建功，〈台語即是國語的一種〉《新生報》「國語」第五期，1946 年 6 月 25
　　　　日。轉引自黃英哲，〈魏建功與戰後台灣「國語」運動（1946～1948）〉《臺灣
　　　　文學研究學報》第 1 期，頁 99。
〔註19〕方師鐸，《五十年中國國語運動史》，頁 133～134。
〔註20〕方師鐸，《五十年中國國語運動史》，頁 133～134。
〔註21〕洪炎秋，〈十年來的臺灣國語運動〉《教育老兵談教育》，頁 47。

　　但不會妨礙國語的學習，反而可以成爲它的踏腳石。〔註22〕

從上述探討中可知，魏建功、何容與洪炎秋三人基本上都認爲，面對戰後台灣特殊的語言環境，他們的理念一致，就是主張「推行國語、恢復母語」，也就是「實行臺語復原，從方言比較學習國語」。而在《國語日報》創刊一週年的第一版上，還特別加蓋紅色醒目的注音國字標語「推行國語，恢復母語」，明白表達《國語日報》初期的辦報理念。而《國語日報》社其他人員的理念也大致相同，像《語文乙刊》編輯朱兆祥就說：「臺灣方言中有六七成是國語，學習起來不費力。再者，他也認爲母語的語音系統比國語複雜，由複雜的語言系統學習簡單的語音系統較容易。也就是他認爲只需要把母語這種「不標準的國語」改成「標準的國語」就可以達到目的。」〔註23〕

圖4－2　《國語日報》一週年紀念，加蓋「推行國語　恢復母語」大字

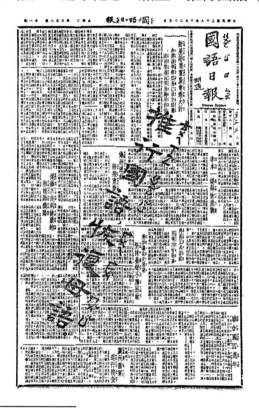

〔註22〕洪炎秋，〈統一國語不廢方言〉，《國語日報》，1969 年 2 月 5 日。轉引自林慶彰主編，《日治時期臺灣知識分子在中國》（臺北：北市文獻會，2004 年），頁 148。
〔註23〕黃宣範，〈國語運動與日語運動〉《語言、社會與族群意識》（臺北：文鶴出版社，1993 年），頁 101。

資料來源：《國語日報》，1949 年 10 月 25 日，第一版。

而《國語日報》創刊總經理方師鐸在他的回憶錄中也談到：

> 臺灣話和國語聲音雖然不同，音變軌跡和文法結構卻是完全一致。
> 只要恢復了「母語」（閩南語和客家話），改說國語絕對不成問題。
> 〔略〕臺灣話和國語的情形正和英語和法語一樣，是親兄弟，親手
> 足，很多地方都是一樣的，〔略〕會說臺灣話的人想改學國語，是
> 非常容易的；若是不會說臺灣話或是忘了怎麼說臺灣話的人，他們
> 要想學國語，第一件事就是把臺灣話說好。〔註24〕

另外，《國語日報》「鄉土」副刊臺灣籍編輯黃得時也表示，戰後他因不會說
國語，曾有機會透過筆談的方式和何容談了很多事情，他曾說：「從注音符號
談到一般的國語問題，尤其是從恢復臺灣話來推行國語的問題，成為筆談的
中心。而我舉雙手贊成這種辦法，何先生還請我到國語會去玩玩。」〔註 25〕
而省國語會這項理念的實施，對 1930 年出生的台灣人林莊生而言，則是在求
學期間有著非常好的經驗。林莊生在其回憶錄中提到：

> 剛開始學國語時，我抱著相當悲觀的態度，因為學了三年的英語一
> 無所得，〔略〕不過經過二、三個月之學習，發覺學中文比學英文
> 容易多了。〔略〕我們因靠「母語」之賜，學習中文六、七個月之
> 後，已經可以寫五、六十個字的文章，這是學英文時作夢也沒想到
> 的結果。〔註26〕

綜觀本節探討可知，省國語會及報社的重要領導人物，即魏建功、何容及洪
炎秋等人的國語推行理念，基本上是相當一致的，主要就是「樹立標準」及
「提倡恢復本省方言」，而這也是省國語會推行國語工作的中心目標。由於《國
語日報》創刊初期即與省國語會密不可分，報社成員又與省國語會高度重疊，
擁有濃厚的官方色彩，所以《國語日報》遂成為省國語會執行國語政策的工
具。而省國語會上述兩個中心目標的具體表現，就是在《國語日報》上兩個
重要的主題副刊，即「語文甲刊」及「語文乙刊」，其分別之角色及內涵待本
章第二、三節探討。

〔註 24〕 方師鐸，《臺灣話舊》（臺中市：中市文化局，2000 年），頁 40。
〔註 25〕 洪炎秋等，《何容這個人》（臺北市：國語日報社，1975 年），頁 165。
〔註 26〕 林莊生，《懷樹又懷人：我的父親莊垂勝、他的朋友及那個時代》（臺北市：
　　　　自立晚報，1992 年），頁 52～53。

第二節 「語文甲刊」的內涵與角色

　　《國語日報》爲國語運動而創辦，創刊宗旨第一點即爲輔導語文教育。時任教育部長朱家驊在《國語日報》創刊詞中也提到，國語運動是一個「語文教育」的工作〔註 27〕。因爲《國語日報》就是一個注意語文工具基本訓練的注音報，所以報紙全部用注音國字印刷，使人人唸得出口；而內容文字簡潔，完全口語，使人人念出口來就能了解它的意思。《國語日報》藉新聞報導、文學知識，甚至廣告登載，來呈現它語文教育報的特性。何容曾說：

> 國語日報不僅是一個教育性的日報，並且以推行國語，增進語文教育效果，爲它的特殊任務。他所以要用「注音國字」排印，就是要想發生「從閱讀中認字」和「以注音符號正音」的兩大作用。它並且遵守「言文一致」的原則，想建立現代化的、本國的語體文。〔註 28〕

可知，《國語日報》的功用之一，是爲了讓讀者學在學會注音符號後，能利用它來幫助識字；並在識字之後，透過報紙的閱讀，擁有更豐富的詞彙，熟悉各種不同的表達方式，並且能夠自由運用，才不會因爲學得少而不夠用，因爲不夠用而忘得快，報紙編輯寶玉就曾說：「我們不僅希望本省同胞只會說「吃」，一些普普通通的話；我們還希望他們能夠分辨『吃』和『咬』。」〔註 29〕

　　《國語日報》的讀者有正在學習國語文的學生，有對國語學習相當熱忱的成人，也有正在學校從事語文教育工作的教師，對於這些人的不同需求，《國語日報》創刊時即在七種副刊中，規劃了「語文甲刊」，固定在星期一出版。在創刊號〈我們的副刊〉一文中提到「語文甲刊」辦理的緣由：「是因爲許多有關語文教育的常識資料問題，都須要給社會大眾跟學校教師討論研究的機會，從工具以及方法上也得隨時推廣普及。我們覺得該辦兩種語文範圍裏的小期刊：甲用國語爲主，乙用方言爲主。所謂國語，指國音、國字、國文的綜合。」〔註 30〕

〔註 27〕朱家驊，〈寫在創刊前的幾句話〉，《國語日報》，1948 年 10 月 25 日，第一版。
〔註 28〕何容，〈國語日報的理想跟作用〉《國語日報》，1955 年 10 月 25 日，第六版。
〔註 29〕寶玉，〈點點滴滴想當年〉，《國語日報》，1954 年 10 月 25 日，第六版。
〔註 30〕〈我們的副刊〉，《國語日報》，1948 年 10 月 25 日，第三版。

圖 4－3 「語文甲刊」第一期

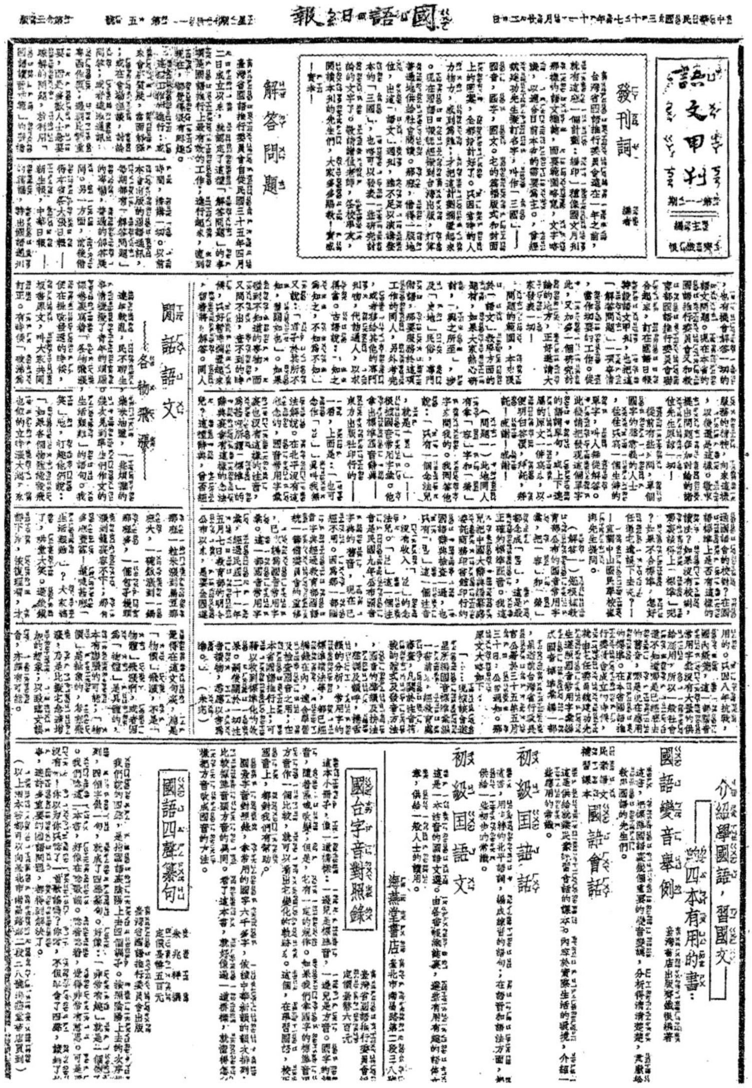

資料來源：《國語日報》，1948 年 11 月 22 日，第三版。

　　《語文甲刊》主編人是齊鐵恨先生，北平人，1946 年 2 月應省國會聘請來從上海來到臺灣，並推定爲國語教育的標準發音人，梁容若說：「是因爲他的語言和教育部頒佈的國音常用字彙讀音完全相同。」〔註31〕洪炎秋也認爲：

〔註31〕梁容若，〈齊鐵恨先生的業績與志事〉《藍天白雲集》（臺北：三民書局，1978 年），頁 183。

「齊鐵恨有一張天生的標準嘴。」〔註32〕1946 年 5 月 1 日起，省國語會爲建立國音標準，由教育部向臺灣廣播電臺商借時間，請齊鐵恨擔任「國語讀音示範」〔註33〕，教材最初是播講注音符號的發音，接著播小學國語課本及各種國語會話，後來播到初中國文，高中國文。梁容若曾在文章中回憶起齊鐵恨，認爲他是臺灣標準語普及的基本源泉〔註34〕。而洪炎秋也認爲，齊鐵恨的「示範廣播」對國語推行是最有貢獻的：

> 光復當初，來臺的各省人士，都用他們自己的「普通話」，來教授「國語」，因此有個本省教員，詢問筆者：「國語到底有多少種？哪一種是眞正的國語？」筆者回答他「：國語只有一種，天天由齊鐵恨先生在廣播電臺教授的，就是眞正的國語。」〔略〕臺灣的國語推行能夠有今天這一點基礎，齊先生的這個「遵照標準國音，推行標準國語」的示範廣播，是最有貢獻的。〔註35〕

正因爲齊鐵恨在電臺教國語的工作性質和方法，與「語文甲刊」的發刊目的類似，所以當「語文甲刊」創刊時，就找他擔任主編，而齊鐵恨在 1948 年 11 月 21 日「語文甲刊」第一期〈發刊詞〉中，就明白揭示了它的創刊緣由及宗旨：

> 台灣省國語推行委員會遠在一年之前，就有這麼一個計劃：編印一種像國文月刊那樣的語文雜誌，而要範圍略寬，文字略淺，以適合目前本省的需要爲主。曾經魏建功先生擬訂名字，叫做「三國」——國音，國字，國文。它的篇幅版式和封面上的圖案，全都設計好了。只因當時的人力物力，感到爲難；才把這個計劃擱置起來。現在國語日報既經搬到台灣出版，打算普遍地供給社會閱讀。那麼，借得一版地位，出這「語文」週刊，雖不足以演講整本的「三國」，也略可以發表一些研究討論的文字了。敬請諸位老師，各位學友，閱讀本刊的先生們，大家多多賜教！實感！實幸！〔註36〕

在本文的研究範圍，即自 1948 年 11 月 22 日起至 1951 年 12 月 30 日內，「語文甲刊」共出刊了 160 期（筆者實際掌握期數爲 152 期，有 8 期缺漏，缺漏

〔註32〕洪炎秋，《語文雜談》，頁 168。
〔註33〕齊鐵恨，〈五年來的國語播音〉，《國語日報》，1950 年 10 月 25 日，第七版。
〔註34〕梁容若，〈齊鐵恨先生的業績與志事〉《藍天白雲集》，頁 183。
〔註35〕洪炎秋，《語文雜談》，頁 168。
〔註36〕齊鐵恨，〈發刊詞〉，《國語日報》，1948 年 11 月 22 日，第三版。

期數爲第 9、10、26、28、29、57、90、101 期）。在版面分配上，據筆者觀察，幾乎都維持在一至三個語文教育問題探討，數量共計 321 篇。如以「專欄類別」來分類，其中，「解答問題」專欄共計 47 篇、「閒話語文」專欄共計 32 篇、「常用的破音字」專欄共計 73 篇，其他單篇主題研究共計 169 篇。另魏建功曾表示國語包括「國音」、「國字」及「國文」〔註 37〕，如果以這三類再加上「國語活動」等語文教育內容來分類，經筆者統計後發現，關於「國音」的論述，共計 187 篇，數量最多，佔全體 58%。上述分類統計整理如表 4－1：

表 4－1　1948 年至 1951 年「語文甲刊」各項語文教育主題分類表

專欄類別 ＼ 語文教育	國音	國字	國文	國語活動	小 計
解答問題	36	10	1	0	47
閒話語文	1	2	29	0	32
常用的破音字	73	0	0	0	73
單篇主題研究	77	12	54	26	169
小計	187	24	84	26	321
比例	58	8	26	8	100

註：上表是筆者依據《國語日報》「語文甲刊」之內容標題所做的粗略分類，但因有些內容屬於綜合討論，故僅能就其中心主題加以歸類，因而在分類統計上可能會造成誤差。不過，此表仍能大致看出《國語日報》「語文甲刊」的主題分類。

根據表 4－1，「解答問題」專欄共 47 則，其中「國音」佔了 36 則，可知，「解答問題」專欄重點在「國音」的討論；而「閒話語文」專欄共 32 則，其中「國文」佔了 29 則，可知「閒話語文」專欄重點則爲「國文」。「常用的破音字」專欄爲師範學院〔註 38〕附設國語講習班采集教材。其他則是由省國語會專家如主編齊鐵恨、王玉川等，或國校教師如魏建芳等，不時針對特定語文教育主題進行單篇申論或探討；甚至有省立師範學院國語專修科學生將國語研究教材投稿至此，供讀者參考指教。當時省國語會人員如何容、王壽康，都曾在省立師範學院任教。前文已討論過並得知，《國語日報》初期因經費短絀，常有學生義務幫老師的忙。學生將上課教材整理後，經教師審閱後投稿，

〔註37〕方師鐸，《五十年中國國語運動史》，頁 122。
〔註38〕今國立臺灣師範大學。

《國語日報》一方面省下稿費，一方面也藉此達到語文教育推廣的目的。

　　齊鐵恨在「語文甲刊」第一期中，開宗明義即提到「解答問題」是國語推行工作上「最有效」的工作，在〈解答問題〉一文中內容寫到：

> 臺灣省國語推行委員會自從民國三十五年四月二日成立以來，就認
> 定了這種「解答問題」的事項是國語推行工作上最有效的工作；進
> 行起來，直到現在，都覺得很有興趣。這種工作的進行，或來會裏
> 質疑，當面解釋；或在會場座談，討論問答；或者遠地通訊，專函
> 作覆；遇到比較重要，而是多數人急要瞭解的問題，就利用「國語
> 讀音示範」的廣播時間，播講一切。〔註39〕

當時，齊鐵恨每星期六會在廣播時間負責解答國語問題。梁容若曾在文章中回憶起齊鐵恨的敬業態度：「對聽眾寄來的信沒有不回的，疑問沒有不答的，送作業來沒有不批改的〔略〕他經常抽空出席各縣市的國語討論會、研究會、教學演示會，作講演、解答問題。」〔註40〕另外，齊鐵恨在「語文甲刊」第一期中〈解答問題〉中也談到，「解答問題」是國語推行工作上「最切要」的工作：

> 以前本會出版的國語通訊，每期都有「解答問題」的專欄，普遍的
> 解答疑問。另一方面，前後借得本省各大張日報——新生報，中華
> 日報——的篇幅，特出國語週刊，也有機會解答一切的語文問題。
> 現在本省的國語推行委員會又和教育部國語推行委員會聯合起來，
> 訂在國語日報特設語文甲刊，也把這「解答問題」一項事情。當作
> 切要的工作。從此，又加多一個研究討論的地方，正好邀請大家發
> 表一切！〔註41〕

可知，齊鐵恨認為「解答問題」是國語推行工作上「最有效」也是「最切要」的工作，而透過讀者提問，報紙解答的方式，「語文甲刊」事實上就是專供研究國語的人士，發表討論「語文教學」的交流園地。夏承楹（曾任《國語日報》發行人、社長）的女兒夏祖麗，在與應鳳凰及張至璋合編的《何凡傳》中，則是認為：「『解答問題』這種一問一答的方式，可以看出當時報風的靈活。」〔註42〕

〔註39〕齊鐵恨，〈解答問題〉，《國語日報》，1948年11月22日，第三版。
〔註40〕梁容若，〈齊鐵恨先生的業績與志事〉《藍天白雲集》，頁183。
〔註41〕齊鐵恨，〈解答問題〉，《國語日報》，1948年11月22日，第三版。
〔註42〕夏祖麗，應鳳凰，張至璋著，《蒼茫暮色裡的趕路人：何凡傳》（臺北市：天下遠見，2003年），頁207。

圖 4－4 《新生報》「國語週刊」第一期

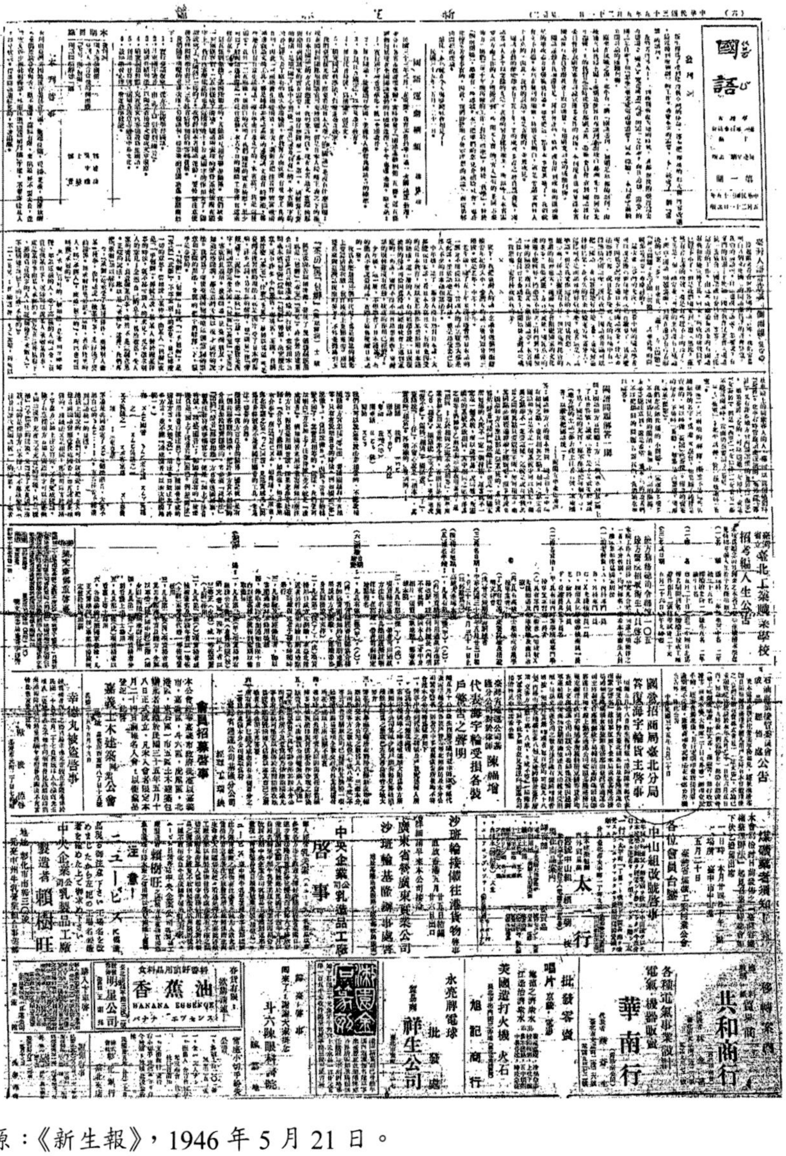
國語
臺灣省立臺北工業職業學校招考編入生公告
共和商行
華南行
祥生公司
香蕉油
BANANA ESSENCE

資料來源：《新生報》，1946 年 5 月 21 日。

例如「語文甲刊」第一期「解答問題」談的是「『容』字和『榮』字的唸法？」而這個問題因為還談及「國語標準書籍」的問題，篇幅過長，故繼續在第二期「解答問題」中以「續第一期問題一」的方式來回答：

（問題一）此地同人拿「容」字和「榮」字來問我的。我回答他說：「只有一個念法兒，就是『ㄖㄨㄥˊ』。」——根據國音常用字彙。

他拿出標準國音辭典——東方出版社印行的——一看，上面是：「也可念作『ㄩㄥˊ』」真叫我無法解說。在北平沒有這麼念的，國音常用字彙裏也沒有這樣的注音，為甚麼所謂「標準」的辭典裏會有這樣的念法兒？這種辭典，曾否經過國語會的校對？在國語標準上是否有這樣的讀法？如果沒有校對？哪裏談得上「標準」呢？如果不合「標準」，怎好任憑它遺誤下去呢？——宜蘭中山國民學校崔海先生提問。〔註43〕

而編者的回答是：

（解答一）您根據教育部公布的國音常用字彙，把「容」和「榮」都念成「ㄖㄨㄥˊ」，這是最正確的標準讀音。〔略〕這一部國音常用字彙，經過民國二十一年五月七日教育部的明令公布以來，是要全國遵用的。〔略〕在本省國語推行委員會成立的時候，就由主任委員魏建功先生遵照國音常用字彙成國音標準彙編一部，〔略〕經教育處審查，凡關於注音符號的體式及發音方法，國音的聲韻及拼法，聲調及韻呼，捲舌韻的分析，常用字的標準讀法等，都已經編錄在內，適合學習及檢查國音之用，在本省國語推行上；可藉以收到標準化的效果。嗣後關於一切注音讀物，悉應以書為準。〔註44〕

文末，齊鐵恨再把政府公布的國語標準書籍，供給編書教學和學習國語的人士來參考應用，請讀者奉作南針，用來訂正一切：

附：公家編印的語標準書籍：

1. 國音常用字彙——教育部國語統一籌備委員會編輯的，呈經教育部於中華民國二十一年五月七日，公布應用。

2. 中華新韻——教育部國語推行委員會編輯的，呈經教育部於中華民國三十年十月二日公佈，並經教育部呈請行政院轉呈國民政府於中華民國三十年十月十日明令頒行。

3. 國音標準彙編——臺灣省國語推行委員會編輯的，呈經臺灣省行政長官公署，於中華民國三十五年五月三十日，公告週知。

〔註43〕齊鐵恨，〈解答問題〉，《國語日報》，1948 年 11 月 22 日，第三版。
〔註44〕齊鐵恨，〈解答問題〉，《國語日報》，1948 年 11 月 22 日，第三版。

4. 國語辭典：教育部國語推行委員會裏，中國大辭典編纂處編輯
   的，經中華民國三十六年重版覆校的。

　　　　　　　　　　三七，十，二〇，齊鐵恨解答。〔註45〕

筆者認為，因為省國語會成立後最迫切的工作就是「樹立標準」，而要樹立標準則需遵照「國語標準書籍」來唸讀標準注音。因此在「語文甲刊」第一期，首先就針對國語標準書籍問題，提出討論與建議；並趁此公布政府編印之國語標準書籍，讓讀者有所根據。接下來筆者將從「語文教育」類別來深入分析《國語日報》「語文甲刊」的內容，以此找出它此時的內涵。

一、「國音」

　　在研究「語文甲刊」的「國音」內容之前，必須先把「官話、國語、國音」三個名詞，加以說明與分析。學者張正男在《國音學》一書中提到：

　　官話是國語的舊名，國語是全國統一使用的標準語言，國音是由國
　　家頒定，為全國遵用的標準語音；仔細的分，這三個詞的內容並不
　　一樣：官話是北平話成為官場通用語言的稱呼，國語是國家統一的
　　標準語言，包括聲音、詞彙、語法等方面，而國音是國定的標準字
　　音或語音。官話是自然形成的通用語言，國語跟國音是有意推廣的
　　標準語音。〔註46〕

可知，「官話、國語、國音」三個詞的內容並不一樣。而「國音」是指由國家頒定的字音及語音，由國家為統一國語而制定。目前國音是以北平的音系為標準國音。關於「國音」和注音符號的來由，在《語文甲刊》第四三期曾提到：

　　民國二年二月十五日，讀音統一會正式開幕，會議三個多月，審定
　　國音，核定字母。只因當時各人提出創製字母，花樣繁多，莫衷一
　　是，乃將審定字音時暫用之「記音字母」正式通過，定名「注音字
　　母」，〔略〕此種字母，及從前章太炎先生「取古文籀徑省之形」
　　而採用的。民國十九年，經中常會的議決，改名「注音符號」。這種

〔註45〕齊鐵恨，〈解答問題　續第一期問題一〉，《國語日報》，1948年11月29日，第三版。

〔註46〕國立臺灣師範大學國音學編輯委員會編纂，《國音學》（臺北市：正中書局，1982年），頁1。

「注音字母」雖在民國二年經由讀音統一會議決採用，但擱到民國
七年十一月二十三日，才由教育部公布出來。〔註47〕

注音符號雖然公布了，但國音在此時卻發生了所謂「京國之爭」，「京」就是「京音」，「國」就是「國音」。原來當初審定國音時，是由各地代表投票選出，最後總共選了六千多個字的國音，而這些國音所代表的是各地方言的大雜燴，包含南腔北調，事實上根本無法折衷，也難以推廣。對此，方師鐸曾提到：

> 這一來，可把傳習國語的機關和人員害苦了；按照「國音」去傳習的話，誰也不會發這種「人造音」，而且也找不到這樣的師資。按照「北京」本地人所發的語音來傳習的話，又有人根據「讀音統一會」的「紙面標準」來挑眼。於是當時傳習國語的人就分為兩派：一派是服從法令的，自以為是的所謂「國音教員」；一派是實事求是，思想較新的所謂「京音教員」。這兩派見解不同，方法各異，〔略〕使得大家對國語教育不知何去何從。〔註48〕

在「京國之爭」互相攻訐時，正好這時候，「國音留聲機片」出版了，方師鐸曾回憶這是造成「國音京調」的原因，他說：

> 王璞在上海發音的「中華國音留聲機片」和趙元任在美國發音的「國語留聲片」都前後灌製成功了。他們的國音聲調，陰、陽、上、去四聲，全都依照北平的聲調。民國十年，「教育部國語統一籌備會」開第三次大會，黎錦熙就提出「呈請公布國音聲調的標準案」。他主張索性以北京聲調為標準，雖然沒有獲得通過，但王璞和趙元任的兩種「國音留聲機片」，都經教育部審定，准予發行；傳習國語的人，如果對照著這種留聲機片練習，很容易的就學得滿口京腔；那本來空虛「無調」的國音，這麼一來，也就變成「國音京調」了。〔註49〕

而學者張正男也認為：「民國十年，中華國音留聲機片及國語留聲機片先後發行，解決了國音聲調問題，〔略〕使『京、國之爭』漸平息於『國音京調』中〔註50〕。」到了民國二十年，教育部國語統一籌備會重印「國音字母單張」；

〔註47〕 魏建芳，〈注音符號是如何制定的？〉，《國語日報》，1949年9月19日，第三版。

〔註48〕 方師鐸，《臺灣話舊》，頁37～38。

〔註49〕 方師鐸，《臺灣話舊》，頁38。

〔註50〕 國立臺灣師範大學國音學編輯委員會編纂，《國音學》，頁38。

民國二十一年五月七日，教育部以三○五一號布告，公布國音常用字彙，正式以北平音系爲標準國音〔註51〕。

圖4－5　民國二十年教育部公布的「國音字母」單張

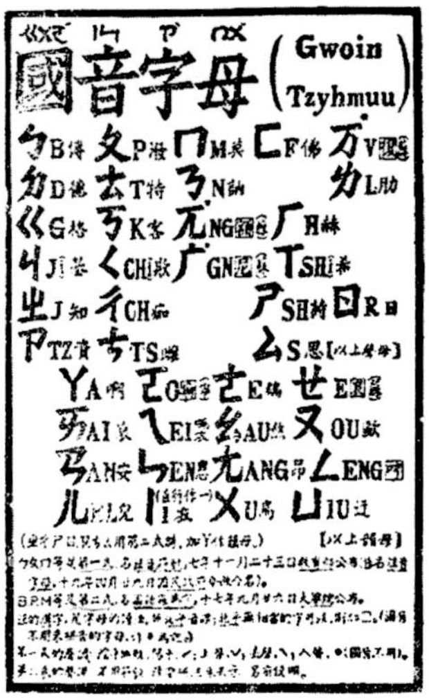

資料來源：國立臺灣師範大學國音學編輯委員會編纂，《國音學》，（臺北市：正中書局，1982年），頁56。

　　而根據前文論述，省國語會及《國語日報》的重要成員們皆認爲要統一國語，必先統一讀音；而要統一讀音，必先學會注音符號。只要學會注音符號，就能夠用正確的注音符號發音和拼音，也就能發出標準國音。方師鐸曾說：「傳習注音符號和練習正確的國音，是當時推行國語的首要任務。」〔註52〕而當時任職國校教師的魏建芳也認爲：「注符」對於國音之確定上，有著牢不可拔的功績的。倘沒有了這種正音工具，我們的國語推行，決不能收到如此的宏效。臺灣光復至今，僅五年的時光，國語得以那麼快的普及，非歸功於「注符」不可。〔註53〕

　　根據筆者分析「語文甲刊」內容後發現，「語文甲刊」中關於「國音」的論述，比例高達58%，數量最多，可知「國音」的討論爲「語文甲刊」的重要議題。「語文甲刊」中「國音」論述統計，如表4－2：

〔註51〕國立臺灣師範大學國音學編輯委員會編纂，《國音學》，頁43。
〔註52〕方師鐸，《臺灣話舊》，頁39。
〔註53〕魏建芳，〈從誤讀字談到小學課本的注音問題〉《國語日報》，1950年7月2日，第三版。

表4-2 「語文甲刊」中「國音」論述篇目表

期 別	日 期	篇 名	作 者
一	1948.11.22	解答問題：「榮」字和「容」字	齊鐵恨
二	1948.11.29	不字應該怎麼唸	王潔宇
二	1948.11.29	解答問題——續第一期問題	齊鐵恨
三	1948.12.06	解答問題	
三	1948.12.06	不字應該怎麼唸——本文由第二期續來	王潔宇
十一	1949.02.07	標準人的文字障	齊鐵恨
十一	1949.02.07	解答問題——三條國音上的疑問	蘇瑞章
十二	1949.02.14	解答問題——兩條國音上的疑問	齊鐵恨
十三	1949.02.21	拼「ㄦ」變調的語詞（省立師範學院國語專修研究資料）	林維錚 林爾超
十四	1949.02.28	解答問題——金綠先生提出的三項國音問題	齊鐵恨
十五	1949.03.07	補充口語詞彙	鐵恨
十七	1949.03.21	應用注音符號的拼音	鐵恨
十八	1949.03.28	解答問題——新竹縣竹北國民學校魏建芳先生來函	齊鐵恨
二十	1949.04.11	「甚麼」「怎麼」「這麼」「那麼」的注音問題	鐵恨
廿二	1949.04.25	問題解答——何院長的名字應該怎麼讀？	林茂松
廿四	1949.05.09	問題解答——「讀音」和「語音」的分別	吳威禮
廿五	1949.05.16	從「明兒」談起「兒化」問題	魏建芳
廿七	1949.05.30	由「翹舌尖聲」轉變的「ㄦ韻」（師範學院國語專修科研究教材）	林國樑 林瑞濤
三十	1949.06.20	解答幾個問題	郭祉陽
卅一	1949.06.27	問題解答——（一）「什物」和「雜物」，（二）「掀喇叭」？	林松培 志伸、容
卅三	1949.07.11	「肩·ㄇㄚ」考	朱希屏
卅三	1949.07.11	因「ㄦ」化引起的變音字	魏建芳
卅四	1949.07.18	因「ㄦ」化引起的變音字——續三十三期	魏建芳
卅五	1949.07.25	國語裏陰平聲的發達（上）	余兆敏 林以通

期　別	日　期	篇　名	作　者
卅六	1949.08.01	國語裏陰平聲的發達（下）	余兆敏 林以通
卅七	1949.08.08	報告研究國語的經驗	魏建芳
卅七	1949.08.08	讀了魏先生研究國語的報告之後	
四十	1949.08.29	問題解答——中華新韻韻目和韻略表上的問題	謝敬莊
四一	1949.09.05	解答問題——台北縣平溪國民學校，陳思培先生提出國語問題三項	陳思培
四三	1949.09.19	注音符號是如何制定的？	魏建芳
四四	1949.09.26	解答問題——李賢冠先生提出國音聲調及變音問題	李賢冠
四五	1949.10.03	解答問題——（壹）蘇武歌裏的疑義（貳）國音上的疑問	松筠
四六	1949.10.10	兩組「齒音」的混淆現象（師範學院國語專修科研究教材）	鄭奮鵬 王天昌
四九	1949.10.31	注音符號發音表	
五十	1949.11.08	各省方言裏「ㄋ」「ㄌ」相混的現象（師範學院國語專修科研究教材）	朱希屏 林以通
五十	1949.11.08	注音符號發音表	
五一	1949.11.14	清聲字母「發聲」「送氣」的關係（師範學院國語專修科研究教材）	林國樑 余兆敏
五二	1949.11.21	清聲字母「發聲」「送氣」的關係（二）（師範學院國語專修科研究教材）	蔡華山 陳鴻榮
五二	1949.11.21	解答問題——韻母音素的移動和輕聲問題——高雄縣里港國民學校林松培先生提問	林松培
五三	1949.11.28	清聲字母「發聲」「送氣」的關係（三）（師範學院國語專修科研究教材）	孫耀宗 林爾超續作
五四	1949.12.04	國語演說比賽裏必要注意的語音	
五四	1949.12.04	「ㄦ」韻變調的語詞（師範學院國語專修科研究教材）	林祖民 周峯永
五五	1949.12.11	標準語詞的北平讀法	魏建芳
五六	1949.12.18	標準語詞的北平讀法（續）	魏建芳
五八	1950.01.08	古無輕脣音——ㄈㄨ（師範學院國語專修科研究教材）	林慶龍 林瑞濤述

期　別	日　期	篇　名	作　者
五九	1950.01.15	國音的四聲腔調（廣播講習的教材）	
六十	1950.01.22	常用的破音字——序言（師範學院附設國語講習班采集教材）	齊鐵恨
六一	1950.01.29	常用的破音字——（師範學院附設國語講習班采集教材）	
六一	1950.01.29	四聲練習的教材（廣播講習應用）	
六二	1950.02.05	常用的破音字（三）（師範學院附設國語講習班采集教材）	
六二	1950.02.05	閒話語文——當「ㄦ」而不「ㄦ」	
六三	1950.02.12	常用的破音字（四）（師範學院附設國語講習班采集教材）	
六三	1950.02.12	閒話語文——「ㄦ化韻」的有無	
六四	1950.02.19	解答問題——國語輕聲變調及其他的注音問題	董季棠
六五	1950.03.05	常用的破音字（五）（師範學院附設國語講習班采集教材）	
六五	1950.03.05	「ㄦ化韻」的比較	浩泉
六六	1950.03.12	常用的破音字（六）（師範學院附設國語講習班采集教材）	
六七	1950.03.19	常用的破音字（七）（師範學院附設國語講習班采集教材）	
六七	1950.03.19	董季棠先生提出國音問題三項	董季棠
六八	1950.03.26	常用的破音字（八）（師範學院附設國語講習班采集教材）	
六八	1950.03.26	解答問題——郭希汾先生提出「裏」字的輕聲問題	郭希汾
六九	1950.04.02	常用的破音字（九）（師範學院附設國語講習班采集教材）	
七十	1950.04.09	常用的破音字（十）（師範學院附設國語講習班采集教材）	
七一	1950.04.16	常用的破音字（十一）（師範學院附設國語講習班采集教材）	
七三	1950.04.30	解答問題——陳家駒先生來函提出十一項問題	
七三	1950.04.30	常用的破音字（十二）（師範學院附設國語講習班采集教材）	

期　別	日　期	篇　　名	作　者
七四	1950.05.07	「ㄛ」「ㄜ」兩韻的區別	
七四	1950.05.07	常用的破音字（十三）（師範學院附設國語講習班采集教材）	
七五	1950.05.14	常用的破音字（十四）（師範學院附設國語講習班采集教材）	
七六	1950.05.21	常用的破音字（十五）（師範學院附設國語講習班采集教材）	
七八	1950.06.04	常用的破音字（十六）（師範學院附設國語講習班采集教材）	
八十	1950.06.18	常用的破音字（十七）（師範學院附設國語講習班采集教材）	
八一	1950.06.25	關於方言字音討論——「圳」字究竟怎樣讀	林石和
八一	1950.06.25	常用的破音字（十八）（師範學院附設國語講習班采集教材）	
八二	1950.07.02	從誤讀字談到小學課本的注音問題	魏建芳
八三	1950.07.09	常用的破音字（十九）（師範學院附設國語講習班采集教材）	
八四	1950.07.16	解答問題——臺南縣國語推行委員會吳慶麟先生提問	吳慶麟
八四	1950.07.16	常用的破音字（二十）（師範學院附設國語講習班采集教材）	
八五	1950.07.23	解答問題——嘉義市林奉來先生寄函提問	林奉來
八五	1950.07.23	常用的破音字（二一）（師範學院附設國語講習班采集教材）	
八六	1950.07.30	「帀」韻的說明	
八七	1950.08.03	常用的破音字（二十二）（師範學院附設國語講習班采集教材）	
八九	1950.08.20	常用的破音字（二十三）（師範學院附設國語講習班采集教材）	
九一	1950.09.03	解答國音問題（上）	編者
九二	1950.09.10	解答國音問題（下）	編者
九二	1950.09.10	常用的破音字（二十五）（師範學院附設國語講習班采集教材）	
九三	1950.09.17	練習拼音常出的錯誤	穀梁仲生

期　別	日　期	篇　名	作　者
九四	1950.09.24	略談國語中的同化、連音、節縮作用	魏建芳
九四	1950.09.24	常用的破音字（二十六）	
九五	1950.10.01	疊用字的變調	
九五	1950.10.01	常用的破音字（二十七）	
九六	1950.10.08	同字異音舉例	魏建芳
九六	1950.10.08	常用的破音字（二十八）	
九七	1950.10.15	同字異音舉例	魏建芳
九七	1950.10.15	常用的破音字（二十九）	
九八	1950.10.22	尋常音誤	
九八	1950.10.22	常用的破音字（三十）	
九八	1950.10.22	解答問題——古今音的質疑	許文明
九九	1950.10.29	常用的破音字（三十一）	
一百	1950.11.05	舌根聲轉為舌面聲（上）	編者
一百	1950.11.05	常用的破音字（三十二）	
一〇二	1950.11.19	解答問題——陳榮波先生提問同字異音的讀法	陳榮波
一〇二	1950.11.19	常用的破音字（三十四）	
一〇三	1950.11.26	國語廣播有關正音的重要性	汪一庵
一〇三	1950.11.26	常用的破音字（三十五）	
一〇四	1950.12.03	國語廣播有關正音的重要性（續完）	汪一庵
一〇四	1950.12.03	常用的破音字（三十六）	
一〇五	1950.12.10	解答問題——謝敬莊先生提出國音問題四項	謝敬莊
一〇五	1950.12.10	常用的破音字（三十七）	
一〇六	1950.12.17	解答問題——陳榮波先生提出國音問題三項	陳榮波
一〇七	1950.12.24	解答問題——馮作民先生提出國音問題三項	馮作民
一〇七	1950.12.24	常用的破音字（三十八）	
一〇八	1950.12.31	容易發現的訛音別字（上）	
一〇九	1951.01.04	容易發現的訛音別字（下）	
一〇九	1951.01.04	常用的破音字（三十九）	

期　別	日　期	篇　名	作　者
一一〇	1951.01.14	語甲信箱——李紹箕先生提出破音字問題四項	李紹箕
一一〇	1951.01.14	克難運動還是克難運動	宇
一一一	1951.01.21	語甲信箱——李興官先生提問四個聲隨韻的區別	李興官
一一一	1951.01.21	常用的破音字（四十）	
一一二	1951.01.28	「訛音別字」的校訂	馮作民
一一三	1951.02.04	教學注音符號的拼法	魏建芳
一一三	1951.02.04	常用的破音字（四十一）	
一一四	1951.02.11	再校「訛音別字」	黃家定 邵遵瀾
一一四	1951.02.11	常用的破音字（四十二）	
一一六	1951.02.25	「訛音別字」的責任問題	浩泉
一一六	1951.02.25	常用的破音字（四十三）	
一一七	1951.03.04	「儿」化韻的變音及變調舉例	穀梁仲生
一一九	1951.03.18	常用的破音字（四十四）	
一二〇	1951.03.25	常易出錯的語詞	黃家定
一二〇	1951.03.25	常用的破音字（四十五）	
一二一	1951.04.01	輕聲的重要性	馮作民
一二一	1951.04.01	常用的破音字（四十六）	
一二二	1951.04.08	臺灣廣播電臺國語講座——彭火炎先生通訊，登記，並提問三項	彭火炎
一二三	1951.04.15	國常課本新書的範讀和校訂	齊鐵恨
一二四	1951.04.22	國常課本新書的範讀和校訂	齊鐵恨
一二五	1951.04.29	國常課本新書的範讀和校訂	齊鐵恨
一二六	1951.05.06	高小國語的課本校讀	齊鐵恨
一二六	1951.05.06	再提常錯的語詞	黃家定
一二七	1951.05.13	高小國語的課本校讀	齊鐵恨
一二七	1951.05.13	常用的破音字（四十七）	
一二八	1951.05.20	高小國語的課本校讀	齊鐵恨
一二八	1951.05.20	國語輕聲語詞的比較	魏建芳
一二九	1951.05.27	高小國語的課本校讀	齊鐵恨

期 別	日 期	篇 名	作 者
一二九	1951.05.27	常用的破音字（四十八）	
一三〇	1951.06.03	國音析疑	彭振富
一三一	1951.06.10	常用的破音字（四十九）	
一三二	1951.06.17	活語言的注音問題	林順金
一三二	1951.06.17	常用的破音字（五十）	
一三四	1951.07.01	常用的破音字（五十一）	
一三四	1951.07.01	解答問題——注音符號可以「無師自通」	張灝
一三五	1951.07.08	常用的破音字（五十二）	
一三六	1951.07.15	解答問題——李待興先生提出音調和輕聲問題	李待興
一三七	1951.07.22	百家姓四聲練習	鍾露昇
一三七	1951.07.22	常用的破音字（五十三）	
一三八	1951.07.29	解答問題——鄭慧劍先生提出輕聲和翹舌問題	鄭慧劍
一三八	1951.07.29	常用的破音字（五十四）	
一三九	1951.08.05	常用的破音字（五十五）	
一四〇	1951.08.12	常用的破音字（五十六）	
一四一	1951.08.19	常用的破音字（五十七）	
一四二	1951.08.26	常用的破音字（五十八）	
一四三	1951.09.02	常用的破音字（五十九）	
一四四	1951.09.09	講習未盡的語音變調	編者
一四四	1951.09.09	常用的破音字（六十）	
一四五	1951.09.16	語音變調「一」字的練習	鍾華
一四五	1951.09.16	常用的破音字（六十一）	
一四六	1951.09.23	最常用的破音字用法舉例（上）	鍾露昇
一四六	1951.09.23	常用的破音字（六十二）	
一四七	1951.09.30	最常用的破音字用法舉例（中）	鍾露昇
一四七	1951.09.30	常用的破音字（六十三）	
一四八	1951.10.07	最常用的破音字用法舉例（下）	鍾露昇
一四八	1951.10.07	常用的破音字（六十四）	
一四九	1951.10.14	常用的破音字（六十五）	

期　別	日　期	篇　　名	作　者
一五一	1951.10.02	常用的破音字（六十八）	
一五〇	1951.10.21	常用的破音字（六十七）	
一五二	1951.11.04	常用的破音字（六十九）	
一五三	1951.11.11	「歌」韻讀法考證	馮長青
一五三	1951.11.11	常用的破音字（七十）	
一五四	1951.11.18	讀脣音聲母附帶「ㄜ」韻是不錯的	齊鐵恨
一五五	1951.11.25	「不」字的聲調練習	鍾華
一五五	1951.11.25	常用的破音字（七十一）	
一五六	1951.12.02	常用的破音字（七十二）	
一五七	1951.12.09	解答問題——（甲）何士和先生提出國語拼音、標調、變調、呼讀各問題。（乙）陳子霖先生提問：「垃圾」二字之注音若何？此二字有無兩種讀法？	何士和 陳子霖 齊鐵恨
一五七	1951.12.09	常用的破音字（七十三）	
一五八	1951.12.16	解答問題——賴雲先生提問：「作連詞的『和』字，是不是念『ㄏㄢˋ』？」	賴雲 齊鐵恨
一五八	1951.12.16	常用的破音字（七十四）	
一五九	1951.12.23	常用的破音字（七十五）	
一六〇	1951.12.30	常用的破音字（七十六）	

　　而關於「國音」的討論方式，如以各專欄分配來細分，統計如表4－3：

表4－3　「語文甲刊」中「國音」論述專欄分配統計表

專欄 論述	解答問題	閒話語文	常用的破音字	單篇主題研究	小　計
國音	36	1	73	77	187
比例	19	1	39	41	100

　　學者張正男在《國音學》一書中提到：「『國音學』牽涉到語音學的各項知識，所以，在音理的研究上，從基本的發音原理（語音的生理、物理及社會基礎），單字聲、韻、調的分析說明，詞句連音變化，輕重音，儿化韻，語

調，一字多音，各方面一步一步的探討。」〔註54〕而綜觀表4-2，試舉如第二期〈不字應該怎麼唸〉、第廿二期〈何院長的名字應該怎麼讀？〉等，即屬於一字多音的探討；而第十三期〈拼「儿」變調的語詞〉、第廿五期〈從「明兒」談起「兒化」問題〉等，則屬儿化韻的探討。可知「語文甲刊」中「國音」論述所呈現的討論內容，大致包含了國音學的各項知識。

而「語文甲刊」中「國音」論述所進行的方式，主要由主編齊鐵恨針對「國音」問題發表單篇申論，及省立師範學院國語專修科學生，如林維錚、林爾超、林國樑、林瑞濤等人的國語研究教材投稿；另外，常用破音字專欄則為師範學院附設國語講習班采集教材，而講習班教授仍是省國語會專家，如何容、王壽康等。觀看表4-2，以上兩個專欄的比例就佔了整體的80%來看，可知，「語文甲刊」中「國音」論述的進行方式，仍以省國語會專家發表「國音」專論為主，再以「解答問題」專欄的互動方式為輔，透過與社會大眾及學校教師的雙邊討論研究中，將注音符號及標準發音推廣普及，藉此達到省國語會「樹立標準」的工作目標。

二、「國字」

戰後，省國語會在台灣積極推行國語運動，樹立國音標準，推行標準國字。而《國語日報》的功用之一，是為了讓讀者學在學會注音符號後，能利用它來幫助識字，而要達成這個目的，最重要的工作就是推行「注音國字」。而這是要解決國字難學的問題，何容曾提到：

> 我國的文字把象形的圖，用作代表意義的符號，演變成衍形文字。
> 〔略〕我國的漢字，因為不拿字形代表語音，所以不因為各地方言的音的差別而造成字形上的差別。這個特點，在歷史上，對於民族的團結、統一，有很大的作用。可是因為它的形體比較繁複，比拼音文字難學難記，這也是不可否認的事實。〔註55〕

而曾任省國語會常務委員及國語實小校長的祁致賢也曾回憶：「由於國字難學，使得國語教材的編輯，不可能符合教學原理；由於國語教學不可能符合教學原理，國語教學的效果，必然達不到合理的目標。」〔註56〕所以，為了

〔註54〕國立臺灣師範大學國音學編輯委員會編纂，《國音學》，頁68。
〔註55〕何容，〈國語運動的意義和目標〉《何容文集》，頁14。
〔註56〕祁致賢，〈我在台灣三十年〉《人理學》（臺北市：遠流，1992年），頁408。

解決國字難學的問題，所以省國語會先推行「注音國字」，也就是在字旁邊加上注音符號，以減少學習的困難。何容說：

> 因為注音符號不僅只有統一讀音的功用，並且可以由所注的音，來幫助人認識國字。音本來是可以表意的，注出了音也就注明了字義。所以國字旁邊加上注音符號，只要學會了三十七個注音符號，就可以讀書；只要有書讀，就隨時可以學字；而且學會一個字，立刻就可以用，那還沒學會的字可先用注音符號來代替，不至於因為會的字少而不能用，因為不能用而把已經學會了的字也忘記。〔註57〕

而學者張博宇也認為：「『注音國字』，就是每個字的右旁，都把注音符號拼好的標準讀音，配合在一起，永不相離。〔略〕依照字旁的注音誦讀，文字的意義就可以從目到心。」〔註58〕可知，省國語會推行「注音國字」，可以讓人一面讀書，一面識字，而《國語日報》全部用注音國字編排，正是識字教育的最好工具。

對於戰後的台灣人而言，漢字漢文對他們而言並不陌生。有些老年人在幼時即曾接受過漢文私塾教育，作家葉石濤就曾提到：「其父祖輩有機會接受較深刻的漢文教育，並擁有某種程度以上的漢文書寫能力。」〔註59〕而年輕人在學齡前也會跟著長輩學漢文，學者曹永和曾說：「記得五歲那年就開始跟著父親學漢文，每天晚上吃完飯，飯桌清理乾淨後，曹賜瑩〔註60〕就在飯桌上教《三字經》、《昔時賢文》。」〔註61〕而在接受日本教育時，公學校及中學也都設有漢文科目，教授平易漢文，如出生於日治時期的林莊生，就曾在提到在中學課程裏學習「漢文」的事：

> 中學一、二年級時有一門「漢文」。〔略〕這種語文雖然現已不通用，卻是學好現代語不可缺少的古典教養。日本在明治、大正時代，「漢文」佔很重要的地位，一向以「國、漢、英、數」並稱，是為中學課程的四大金剛。〔註62〕

〔註57〕何容，〈國語運動的意義和目標〉《何容文集》，頁15。

〔註58〕張博宇，《臺灣地區國語運動史料》，頁48。

〔註59〕陳明柔，《我的勞動是寫作：葉石濤傳》（臺北市：時報文化，2004年），頁84。

〔註60〕曹賜瑩即為曹永和的父親。

〔註61〕王美玉總編輯，《台灣久久：台灣百年生活印記》（臺北市：天下遠見，2011年），頁28。

〔註62〕林莊生，《懷樹又懷人：我的父親莊垂勝、他的朋友及那個時代》，頁51。

除了在學校可以接受漢文教育外，日治時期發行量最大的報紙《台灣日日新報》也附有漢文版，都讓台灣人民可以接觸到漢字。另一方面，日文當中也有些漢字存在，不過，這邊要特別注意的是，日文中的漢字，雖然來自中國，卻不一定等同於中國，學者陳培豐曾解釋：

> 漢字漢文來自中國，卻不一定便等同於中國。特別是在近代以後，做爲東亞各地域共構而成的文體，漢字漢文可以、也可能以各種不同的形態，出現在不同的歷史舞台，並被不同時代、不同國籍的人所接受、使用、改造、想像或賦予各種任務。〔註63〕

雖然方師鐸曾說：「因爲日本文裡也夾雜著一些漢字在內；生長在臺灣本土的老先生，儘管嘴裡講的是閩南語或客家話，用的還是同樣的漢字。」〔註64〕所以他認爲，「國字」問題較簡單。但是因爲「國字」難學的關係，故省國語會在此時先以《國語日報》來推行「注音國字」，並利用《語文甲刊》來進行「國字」相關問題探討。

　　根據筆者分析「語文甲刊」內容後發現，「語文甲刊」中關於「國字」的論述，比例只佔 8％，和「國語活動」論述的數量都是最少的。「語文甲刊」中「國字」論述統計，如表4－4：

表4－4　「語文甲刊」中「國字」論述篇目表

期　別	日　期	篇　名	作　者
四	1948.12.13	解答問題	齊鐵恨
七	1949.01.10	訂正「拼」字和「拚」字的混用	齊鐵恨
十三	1949.02.21	解答問題——屯積和囤積	齊鐵恨
十九	1949.04.05	「做」和「作」的分化	齊鐵恨
廿七	1949.05.30	閒話語文——（一）「景致」和「精緻」（二）「棘手」和「辣手」	編者
卅二	1949.07.04	閒話語文——（一）「囤積」還是「屯積」？（二）「上船」還是「下船」？	編者
四七	1949.10.17	漫談譯音字	魏建芳
七七	1950.05.28	如何防止和校正學生的錯別字	伯禹

〔註63〕陳培豐，〈日治時期臺灣漢文脈的漂游與想像：帝國漢文、殖民地漢文、中國白話文、臺灣話〉，《臺灣史研究》第 15 卷第 4 期（2008 年 12 月），頁 46。
〔註64〕方師鐸，《臺灣話舊》，頁 39。

期　別	日　期	篇　　名	作　者
八八	1950.08.13	教學時候應注意形似義異字	魏建芳
九九	1950.10.29	「兒」字的用法及其討論	馮作民
一一五	1951.02.18	常見的錯字	魏建芳
一一八	1951.03.11	我也談談常見的錯字（上）	李蔭田
一一九	1951.03.18	我也談談常見的錯字（下）	李蔭田
一三三	1951.06.24	提供關於「簡體字」的文獻——第一批簡體字表（上）	
一三三	1951.06.24	簡體字表的公布	
一三四	1951.07.01	提供關於「簡體字」的文獻——第一批簡體字表（下）	
一三七	1951.07.22	「制頒簡易常用字」的必要	蘇尙耀
一四〇	1951.08.12	談談錯別字問題（上）	蘇尙耀
一四一	1951.08.19	談談錯別字問題（中）	蘇尙耀
一四二	1951.08.26	談談錯別字問題（下）	蘇尙耀
一四三	1951.09.02	錯別字答問	蘇尙耀
一五〇	1951.10.21	漢字的難學和改進（上）	蘇尙耀
一五一	1951.10.2	漢字的難學和改進（下）	蘇尙耀
一五六	1951.12.02	漢字的「格式塔」性	蘇尙耀

　　而關於「國字」的討論方式，如以各專欄分配來細分，統計如表4－5：

表4－5　「語文甲刊」中「國字」論述專欄分配統計表

專欄 論述	解答問題	閒話語文	常用的破音字	單篇主題研究	小　計
國字	10	2	0	12	24
比例	42	8	0	50	100

　　綜觀表4－4及表4－5可知，「語文甲刊」中「國字」論述主要仍在「國字難學」的問題上。因爲「國字」難學，所以使用上錯別字特別多。時任國校教師的蘇尙耀在《語文甲刊》〈談談錯別字問題（上）〉這篇文章中提到，他認爲「國字」不科學，須作根本改革：

　　　　錯別字通常都分爲「寫錯」和「用錯」。寫錯是不明白文字的形體結
　　　　構，把字形寫錯了，或增減筆畫，或改變偏旁，寫得不成一個字，

叫做「錯字」。用錯是不明白文字的意義，或由音的混淆，或因形的近似，把甲字當乙字用，或把乙字當甲字用，叫做「別字」；或稱「白字」。〔略〕我們目前用的這種文字，本身構造不科學，容易召致錯別字，而須作根本的改革。〔註65〕

而在另一篇〈漢字的難學和改進（上）〉中，他也提到，漢字在本質上是一種漫無規例的文字：

我們目前所賴以傳習和應用的漢字，由圖畫文字而象形，而指事，而會意，而形聲，〔略〕在先只是各種圖案構成的表義符號，以後經過屢變不一變的更革和簡化，原來的形體又被破壞無遺。所以漢字在本質上是一種漫無規例的文字。〔註66〕

而教育部亦在 1935 年 8 月 21 日，以教育部令第一一四零零號公布第一批簡體字〔註67〕，來推行文字改革。可知，因為「國字」難學，省國語會才會有推行「注音國字」的想法；及政府公布簡體字表〔註68〕，都是一種漢字的改革和補救。

三、國文

魏建功曾在〈國語運動在台灣的意義〉一文中提到：「我們在臺灣的國語推行工作，不僅是『傳習國語』和『認識國字』兩件事，而最主要的就在「言文一致」的標準語的說和寫。」〔註69〕換句話說，魏建功希望臺灣的國語推行工作，能夠使台灣人講國語、認國字、寫國文。如果臺灣的國語運動能夠達到「言文一致」的理想，即說得出，寫得下，人家一念就聽得懂，他認為：「便是國語運動的成功，便是真的國文的建設。」〔註70〕而何容也曾提到，國語運動的意義之一，在提倡言文一致的白話文。這是要解決言文分離的問題，他說：

〔註65〕蘇尚耀，〈談談錯別字問題（上）〉，《國語日報》，1951 年 8 月 12 日，第三版。
〔註66〕蘇尚耀，〈漢字的難學和改進（上）〉，《國語日報》，1951 年 10 月 21 日，第三版。
〔註67〕〈提供關於「簡體字」的文獻——第一批簡體字表（上）〉，《國語日報》，1951 年 6 月 24 日，第三版。
〔註68〕見《國語日報》，1951 年 6 月 24 日，第三版。
〔註69〕方師鐸，《五十年中國國語運動史》，頁 125。
〔註70〕方師鐸，《五十年中國國語運動史》，頁 126。

> 筆下所寫的話跟嘴裏所說的話，在我國從來就是不一致的。嘴裏說
> 的話叫作「白話」，筆下寫的話叫作「文言」。〔略〕人人需要讀書
> 識字，人人需要會寫文章，所以這種跟「白話」不一致，而增加學
> 習困難的「文言」，就成爲教育上，文化上，以及一般國民的生活上，
> 一個需要解決的問題。而要解決這個問題，就要推行言文一致的白
> 話文。〔註71〕

《國語日報》創刊時，除了完全用注音國字印刷，能讓讀者以注音符號來識字外，編輯特色之一，就是「文字簡潔，完全口語，要達到『怎樣說，就怎樣寫』的目標。就是翻譯電訊稿，也是這樣改寫精編。」而目的當然是要讓讀者在識字之後，透過閱讀報紙，學習國語文的書寫方式。

　　而對於在日治時期接受日本教育的台灣人而言，由於在教育上及文化上強制使用日文日語，所以他們寫文章的思考方式，幾乎都已日本化。所以到了戰後，如想以國文來寫作時，則仍然有著相當大的困難。作家葉石濤就曾回憶，在學習語言的同時，他也開始試著以中文寫作，然而語言的轉換畢竟不易，他說：「乍學中文聽、說、讀、寫之初，創作中文作品時幾乎都是在腦子裏以日文打草稿、翻譯，接著再書寫成白話文。但是這樣的寫作方式，不僅麻煩也無法成就流暢優美的文學表現〔註72〕。」葉石濤這一輩人，一生跨越日治時期到戰後，被稱爲「跨越語言的一代」。葉石濤最後花了五、六年的時間才跨越了語言的藩籬，然而有不少作家如龍瑛宗等，卻因此創作中斷，陷入「失語」的困窘中。

　　需要跨越語言的除了作家外，還有接受日本教育的臺灣教師，對他們而言，指導學生用國語寫作文是相當困難的事，當時有位臺灣老師就提到：

> 有一位同事這樣告訴了我：「我沒有讀過中文，我自己不會作文，教
> 我怎樣指導兒童寫作？教我怎樣批改他們的作品？我實在無能爲
> 力。」〔註73〕

所以，戰後初期，對於接受日本教育的台灣人而言，在學習「國音」、「國字」

〔註71〕何容，〈國語運動的意義和目標〉《何容文集》，頁13～14。
〔註72〕陳明柔，《我的勞動是寫作：葉石濤傳》，頁86。
〔註73〕林鐘隆，〈正視小學生的作文能力〉，《臺灣教育輔導月刊》第1卷第8期（1951年6月），頁59。轉引自俞智仁，〈戰後臺灣國民學校國語科教材教法之研究（1950～1962）〉，國立臺北教育大學教育學院社會與區域發展學系碩士論文，2010年，頁19。

之後，如想學會用「國文」來表達，並不是一件容易的事。也因此，省國語會希望藉由《國語日報》言文一致的編輯方式，讓讀者學習國語文的書寫；並且透過「語文甲刊」中「國文」論述的進行，讓各界人士可以增進國文寫作的能力。

根據筆者分析「語文甲刊」內容後發現，「語文甲刊」中關於「國文」的論述，比例佔了 26%，僅次於「國音」論述。「語文甲刊」中「國文」論述統計，如表 4−4：

表 4−6　「語文甲刊」中「國文」論述篇目表

期　別	日　期	篇　名	作　者
一	1948.11.22	閒話語文──各物飛漲	
二	1948.11.29	閒話語文──客客氣氣	齊鐵恨
五	1948.12.20	舉例說明並不是一件容易事	王玉川
五	1948.12.20	閒話語文──每下愈況	鐵恨
六	1948.12.27	看了林良先生的文章以後	王玉川
七	1949.01.10	「您」「怹」「我們」「俖們」的用法	林維錚
七	1949.01.10	閒話語文──「幸許」和「恐怕」、按部就班	鐵恨
八	1949.01.17	閒話語文──畸零簡碎	鐵恨
十二	1949.02.14	關於「雙義仄用」的語詞	竹風
十三	1949.02.21	不是笑話兒	齊鐵恨
十五	1949.03.07	應用書信的寫法	金心
十六	1949.03.14	應用書信的寫法（續）	金心
十六	1949.03.14	閒話語文──表微略的副詞「一」	鐵恨
十七	1949.03.21	應用書信的寫法（續完）	金心
十七	1949.03.21	閒話語文──壓根兒應該怎麼寫！、硬朗應該怎麼用？	鐵恨
十九	1949.04.05	書信文裏常見的錯誤	李祖民
十九	1949.04.05	解答問題──國語課本裏的名詞：土方、石方和噸公里（宜蘭女子國民學校）	齊鐵恨
廿三	1949.05.02	問題解答──「躊躇滿志」	齊鐵恨
廿四	1949.05.09	閒話語文──出生入死、夜以繼日、良莠不齊	鐵恨

期　別	日　期	篇　名	作　者
廿五	1949.05.16	爲國語日報製幾首介紹曲	汪一庵
廿七	1949.05.30	問題解答——「沒脛而走」？	志伸、容
卅一	1949.06.27	語法與邏輯	魏建芳
卅二	1949.07.04	用正反面的語詞表反正面的情趣	林國樑
卅二	1949.07.04	請加標點	卜相
卅三	1949.07.11	一位讀者的來信——「黍熟黃粱」？	張家雄
卅四	1949.07.18	討論「黍熟黃粱」	鍾崖
卅五	1949.07.25	閒話語文——台駕光臨、人面獸心、遺臭萬年	
卅六	1949.08.01	閒話語文——語言習慣、不合習慣的短語、只合習慣的成語	
卅八	1949.08.15	介紹「標點符號」	編者
卅八	1949.08.15	閒話語文——文章習慣、合式而不合理的文章	
卅九	1949.08.22	介紹「標點符號」	編者
卅九	1949.08.22	解答問題——1.「大概」是錯了，2.那是「獨峯駝」	雲飛、代英、玉芳、編者
四十	1949.08.29	使用標點符號的常識	編者
四一	1949.09.05	閒話語文——古語異義	
四二	1949.09.12	教學寫字的筆畫和偏旁的名稱	齊鐵恨
四二	1949.09.12	閒話語文——文字異音	
四四	1949.09.26	閒話語文——1.顧名思義，2.長蟲、大蟲和老蟲，3.扒山虎和扒牆虎	
四五	1949.10.03	閒話語文——請教他	
四七	1949.10.17	解答問題——中華新韻裏「五支」「六兒」和「七齊」三韻的通押問題	謝敬莊、齊鐵恨
四八	1949.10.24	連介詞「和」與「跟」的區別（師範學院國語專修科研究教材）	鄭惠珍、薛鳴鶯
四八	1949.10.24	閒話語文——「太太至上」	
五六	1949.12.18	閒話語文——望文生訓	願學
六十	1950.01.22	國語辭典未收辭彙	吳守禮
六六	1950.03.12	閒話語文——避說「蛋」字、太監的忌避	浩泉

期　別	日　期	篇　名	作　者
六九	1950.04.02	文字的創造與演變	振祿
七十	1950.04.09	丘逢甲先生離台詩	端譯
七十	1950.04.09	兒童讀物和兒童語文	蘇尚耀
七一	1950.04.16	丘逢甲先生離台詩	端譯
七一	1950.04.16	竹枝六首 記吳稚老妙人妙語	汪一庵
七二	1950.04.23	問題討論——外國名字得怎麼譯——郭希汾先生提	郭希汾
七二	1950.04.23	竹枝六首 記吳稚老妙人妙語	汪一庵
八十	1950.06.18	中國字形的日本語詞	魏建芳
八三	1950.07.09	常用的數量名詞	桂英
九一	1950.09.03	略談語體文中的詩詞——附紀念延平誕日的一首滿江紅	汪一庵
九七	1950.10.15	閒話語文——「竊「和「私」	
一〇五	1950.12.10	閒情話語文	孤啞客
一〇六	1950.12.17	閒情話語文（續完）	孤啞客
一〇七	1950.12.24	閒談：外來語	浩泉
一〇八	1950.12.31	閒情話語文——「信」和「手紙」	孤啞客
一一〇	1951.01.14	閒情話語文——太太的稱呼	孤啞客
一一一	1951.01.21	閒情話語文——漫談俗語	孤啞客
一一二	1951.01.28	語甲信箱——苗栗縣李毓天先生提問「八不主義」	李毓天
一一三	1951.02.04	閒情話語文——新妙語	孤啞客
一一五	1951.02.18	閒話語文——老子和老子	孤啞客
一一六	1951.02.25	閒情話語文——漫談外來語	孤啞客
一一九	1951.03.18	小問題	
一二一	1951.04.01	文字的新趨勢	魏建芳
一二二	1951.04.08	國語裏的複音詞（上）	鄭奮鵬
一二三	1951.04.15	國語裏的複音詞（下）	鄭奮鵬
一二四	1951.04.22	閒情話語文——摸楞話	孤啞客
一二五	1951.04.29	膝蓋骨的別名	
一二五	1951.04.29	「垃圾」就是「撒ㄙㄚˋ」	
一三〇	1951.06.03	國語裏的重疊詞	鄭蓬

期　別	日　期	篇　名	作　者
一三一	1951.06.10	由楚辭裡蒐集語詞	編者
一三五	1951.07.08	上聲字組成的語詞（上）	黃家定
一三六	1951.07.15	上聲字組成的語詞（下）	黃家定
一三九	1951.08.05	變了質的成語	
一四六	1951.09.23	談談歇後語	
一四七	1951.09.30	閒話語文	玉琛
一四八	1951.10.07	再談歇後語	
一四九	1951.10.14	談「兒」說「子」	伯禹
一五二	1951.11.04	歇後語四則	
一五九	1951.12.23	歇後語裏的人物	
一六〇	1951.12.30	再談歇後語裏的人物	

　　而關於「國文」的討論方式，如以各專欄分配來細分，統計如表4－7：

表4－7　「語文甲刊」中「國文」論述專欄分配統計表

專欄 論述	解答問題	閒話語文	常用的破音字	單篇主題研究	小　計
國文	1	29	0	54	84
比例	1	35	0	64	100

　　綜觀表4－6及表4－7，「閒話語文」專欄佔了35％，「單篇主題研究」佔了64％，可知，「語文甲刊」中「國文」論述，主要以「閒話語文」專欄及「單篇主題研究」的方式來進行。而閒話語文中，常常都是藉著語詞的誤用來當作例子，透過訂正的方式，將正確的用法示範給讀者。如〈各物飛漲〉寫著：「如果各個物體都能毂飛也似地的立時漲大起來，那麼一粒米漲到扁豆那麼大，一碗飯漲到一鍋那麼多，一個包子饅頭漲到籠裏容不下；那有多麼豐富！還喊甚麼「生活艱難」？〔略〕應是「物價」飛漲，不是「物體」飛漲啊！」〔註74〕而單篇主題研究中，如應用書信的寫作問題及標點符號的應用等，是寫作的技教學；丘逢甲先生離台詩及竹枝詞的介紹等，則是「國文」的賞析。可知，「語文甲刊」中的「國文」論述，內容上大部份都是在培養讀

〔註74〕齊鐵恨，〈閒話語文——物價飛漲〉，《國語日報》，1948年11月22日，第三版。

者擁有正確的「國文」寫作能力，並透過詩詞賞析，加深「國文」的寫作深度，達到言文一致的目標。

四、國語活動

在「語文甲刊」中，凡是不屬於「國音」、「國字」及「國文」的論述，筆者將之歸類為「國語活動」。而根據筆者分析「語文甲刊」內容後發現，「語文甲刊」中關於「國語活動」的論述，比例佔了 8%，和「國字」論述一樣，數量最少。「語文甲刊」中「國文」論述統計，如表 4－8：

表 4－8 「語文甲刊」中「國語活動」論述篇目表

期 別	日 期	篇 名	作 者
一	1948.11.22	發刊詞	齊鐵恨
八	1949.01.17	閱中學與師範教員檢定國文試卷後	郝瑞桓
十四	1949.02.28	教學國語國文必需的辭典字典	林爾超
二十	1949.04.11	高雄縣國語推行工作輔導紀要	子禾
廿一	1949.04.18	國語演講比賽的講評	林良
廿一	1949.04.18	沒曾發表過的一段講評——四月十二日在臺北市國語演說競賽大會	王炬
廿二	1949.04.25	國語演講比賽的講評——續第二十一期	林良
廿三	1949.05.02	臺北市第三屆國語競賽會講評	柯劍星
四九	1949.10.31	國語演說比賽小學組的講評	
七五	1950.05.14	新竹縣國語比賽旁聽記	魏建芳
七六	1950.05.21	國語教學問題——教材和教具	穀梁仲生
七八	1950.06.04	「國音沿革」及「文字學概要」的教學計劃（師範學院國語專修科）	方師鐸
七九	1950.06.08	學習國語的方法——1.先學注音符號，2.先要練習說話，3.必得閱讀書報，4.練習演說，5.表演遊藝	
八七	1950.08.03	學校裏的國語環境還有展開的必要	吳慶麟
八九	1950.08.20	國語教學，必需的參考書物。（上）	編者
一〇八	1950.12.31	賀年	齊鐵恨
一一七	1951.03.04	國語講座播講教材	

期　別	日　期	篇　　名	作　者
一四一	1951.08.19	台灣推行國語文的有效方法	周而覿
一四二	1951.08.26	報告：國語日報今天出版到一千號了	本刊編者
一四三	1951.09.02	國語講座	齊鐵恨主講
一四四	1951.09.09	國語講座	齊鐵恨主講
一五二	1951.11.04	國民學校應否專設作文科任教師	紀海泉
一五五	1951.11.25	學習國語的一個大障礙	林澤萬
一五八	1951.12.16	統一國語的障礙	張磊
一五九	1951.12.23	「說中文」就是講中國話	從宜
一六○	1951.12.30	怎樣加強師範學校的國語訓練	王天昌

　　而關於「國語活動」的討論方式，如以各專欄分配來細分，統計如表 4
－9：

表4－9　「語文甲刊」中「國語活動」論述專欄分配統計表

專欄 \ 論述	解答問題	閒話語文	常用的破音字	單篇主題研究	小　計
國語活動	0	0	0	26	26
比例	0	0	0	100	100

　　綜觀表4－8及表4－9可知，「語文甲刊」中「國語活動」論述，全部都以單篇主題研究的方式進行。而內容中，分別有比賽的講評、國語教學工具的介紹、國語講座播講教材及國語推行工作。在比賽的講評中，所提到建議，大多是希望參者能精益求精，更求進步。如〈閱中學與師範教員檢定國文試卷後〉寫道：

> 我閱了一百五十多本應試高初中教員檢定的國文作文試卷後，覺得文筆順適，言辭懇切的文字，固然不少；但是語句欠通，錯誤重重的寫作，也是很多的。〔略〕在此次檢定中，對於注音符號的課題，見有不少交空白卷子的。〔略〕我們一般在臺灣教書的人，與準備在臺灣教書的人，對於注音符號必要學會，並且要弄熟，對於有注音符號的書報刊物，應當多閱讀點。〔註75〕

〔註75〕郝瑞桓，〈閱中學與師範教員檢定國文試卷後〉，《國語日報》，1949 年 1 月 17日，第三版。

而關於國語教學工具上，提到教學必需的有辭典字典、教材教具；也有教學參考書物，如小學課程標準、新著國語教學等。而在學習國語的方法上，有學注音符號、先要練習說話、必得閱讀書報、練習演說等。而〈學校裏的國語環境還有展開的必要〉、〈學習國語的一個大障礙〉、〈統一國語的障礙〉等，都一致的提到在學校裏還是有本省籍教師用日語或台語教學，也提到有許多外省籍教師用不標準的國語來授課，都是學習國語的障礙。可知，「語文甲刊」中「國語活動」論述，都希望透過活動的檢討與專文的建議，積極來推動國語推行工作。

　　總而言之，透過「語文甲刊」的深入分析後發現，關於「國音」的論述，共計 187 篇，數量最多，佔全體 58%。並且以省國語會專家發表「國音」專論為主，再以「解答問題」專欄的互動方式為輔，將注音符號及標準發音推廣普及。「語文甲刊」此時可說是省國語會為樹立標準而展現的具體工作成果。

第三節　「語文乙刊」的內涵與角色

　　戰後曾任國語推行員的林國樑曾提過：「《國語日報》裡面有兩個重要的語文甲刊、語文乙刊，語文甲刊純綷是國語寫成的詞文詞句，語文乙刊是完全用方言的文來寫，也是用國字，但是用臺灣話發音，用方音符號，利用符號學習臺灣話，利用臺灣話來學國語。」〔註76〕

　　省國語會成立的第一年，工作上有兩個中心目標，除了樹立標準外，另一個即為提倡恢復本省方言。在省國語會提出的「臺灣省國語運動綱領」中第一條，也提到要「實行臺語復原，從方言比較學習國語」。為了達到目的，省國語會在《國語日報》上規劃了副刊「語文乙刊」，《國語日報》〈我們的副刊〉曾提到：

> 本報三大宗旨的第一點是輔導語文教育。許多有關語文教育的常識
> 資料問題，都須要給社會大眾跟學校教師討論研究的機會，從工具
> 以及方法上也得隨時推廣普及。我們覺得該辦兩種語文範圍裏的小
> 期刊：甲用國語為主，乙用方言為主。〔略〕所謂方言，在臺灣注

〔註76〕編號 T－1 林國樑訪談稿紀要。轉引自俞智仁，〈戰後臺灣國民學校國語科教材教法之研究（1950～1962）〉，國立臺北教育大學教育學院社會與區域發展學系碩士論文，2010 年，頁 19。

重鄉里常用的各種語言跟標準語之間的對照，〔略〕閩南話、客家

話、山地話各方面都要逐漸做到，目前先忙閩南話。〔註77〕

可知，「語文乙刊」是《國語日報》專供社會大眾跟學校教師討論方言和國語

對照的園地，而主要討論研究的方言，是臺灣大多數人使用的閩南語。誠如

「語文乙刊」主編朱兆祥在〈臺灣國語運動的技術問題——代發刊詞〉一文

中亦提到：「『語文乙刊』的主要任務就是要解決一些臺灣語運上未曾解決的

技術問題。換句話說，就是要研究方言和國語間的配合問題。」〔註78〕

　　朱兆祥是福建龍溪人，畢業於國立廈門大學法律系，又曾在國立西南聯

合大學專攻過語言文字學。起初在四川白沙國立女子師範學院執教兩年，然

後才應邀到省國語會工作。他認為，「國語」包括國家的「語言」和「文字」，

台灣的國語運動只是語言方面的成功，文字方面仍然比較其它各省落後。等

到臺灣同胞都能夠讀書看報接受知識以後，文化可望提高，大眾生活纔有辦

法改善。而要達到這個目標，光靠注音符號不行，注音符號在台灣只是正音

的工具，所以省國語會另外設計一套釋義的工具，這就是要在台灣廣事宣傳

的方音符號。〔註79〕為什麼一定要積極提倡方音符號呢？朱兆祥提出三個理

由：

　　　方音符號可以注在國字的左邊作為註釋意義的簡捷工具，那是國語

　　　運動早已確定的左方右國的政策。〔略〕其次，臺灣同胞寫國語的

　　　文章比較難。國字不容易學，往往寫不出來，當然可以用注音符號

　　　來代替。萬一國語不會說，注音符號也就沒法兒借用，最後一個辦

　　　法就是拿方言代替了。方音符號是紀錄方言的工具，這樣就可以達

　　　到會說話就會文字的目標。三，學習國語，必得講究效率。拿方言

　　　做基礎，用科學的方法，研究及實驗比較類推的技術，徹底實現綱

　　　領上所規定的六條，達到由方言到國語的理想。〔略〕方音符號更

　　　是不可或缺的工具。〔註80〕

〔註77〕　〈我們的副刊〉，《國語日報》，1948 年 10 月 25 日，第三版。

〔註78〕　〈臺灣國語運動的技術問題——代發刊詞〉，《國語日報》，1948 年 11 月 24
　　　　　日，第三版。

〔註79〕　〈臺灣國語運動的技術問題——代發刊詞〉，《國語日報》，1948 年 11 月 24
　　　　　日，第三版。

〔註80〕　〈臺灣國語運動的技術問題——代發刊詞〉，《國語日報》，1948 年 11 月 24
　　　　　日，第三版。

可知，省國語會及《國語日報》針對臺灣的特殊情況，作特殊的設計，欲利用「方音符號」這個工具，從方言比較學習國語、國文，最後達到識字教育，文化水準提高的理想目標。而語言學家吳守禮認為，「台灣方音符號」對於學習閩南是最方便的捷徑，而「語文乙刊」展開了語文教育上的新生面，具有學術價值，他曾回憶：

> 羅馬字是舶來品，方音符號是土產即國貨。〔略〕「臺灣方音符號」是第二次世界大戰後國民政府接收臺灣島時的副產物。〔略〕可以幫助剛脫離日本的統治，母語褪了色的台灣人恢復母語的能力，設計了這一套方音符號。〔略〕當時成立了「臺灣省國語推行委員會」（由語言學家擔任主委）。會中有方言組，由組長朱兆祥委員負責設計「臺灣方音符號」經正式審核訂定頒布，並鑄造銅模備用。〔略〕方音符號施行後，「國語日報」闢了「語文乙刊」一版紙面，專供有關臺語和國語之間的字音、語音問題比較研究的利用。〔註81〕

何容也說過，「從方言學國語」是恢復祖國國語文的金鑰匙〔註82〕，而方音符號是不可或缺的工具，至於「語文乙刊」則是推行方音符號的最佳園地。

對於省國語會而言，方音符號除了是學習國語的釋義工具之外，也是剷除日語的利器，「語文乙刊」主編朱兆祥就曾提到：

> 日語是外國語，不是咱們的族語，語言系統跟臺語，國語大不相同，它阻礙了國語運動的進展，攪亂了我國國語的語法，尤其是由「語」到「文」的現階段，工作更加艱巨，它是推行國語文最大的阻力，咱們必須趕快剷除它。要怎樣剷除日語呢？1. 在語言方面，讓國語或者臺語代替日語；2. 在文章方面，讓國字，注音符號，或者方音符號代替日文。〔註83〕

例如，在「語文乙刊」上曾刊出一篇「日本化的國語文」，作者吳素珠在文中提到，她的朋友在戰後很熱心學習國文，但卻寫出一篇日本化的國語文。雖然表面上寫的是漢字，骨子裏卻是日語，不懂日語日文的人是沒法兒看懂的。最後她在文章中提出：「寫國語文要注意咱們的語詞和語法，最好的辦法是：

〔註81〕吳守禮，《閩臺方言研究集・1》（臺北市：南天，1995 年），頁 60～61。
〔註82〕何容，〈方言為國語之本——順便談談我們的任務〉《因為是祖國的緣故》（台北市：人間，2001 年），頁 215。
〔註83〕朱兆祥，〈剷除日語〉，《國語日報》，1948 年 12 月 1 日，第三版。

不看日本書，多看咱們的國語文。不說日本話，只說咱們的國語或方言。」〔註
84〕另外，何容也有類似的看法，他曾說過：

> 循著日本話言的「思路」想出意思，用漢字寫出來，這樣的文章就像
> 一個不會中國文的人從日文譯出的中國文一樣，不但不通，而且沒法
> 兒改得通。如果他能用自己的方言把意思寫出來，再把方言的特殊詞
> 句改成國語的詞句，那就很容易改成一篇很通順的文章〔註85〕。

可知，戰後台灣人雖然學會說標準國語，但寫文章卻不像國語文。作家葉石
濤也曾回憶他最初的轉換語言過程：

> 戰後在學習語言的同時，若想以另一種不熟悉的文字形式寫作，卻
> 絕非一蹴可及的事。〔略〕從日文到用拙劣不堪的中文寫作，大約
> 費了五、六年，我終於擺脫了日本文學纏住不放的亡靈，衝破了黑
> 暗，踏進光明的境界。〔註86〕

葉石濤和龍瑛宗等人，曾述說他們是失聲的世代，不能以懂得的日文來創作，
學者張炎憲曾感嘆：「他們身為作家卻無法自由創作，這比失去生命還痛苦。」
〔註87〕而學者黃英哲認為：「戰後國民政府接管台灣後，隨即展開一連串的『去
日本化』『再中國化』的文化重建工作〔註88〕。」而國語運動即為工作中之一
環，省國語會就是解決語言問題的執行機構；而與省國語會關係密切的《國
語日報》，誠如洪炎秋所言：「就是用來撲滅日本語文的遺毒，進而推廣國語
教育，光復中國精神。」〔註89〕的報刊，換句話說，就是國民政府以推行國
語為手段，達到剷除日語的目的。而省國語會實行台語的復原，一方面是為
了用來比較學習國語，一方面則是為了抑制日語的過度膨脹。學者黃宣範也
認為：「國民政府為了壓抑日語，寧可倡議復原台語，因為至少台語與國語字

〔註84〕 吳素珠，〈日本化的國語文〉，《國語日報》，1950年6月6日，第三版。

〔註85〕 何容，〈方言為國語之本──順便談談我們的任務〉，《因為是祖國的緣故》，
頁213。

〔註86〕 葉石濤，《我的勞動是寫作──葉石濤傳》（臺北市：時報文化，2004年），頁
86。

〔註87〕 張炎憲，〈找回本土語言的自信心〉《臺語文運動訪談暨史料彙編》（臺北縣：
國史館，2008年），頁I。

〔註88〕 黃英哲，《「去日本化」「再中國化」：戰後台灣文化重建（1945～1947）》（臺
北市：麥田文化，2007年），頁223。

〔註89〕 洪炎秋，〈光復節和國語日報〉，《國語日報》，1950年10月25日，第五版。

彙、音韻、結構相通之處頗多，可收對照學習之效。」〔註 90〕可知，推行國語與復原台語、推廣注音符號與提倡方音符號，皆是省國語會此時的工作目標，亦是剷除日語的手段。

圖 4－6 「語文乙刊」第一期

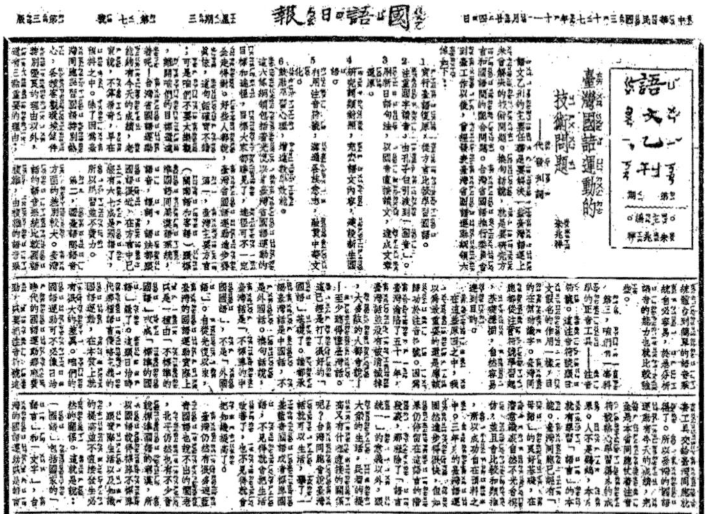
國語日報
語文乙刊
臺灣國語運動的技術問題
介紹學國語、習國文的四本有用的書
國語變音舉例
國語會話
初級國語會話
初級國語文
國台字音對照錄
國語四聲纂句

資料來源：《國語日報》，1948 年 11 月 24 日，第三版。

〔註 90〕黃宣範，〈國語運動與日語運動〉《語言、社會與族群意識》，頁 100。

曾擔任《國語日報》董事長及發行人的作家林良，年輕時曾參與「語文乙刊」的編輯工作，也在「語文乙刊」中發表多篇關於方音符號的文章。他對於國語和台語的關係曾有段生動的描述，他說：「過去，他們好像『曠夫怨女』，不曾見面。現在介紹他們認識，終於『締結良緣』。〔略〕所以我願他們有情人，都成了眷屬。」〔註91〕在另一篇文章中他也提到：「學詩要背唐詩三百首，學習國語要靠這兩個好傢伙，『注音符號』與『方音符號』。」〔註92〕

而「語文乙刊」主編朱兆祥也曾表示，國語和方言不是敵對的，注音符號和方音符號，更無敵對可言；因為這樣的理念，朱兆祥才會在「語文乙刊」上推廣方音符號，他說：

> 反對廣義的國語（方言）和狹義的國語（標準國語）相配合，反對不受漢字限制，直接配合母語的方音符號注釋漢字，甚至認為這是提倡翻譯法，那顯然是把工具本身當作教學法，又把方言當作外國語看待的一種錯覺。中央政府和地方政府不是敵對的。國語和方言也不是敵對的。解決中國語文問題的注音符號和方音符號，在文化的領域裡，相輔相成，更無敵對之可言。注音符號的生命建立在標準國語的盤石上。方音符號的生命，建立在非標準國語──方言的盤石上。〔註93〕

一、「語文乙刊」版面分析

在本文的研究範圍，即自 1948 年 11 月 24 日起至 1951 年 12 月 31 日內，「語文乙刊」共出刊了 161 期（筆者實際掌握期數為 159 期，有 2 期缺漏，缺漏期數為第 31 期及第 74 期）。在版面分配上，據筆者觀察，幾乎都維持在一至六個專欄文章中，如圖 4－6，數量共計 739 篇，各項專欄分類統計整理如表 4－10。專欄中，數量最多的是單篇專論，佔 16%，而觀察內容後也發現，「語文乙刊」基本上就是供應「國台對照」或全用方音符號等寫成的各式文章給讀者練習及問題討論的園地。

〔註91〕林良，〈有情人成眷屬〉，《國語日報》，1949 年 1 月 12 日，第三版。

〔註92〕林良，〈兩個好傢伙〉，《國語日報》，1948 年 12 月 1 日，第三版。

〔註93〕朱兆祥，〈臺語方音符號序〉，《國語日報》，1951 年 12 月 31 日，第三版。

表4-10　1948年至1951年「語文乙刊」各項專欄分類統計表

編號	名　稱	數量（篇）	比　例
1	專文討論	116	16
2	語文文獻	39	5
3	解答問題	12	2
4	國台對照百家姓	5	1
5	國臺對照臺灣全省地名表	28	4
6	臺國對照謎語	56	8
7	台灣童謠、歌謠、諺語、俚語	84	11
8	漳州歌謠	25	3
9	方言羅馬字、方音符號對照文章	22	3
10	初級台灣話	17	2
11	閩南語會話	18	2
12	方音符號文章	60	8
13	方言羅馬字文章	45	6
14	國語文	46	6
15	初級小學國語常識課本新詞釋義	66	9
16	廈語方音符號課本	44	6
17	廣播教材台語方音符號	56	8
	小計	739	100

註：上表是筆者依據《國語日報》「語文乙刊」之內容標題所做的粗略分類，但因有
　　些內容屬於綜合討論，故僅能就其中心主題加以歸類，因而在分類統計上可能會
　　造成誤差。不過，此表仍能大致看出《國語日報》「語文乙刊」各項專欄之分類。

圖 4-7　「語文乙刊」基本版面分配：六個專欄文章

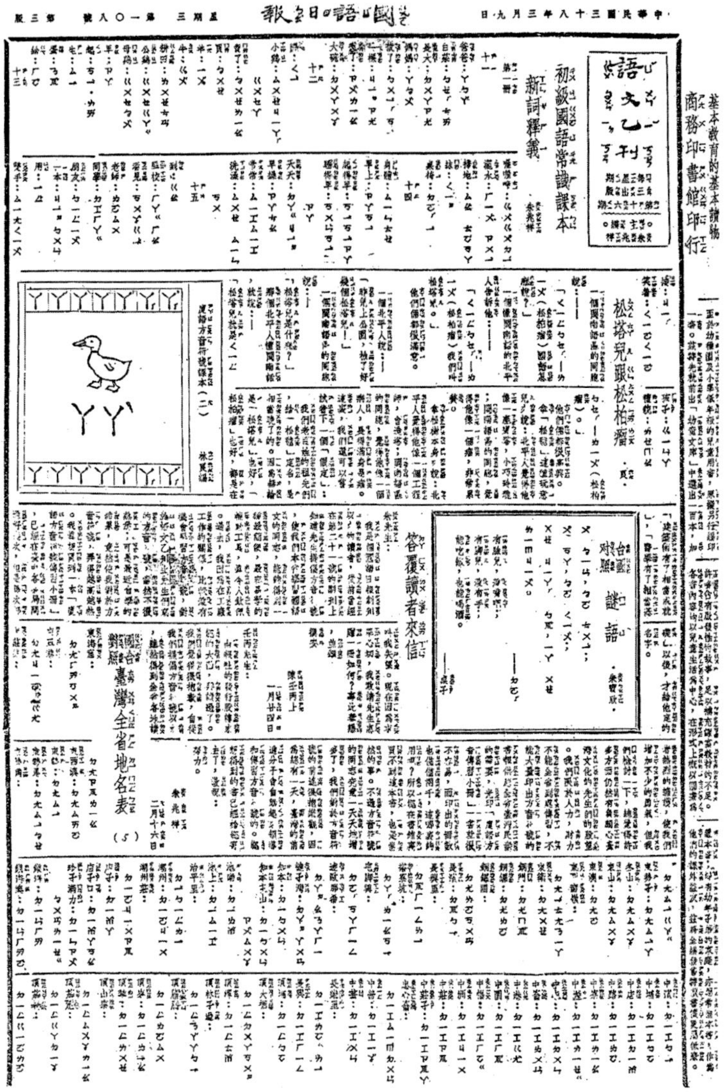

資料來源：《國語日報》，1949 年 3 月 9 日，第三版。

二、「語文乙刊」內容分析

接下來筆者依據「語文乙刊」內容，並視其性質分成三類，藉此來觀察「語文乙刊」的功能及其內涵。第一類為專題討論類：包括專文討論、語文文獻及解答問題。第二類為練習文章類：包括國台對照百家姓、國臺對照臺灣全省地名表、臺國對照謎語、台灣童謠、歌謠、諺語、俚語、漳州歌謠、

方言羅馬字和方音符號對照文章、初級台灣話、閩南語會話、方音符號文章、方言羅馬字文章、國語文。第三類為課本教材類：包括初級小學國語常識課本新詞釋義、廈語方音符號課本、廣播教材台語方音符號。上述分類整理如表4－11，可知，練習文章類佔全體54%，數量最多。茲分別敘述如下：

表4－11　1948年至1951年「語文乙刊」內容性質分類統計表

數量 ＼ 類別	專題討論類	練習文章類	課本教材類	小　計
篇數	167	406	166	739
比例	23	54	23	100

（一）專題討論類

專題討論類包括專文討論、語文文獻及解答問題。專文討論的進行大多由主編朱兆祥及編輯林良負責撰寫，主要針對方音符號的介紹或國臺對照的理論加以說明。如朱兆祥在〈臺灣方音符號表〉一文中提到：「這個表是拿廈門音做標準的，因為在閩南語中廈門音通行的區域比較廣。可是臺灣方音符號的設計，必須包括閩南——漳、泉、廈三個語音系統纔合理，纔能夠作為比較類推和發展方言文學，充實國語文學內容的工具。」〔註94〕

事實上，朱兆祥1946年8月應邀到臺灣時，才發現臺灣的閩南話是漳泉廈三系的語音系統混雜一起的，於是他就擬訂一個「臺灣方音符號全表」。隔年稍加修正，並而寫了一本書，叫做《臺灣方音符號》，主要給省國語會同仁傳習、應用。1948年，為了工作的展開，又寫了一本拿廈門音做標準的《廈語方音符號傳習小冊》，1952年又寫了《臺語方音符號》，介紹廈門話的整個音系〔註95〕。

朱兆祥在〈「臺語會話」序〉中也曾提到，廈門話能夠成為閩南語的標準語，是因為它合乎「簡單、普遍」的條件，適合外省人學習臺灣話。他說：「閩南話中有漳泉方言系統的不同，這叫學習臺灣話的外省同胞，往往無所適從，而實際上閩南話早就有了約定俗成的標準語了，那就是廈門音。」〔註96〕可知，「語文乙刊」以討論閩南語為主，並拿廈門音做標準，再用方音符號作為紀錄的工具。

〔註94〕朱兆祥，〈臺灣方音符號表〉，《國語日報》，1948年12月24日，第三版。
〔註95〕朱兆祥，〈廈語音韻的檢討〉，《南大中文學報》2，（1963年12月），頁64。
〔註96〕朱兆祥，〈「臺語會話」序〉，《國語日報》，1950年1月10日，第三版。

圖 4－8　臺灣方音符號表

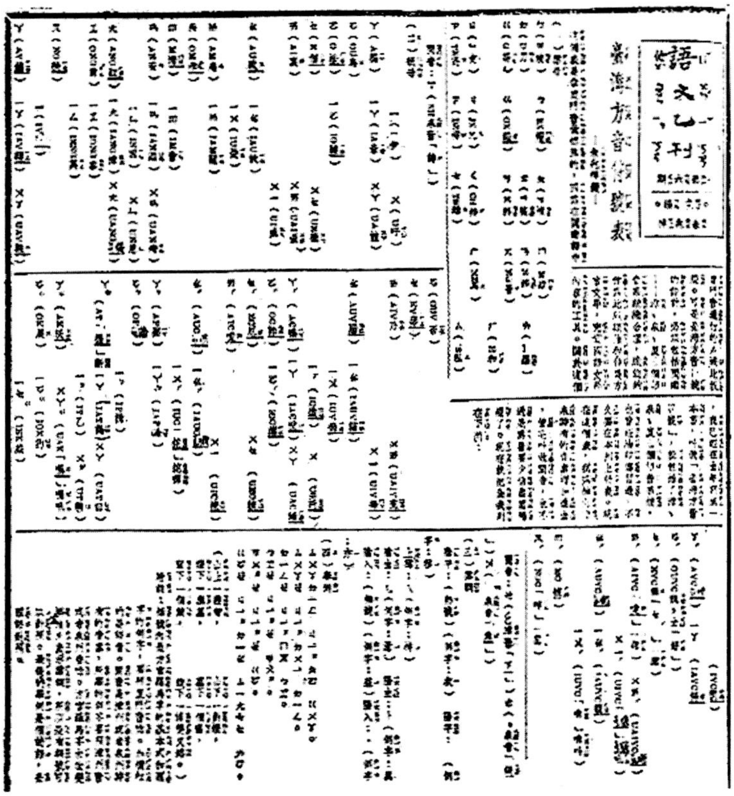
語文乙刊

臺灣方音符號表

資料來源：《國語日報》，1948 年 12 月 29 日，第三版。

林良則是在〈語文乙刊〉上多次提到國台對照的問題，並在文章中進行解釋說明，他在〈多數的細密小粒〉一文裏提到：

> 天兒涼了，咱們穿的衣裳少，冷風一吹，打起哆嗦來，身上一個勁兒起「多數的細密小粒」。這個多數的細密小粒，到了兒是什麼呢？很少人能體會到。這個「多數的細密小粒」，能說不是國語嗎？〔略〕但是聽起來彆扭，還不容易懂。這句話，如果讓一個生長在國語區裏的同胞來說：他可以順口說出「起雞皮疙瘩」來，一點兒也不用思索。同樣的，如果拿這句話，讓台灣同胞，用臺灣方言來說，也可以順口說出「起雞母皮」。但是咱們不曉得「起雞母皮」，就等於國語的「起雞皮疙瘩」。〔略〕臺灣省國語運動綱領的第一條，說到「實行臺語復原，從方言比較學習國語。」就是為了這個緣故。〔註 97〕

〔註 97〕林良，〈多數的細密小粒〉，《國語日報》，1948 年 12 月 22 日，第三版。

最後，林良則是提出他的看法，他認爲：「應該要學習『方音符號』，由方言出發，到國語裏去找他那『失去的半個靈魂』，把他們對照排列起來，就成爲『國臺對照詞彙』。活用這個方法，才是一條由方言學習國語的眞正道路。」〔註98〕

　　另外，也可看到省國語會主委何容針對社會上要求雜誌另闢日文版，擴大輸入日文資訊等呼聲，親自逐一反駁，發表了六篇「臺灣現在還是不應該用日文日語」的文章，何容提出的理由爲：第一要考慮的是語言的民族性〔註99〕。第二要考慮的是日文日語在臺灣發生的作用〔註100〕。第三要考慮的是臺灣同胞厭棄日文日語的心理〔註101〕。第四要考慮的是恢復日文日語能發生多少積極作用〔註102〕。第五要考慮的是到底甚麼人需要日文書報〔註103〕。第六要考慮的是文化教育政策應否飲鴆止渴呢？〔註104〕

　　值得一提的是，「語文乙刊」中也刊載多篇討論泰雅族語、卑南族語和國語對照的文章，如「『泰耶魯』方音符號的討論」〔註105〕及「ㄅㄨㄧㄨㄇㄚ語方音符號的討論」〔註106〕等，筆者認爲，本質上亦是將原住民語言視爲學習國語的工具。

　　在語文文獻方面，主要刊登一些學者研究閩南語的相關文獻，如胡莫的「廈門方音之羅馬字拼音法〔註107〕」、羅常培的「廈門方言羅馬字〔註108〕」、

〔註98〕 林良，〈多數的細密小粒〉，《國語日報》，1948 年 12 月 22 日，第三版。

〔註99〕 何容，〈臺灣現在還是不應該用日文日語（1）〉，《國語日報》，1951 年 6 月 11 日，第三版。

〔註100〕何容，〈臺灣現在還是不應該用日文日語（2）〉，《國語日報》，1951 年 6 月 18 日，第三版。

〔註101〕何容，〈臺灣現在還是不應該用日文日語（3）〉，《國語日報》，1951 年 6 月 25 日，第三版。

〔註102〕何容，〈臺灣現在還是不應該用日文日語（4）〉，《國語日報》，1951 年 7 月 2 日，第三版。

〔註103〕何容，〈臺灣現在還是不應該用日文日語（5）〉，《國語日報》，1951 年 7 月 9 日，第三版。

〔註104〕何容，〈臺灣現在還是不應該用日文日語（6）〉，《國語日報》，1951 年 7 月 16 日，第三版。

〔註105〕陳賢眞，朱兆祥，〈「泰耶魯」方音符號的討論〉，《國語日報》，1950 年 7 月 25 日，第三版。

〔註106〕林慶龍、朱兆祥，〈ㄅㄨㄧㄨㄇㄚ語 方音符號的討論 上〉，《國語日報》，1951 年 7 月 23 日，第三版。

〔註107〕胡莫，〈廈門方音之羅馬字拼音法（2）〉，《國語日報》，1949 年 6 月 29 日，第三版。

周辨明的「廈語拼音之改進〔註109〕」及朱兆祥自己提出的「廈語方言羅馬字草案〔註110〕」。朱兆祥在「語文乙刊」上刊登這些文獻的目的，雖然是要讓讀者比較、參考不同的閩南語拼音方案，不過事實上卻可看到他藉此來維護自己所提出的「廈語方言羅馬字草案」的企圖。例如他在「廈語方言羅馬字草案（二）」中首先就提出對胡式羅馬字的批判，認為它缺乏方言羅馬字應具的條件，即是方言羅馬字和國語羅馬字的聯繫〔註111〕，而最後則是提供了他的新草案。朱兆祥也要求胡莫針對他的質問公開答覆，雖然胡莫隨即在「語文乙刊上」分期提出「談談聲調問題及其他（一）──答覆朱兆祥先生〔註112〕」等，為自身辯護。但朱兆祥對此也做出回應，分期刊出「廈語聲調理論的辨正（一）──答覆胡莫先生〔註113〕」等，倆人為此進行了數十期的辨正討論。

　　事實上在「語文乙刊」早已看到朱兆祥對其他閩南語拼音方法的批評，如〈評「臺灣閩南白話字」〉一文中提到蔡培火提出的「臺灣閩南白話字」的弱點，「第一為不合國定政策，第二為不是真白話字，第三為不立音系，殘缺不全，第四為音韻外行，拼寫謬誤。最後則是提出呼籲，咱們只能擁護一套最好的工具。那麼我希望您排除成見虛心研究臺灣省國語推行委員會的方音符號吧〔註114〕！」而另篇〈台灣省國語推行委員會審查魏庭燎式方音符號意見書〉則提出其「符號體式怪異，與國語注音符號毫無連絡，不能作為由方言至國語之實用工具。且本會已有現成之方音符號，就「完備」、「合理」、「實用」三點衡論，遠非魏制所及。」〔註115〕

　　所以，筆者認為朱兆祥雖然刊登其他閩南語研究的相關文獻，但最終目

〔註108〕羅常培，〈語文文獻──廈門方言羅馬字（一）〉，《國語日報》，1949 年 8 月 17 日，第三版。

〔註109〕周辨明，〈廈語拼音之改進〉《國語日報》，1949 年 9 月 28 日，第三版。

〔註110〕朱兆祥，〈廈語方言羅馬字草案（一）〉，《國語日報》，1949 年 10 月 5 日，第三版。

〔註111〕朱兆祥，〈廈語方言羅馬字草案（二）〉，《國語日報》，1949 年 10 月 12 日，第三版。

〔註112〕胡莫，〈談談聲調問題及其他（一）──答覆朱兆祥先生〉，《國語日報》，1949 年 11 月 30 日，第三版。

〔註113〕朱兆祥，〈廈語聲調理論的辨正（一）──答覆胡莫先生〉，《國語日報》，1950 年 1 月 17 日，第三版。

〔註114〕朱兆祥，〈評「臺灣閩南白話字」〉，《國語日報》，1948 年 12 月 8 日，第三版。

〔註115〕朱兆祥，〈台灣省國語推行委員會審查魏庭燎式方音符號意見書〉，《國語日報》，1948 年 12 月 15 日，第三版。

的仍是要大家學習方言羅馬字。方言羅馬字是根據 1928 年教育部所公佈的國語羅馬字改定而來。國語羅馬字以拼音方式讓外國人學會中國語言文字，而原本在台灣早已有西方傳教士用羅馬拼音方式書寫台語，稱爲「教會羅馬字」，不過省國語會仍然認爲方言羅馬字可以作爲學習方言的輔助工具因而加以提倡。

圖 4－9　廈語方言羅馬字草案

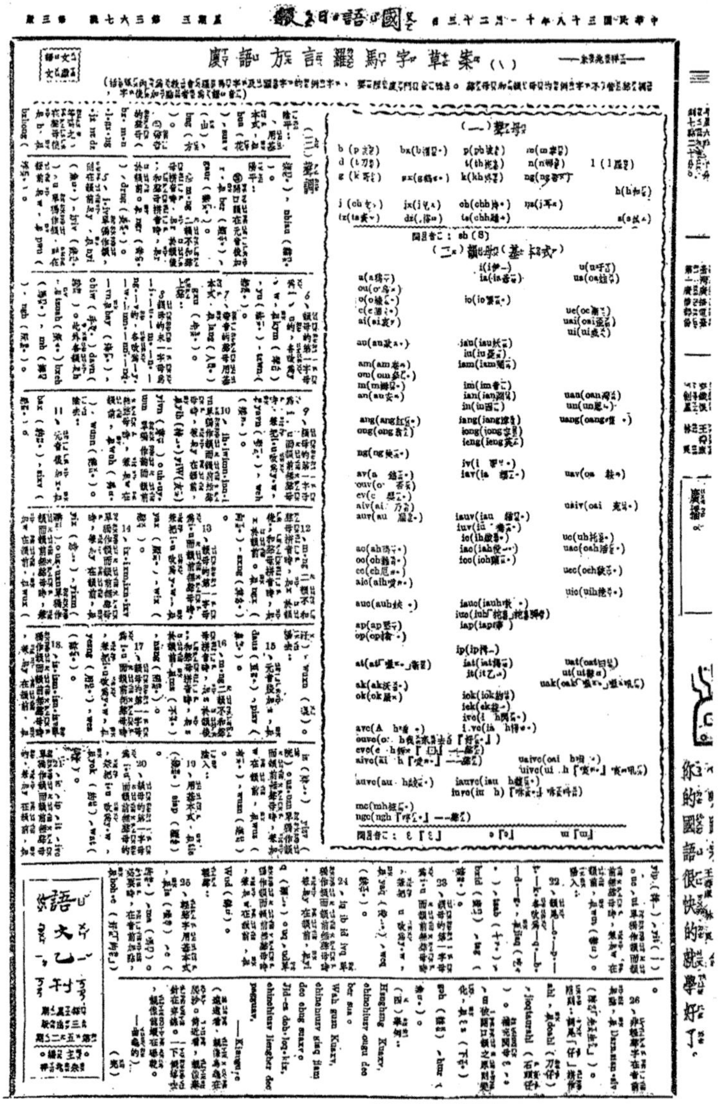
廈語方言羅馬字草案（八）

資料來源：《國語日報》，1949 年 11 月 23 日，第三版。

　　另外，「語文乙刊」中「解答問題」的運作模式和「語文甲刊」相同，都是透過讀者提問，報紙解答的方式，提供讀者一個發表討論的交流園地。例如〈問題解答——聲調問題〔註116〕〉、〈問題解答——關於方言羅馬字寫法諸問題〔註117〕〉等，數量雖然不多，總共只有 12 篇，但就如齊鐵恨所說，「解答問題」是國語推行工作上「最有效」也是「最切要」的工作。

（二）練習文章類

　　練習文章類包括國台對照百家姓、國臺對照臺灣全省地名表、臺國對照謎語、台灣童謠、歌謠、諺語、俚語、漳州歌謠、方言羅馬字和方音符號對照文章、初級台灣話、閩南語會話、方音符號文章、方言羅馬字文章、國語文。根據筆者統計，練習文章類在「語文乙刊」中佔全體 54％，數量最多。而觀察後也發現，「語文乙刊」初期大都刊登國台對照的詞語或文章，供讀者練習應用，如國台對照百家姓、國臺對照臺灣全省地名表等，即透過注音符號正音，方音符號釋義，以互相對照的方式，讓讀者了解國字及語詞的意思。

圖 4-10　國台對照百家姓

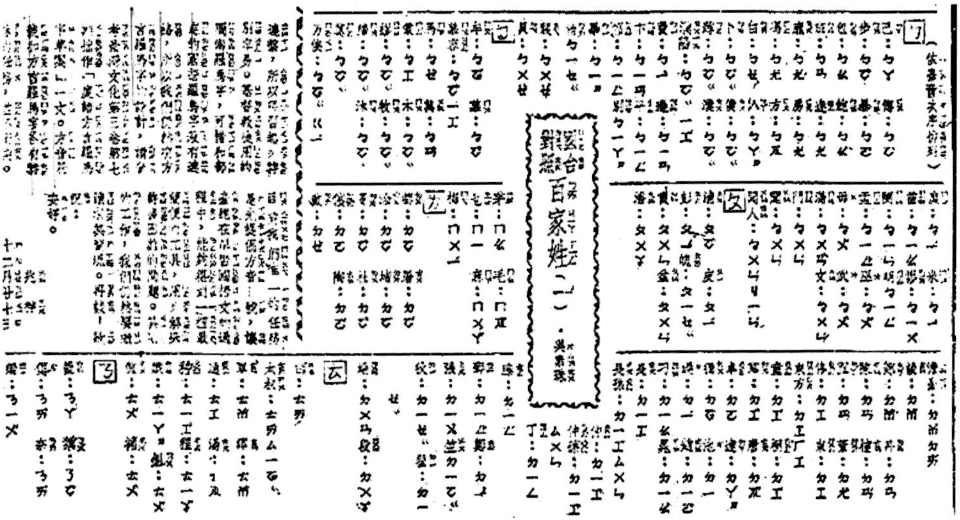

資料來源：《國語日報》，1949 年 1 月 12 日，第三版。

〔註116〕林松培、朱兆祥，〈問題解答——聲調問題〉，《國語日報》，1949 年 5 月 18 日，第三版。

〔註117〕陳鴻榮、朱兆祥，〈問題解答——關於方言羅馬字寫法諸問題〉，《國語日報》，1949 年 6 月 1 日，第三版。

圖 4－11　國臺對照臺灣全省地名表

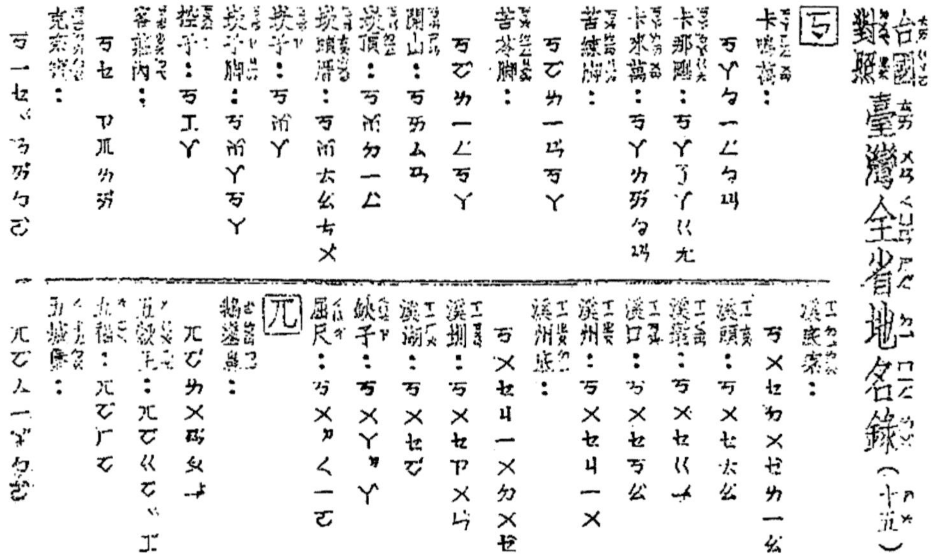

資料來源：《國語日報》，1949 年 5 月 18 日，第三版

　　而謎語，既是一項文字遊戲，也是文藝活動，兼有教育和娛樂的二種意義。在「語文乙刊」中可看到，初期的謎語都是以國臺對照方式進行，而到了後期，幾乎都已用方音符號直接撰寫，可知是以循序漸進的方式讓讀者學習方音符號。

圖 4－12　臺國對照謎語　　　　圖 4－13　方音符號寫成的謎語

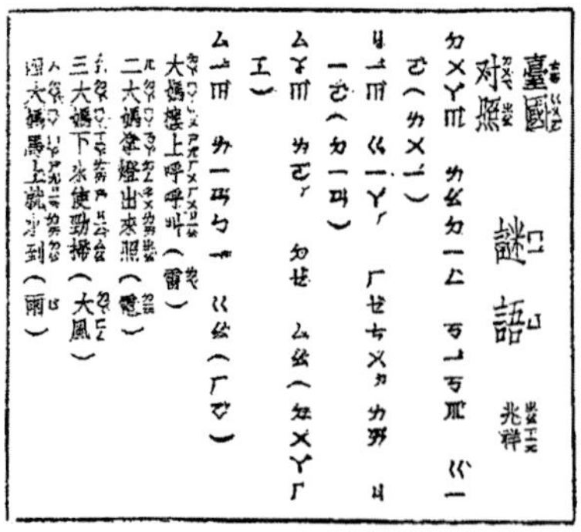

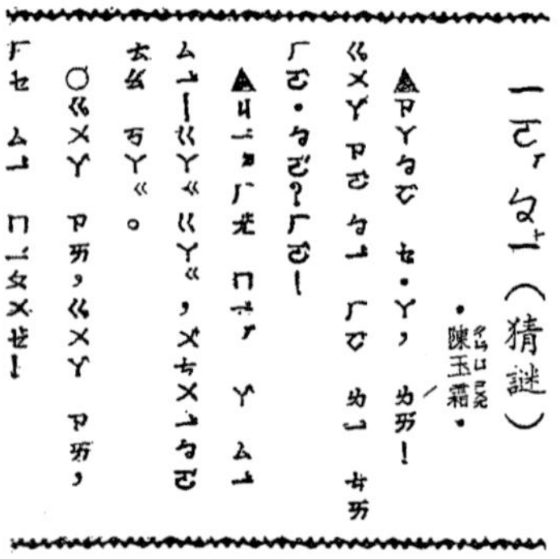

資料來源：《國語日報》，1949 年 1　　　資料來源：《國語日報》，1951 年 11
　　月 19 日，第三版　　　　　　　　　　月 19 日，第三版

　　而根據表 4－10 所統計，台灣童謠、歌謠、諺語、俚語等四類（如圖 4－13 至 16）加起來所佔的比例爲 11%，數量居第二。這些童謠或歌謠大多相

當單純、詼諧，聲韻輕快和諧；諺語則是用很通俗簡潔的幾個字，告訴我們對事物的看法，常常含有很深的哲理，給我們很明快的解釋。除了這些較輕鬆的題材外，「語文乙刊」中也有許多台語會話或短文創作供讀者練習。

而根據筆者觀察後發現，它們共以五種形式來呈現，第一種為國台對照，第二種為方言羅馬字和方音符號對照，第三種為方言羅馬字、方音符號、國語三者對照，第四種為全方音符號文章，第五種為全方言羅馬字文章。可知，「語文乙刊」以方音符號、方言羅馬字為工具，讓讀者進行對照練習及實行台語復原。

圖 4－14　台灣童謠

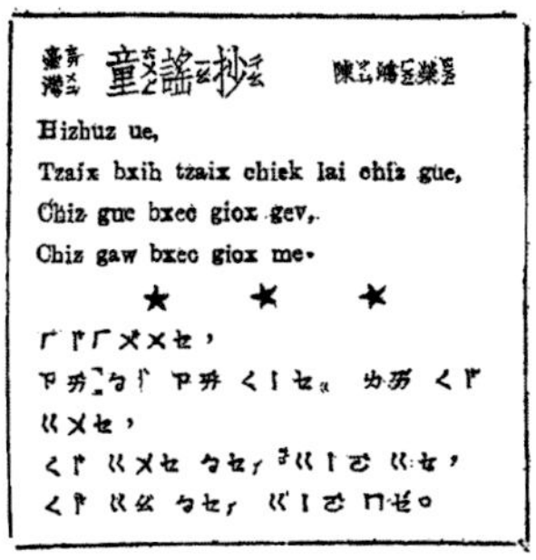
臺灣童謠抄

Hizhuz ue,
Tzaix bxih tzaix chiek lai chfz gue,
Chiz gue bxeo giox gev,
Chiz gaw bxeo giox me.

★ ★ ★

資料來源：《國語日報》，1950 年 1 月 4 日，第三版。

圖 4－15　俚語

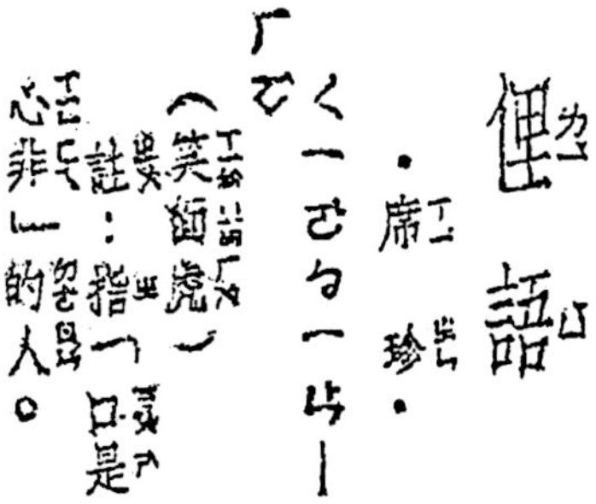
俚語

·席珍·

（笑面虎）

註：指一口是心非的人。

資料來源：《國語日報》，1951 年 6 月 18 日，第三版。

圖 4－16　歌謠

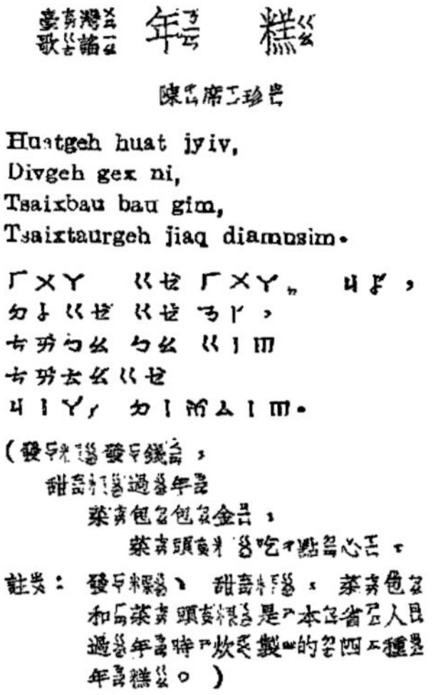
臺灣歌謠　年糕

陳席珍

Huatgeh huat jyiv,
Divgeh gex ni,
Tsaixbau bau gim,
Tsaixtaurgeh jiaq diamusim.

（發粿發錢，
甜粿過年，
菜包包金，
菜頭粿吃點心。

註：發粿、甜粿、菜包和菜頭粿是本省人民過年時炊製的四種年糕。）

資料來源：《國語日報》，1950 年 2 月 21 日，第三版。

圖 4－17　諺語

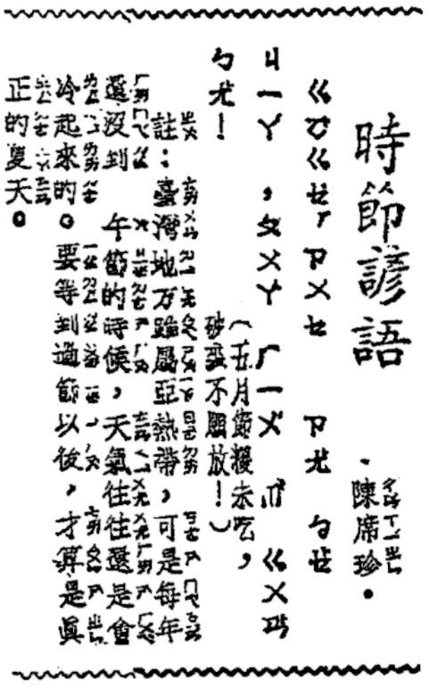
時節諺語

·陳席珍·

（五月節粽未吃，
破裘不甘放！）

註：
臺灣地方雖屬亞熱帶，可是每年
還沒到午節的時候，天氣往往還是會
冷起來的。要等到過節以後，才算是真
正的夏天。

資料來源：《國語日報》，1951 年 6 月 11 日，第三版。

圖4－18　初級台灣話　　　　　　圖4－19　閩南語會話

資料來源：《國語日報》，1950 年 1
月 24 日，第三版。

資料來源：《國語日報》，1951 年 3
月 6 日，第三版。

圖4-20　方音符號文章　　　　圖4-21　方言羅馬字文章

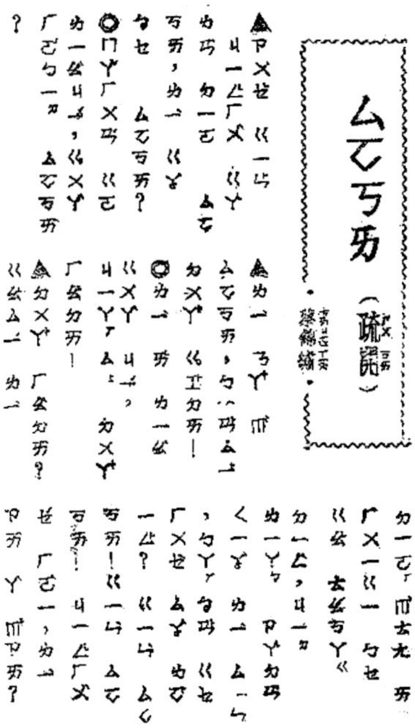

資料來源：《國語日報》，1951 年 3
　　　　月 19 日，第三版。

LIH JIAQ BAH BXEZ?

（你吃飽未？）

-Lim Liong-

Diuv gxuangxuez siz jid'er jin kyu er‧
lang. I dag lid‧gac lang gixvbxizn, dioq
mngz lang "Jiaq bah bxez?" gannnah
chinchiuzv jin guansim badlang er sieng-
huad.

Wuz jid lid, I duhdioq jid er lang, I
gonq:"Jiaq bah bxez?"
Hit'er lang gonq:"Yawbxez, batdow jin
jau‧"
Dinv gxuangxuez gonq:"Guavnginn doxkix
jiaq!"
Hit'er lang gonq:"Gxuun dau bxo jyiv,.
doxkix jiaq simnmiq?"
Diuv gxuangxuez tiav liaw, guavnginn
gonq:"Wuzyavn wuzyavn, bxo jyiv jin
gankow. Ai! Gxuah yaz yihgieng jid lid
bxo jiaq bngz‧la‧Jin paivn miaz! Batdow
iaugac bxeo aih!"

資料來源：《國語日報》，1951 年 6
　　　　月 11 日，第三版。

（三）課本教材類

　　課本教材類包括初級小學國語常識課本新詞釋義、廈語方音符號課本、
廣播教材台語方音符號。「初級小學國語常識課本新詞釋義」共刊登 66 篇，
裏面將初級小學國語常識課本裏的新詞，都配上方音符號來對照，朱兆祥曾
說：「讓母語跟文字配合，拿方言解釋國語是最徹底，最經濟，最直接的辦法，
〔略〕這是男女老少任何教育程度的臺灣同胞都看得懂的解釋。」〔註 118〕而
「廈語方音符號課本」由林良主編，共刊登 44 期，主要介紹廈語方音符號供
讀者做發音練習。

〔註118〕朱兆祥，〈「外婆」、「被窩」和「花爆」〉，《國語日報》，1948 年 12 月 8 日，
　　　　第三版。

圖4-22　初級小學國語常識課本新詞釋義

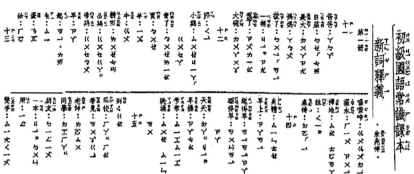

資料來源：《國語日報》，1949年3月9日，第三版

圖4-23　廈語方音符號課本

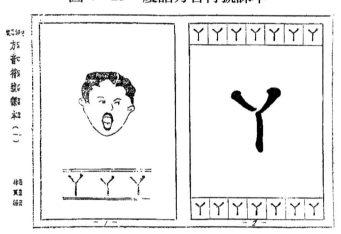

資料來源：《國語日報》，1949年3月2日，第三版

「廣播教材——台語方音符號」從1950年11月7日開始在《國語日報》上刊登，共56篇，教材則是從1950年11月起，在每星期一、二下午六點十五分到六點半在臺灣廣播電臺播講。「語文乙刊」曾經刊文介紹「臺灣廣播電臺方言組」成立的緣由及朱兆祥在電臺播講「臺語方音符號」的消息，作者藍辛在文中談到：

> 處在今日這種局面下的中國廣播事業，如果一味硬性地採用國語為傳遞意思的工具，則只能吸收一部分懂得國語的聽眾，而拚棄那些僅懂方言聽眾，就是很不合理的。所以今日的廣播事業，一定要配合事實，用當地的各種方言播出，才能誘導全體國民去收聽。就臺灣而論，臺胞聽懂國語的能力，現還不是能夠應用自如的時候，所

以臺灣廣播電臺就有一個專為臺胞廣播服務的方言組成立。這個方
言組，一共有十六位的工作人員，〔略〕為著配合「自由中國之聲」
向海外與邊遠地區廣播，所以除了閩南語以外，還有粵語、潮州語
〔略〕，除了朱兆祥教授的「臺語方音符號」和陳小潭先生的「閩
南語會話」由第一廣播部分播送外，其餘的都由方言組所負責的第
二廣播部分播送。〔註119〕

結果，最後這個廣播到了 1950 年 10 月就暫行停止了，但因為教材還沒登完，
收聽戶和讀者又紛紛來信建議另印單行本，朱兆祥只好把這份教材重新修訂
一番，由報社出版「臺語方音符號」一書。朱兆祥在這本書的序中提到：

本書是臺語整個音系的介紹（為實用起見以廈門音為主）拿這個音
系和國語音系比較，就可以了解語言組織一樣，聲韻大半相同，學
會方音符號，等於學會三分之二的注音符號，以及國語拼音的全部
技術。〔略〕咱們斷不可蔑視本國的國語或方言，咱們更無庸拿外
國語當作裝飾品，〔略〕提倡注音符號，也提倡方音符號：注符正
音，方符釋義，相得益彰，配合技術的研究，一定可以縮短學習本
國語文的時間，解除學習本國語文的桎梏。〔註120〕

可知，朱兆祥仍是再次強調它一貫的理念，認為國語和方言不是敵對的，注
音符號和方音符號，也是相輔相成的，目標當然是為推行國語運動。

圖 4-24　廣播教材——台語方音符號

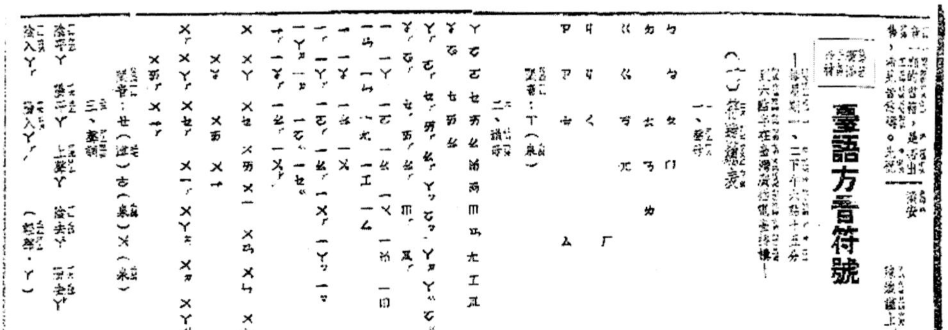

資料來源：《國語日報》，1950 年 11 月 17 日，第三版。

〔註119〕藍辛，〈臺灣廣播電臺方言組介紹〉，《國語日報》，1948 年 12 月 8 日，第三版。
〔註120〕朱兆祥，〈臺語方音符號序〉，《國語日報》，1951 年 12 月 31 日，第三版。

　　總而言之，透過「語文乙刊」的深入分析後發現，關於「練習文章類」
的內容，共計 406 篇，數量最多，佔全體 54％。如果再加上性質接近，同樣
是讓讀者對照練習的「課本教材類」，那麼就佔了全體的 77％。可知，「語文
乙刊」內容以提供方音符號的基本教材及創作文章，讓讀者進行對照學習爲
主，並以省國語會專家學者的理論支持爲輔，來實行臺語復原，從方言比較
學習國語。「語文乙刊」此時可說是省國語會爲「恢復本省方言」而展現的具
體工作成果。

　　根據筆者觀察國府遷台前後「語文乙刊」的內容後發現，至少在本文研
究斷限內（1948～1951 年），省國語會確實仍在推行「恢復本省方言」的工作。
至於「語文甲刊」和「語文乙刊」往後的發展，《國語日報》在 1954 年 3 月
31 日頭版上刊登〈本報革新內容啓事〉，啓事中提到，爲適應讀者需要，從四
月一日起，把各版加以調整，而「語文甲刊」和「語文乙刊」在此合一變成
每星期五的增刊「語文甲乙合刊〔註 121〕」；1954 年 11 月 1 日，《國語日報》
刊登〈本報調整副刊啓事〉，啓事中提到，本報自十一月份起「語文乙刊」和
「週末」兩副刊停出。關於台語學習的資料，將由省國語會摘要刊行小冊。「語
文甲刊」改名「語文研究」，跟「書報精華」合刊，每星期三出版〔註 122〕。「語
文甲刊」和「語文乙刊」至此終於劃下了句點。

　　關於「語文乙刊」消失的原因，學者林哲璋認爲：「因爲政治環境日趨緊迫，
這「恢復母語」研究方言的工作，逐漸不得不放棄。」〔註 123〕學者何義麟也指
出，1950 年代以後，國語與方言逐漸衝突對立，他說：「國府遷台之初，由於
對社會掌控尚未深入，並未嚴禁台語〔略〕，到了 1956 年，教育廳下令學校全
面禁止台語，此後台灣的語言衝突，才是台語和國語的對立問題。」〔註 124〕

　　事實上，台灣省政府主席吳國禎在 1951 年 3 月 16 日宣佈 1951 年的施政
準則時，就曾表示：「在文教方面，要切實推行國語運動，嚴禁教師用日語、

〔註 121〕〈本報革新內容啓事〉，《國語日報》，1954 年 3 月 31 日，第三版。

〔註 122〕〈本報調整副刊啓事〉，《國語日報》，1954 年 11 月 1 日，第三版。轉引自林
　　　　　哲璋，《「國語日報」的歷史書寫》（臺東，國立臺東大學兒童文學研究所論文，
　　　　　2006 年），頁 67。

〔註 123〕林哲璋，《「國語日報」的歷史書寫》，頁 62。

〔註 124〕何義麟，《跨越國境線──近代台灣去殖民化之歷程》（臺北縣：稻鄉，2006
　　　　　年），頁 216～217。

臺語教學。」﹝註125﹞而 1951 年 7 月 10 日，教育廳令各級學校應以「國語」教學，嚴禁「方言」，教師和學生之間談話都必須用「國語」。﹝註126﹞不過觀察《國語日報》1951 年 11 月 22 日第四版，仍可見到台灣省政府在 1952 年的施政計劃草案之教育部份的要點中，出現「各縣市應繼續加強國語運動的推行，嚴厲禁止再用臺語日語教學，語言不正確的教員，要責令補習教育。」﹝註127﹞的新聞。可知，政策的落實似乎不甚理想，而省政府也一直三令五申，強調此項政策，但隨著蔣介石政權逐漸穩定下來，語言政策也開始定於一尊。

　　故值得觀察的一點，即在這樣的語言專制政策下，省國語會及朱兆祥等人卻仍然在《國語日報》「語文乙刊」上逆向推行「恢復本省方言」的工作，顯然與當局者的語言政策背道而馳，使得「語文乙刊」日後被迫消失，而朱兆祥最後也遠走它鄉。語言學家吳守禮的兒子吳昭新醫師就曾說：「當時的國民政府將在大陸推行失敗的國語推行政策極力在台灣強制推行，因此認為台語注音符號有違背當時的國語政策的推行而把它壓制下來。朱先生也遠走新加坡，任教於新加坡南洋大學，後來客死異鄉。」﹝註128﹞而吳守禮晚年亦曾回憶過：「豈料沒幾年，語文乙刊停刊，〔略〕在一個偶然的機會聽人家說，國語會的方音符號早被禁用。我楞住、害怕起來。覺得社會上不知不覺之中發生過許多不可思議的事情。」﹝註129﹞可知，《國語日報》「語文乙刊」的消失，應與違背當時的語言政策有關。

﹝註125﹞〈切實推行國語運動　嚴禁日語臺語教學　吳主席正式宣佈本年度施政準則〉《國語日報》，1951 年 3 月 18 日，第四版。
﹝註126﹞李筱峰著，〈國語推行委員會成立〉《台灣史 100 件大事（下）》（臺北市：玉山社，1999 年），頁 15。
﹝註127﹞〈省府明年施政計劃擬定　各縣市要加強推行國語　嚴厲禁止再用臺日語教學〉《國語日報》，1951 年 11 月 22 日，第四版。
﹝註128﹞吳昭新著，《臺語文讀本》（新竹市：凡異文化，2007 年），頁 14。
﹝註129﹞吳昭新著，《臺語文讀本》，頁 137。

第五章 意識型態的形塑

　　本章首先探討戰後初期台灣的中國化情形，藉此脈絡的討論可了解《國語日報》宣揚中國文化的背景。其次，《國語日報》曾說明是爲了「宣揚祖國文化」而工作的，而「祖國文化」就是「中國文化」，故在本節藉由觀察《國語日報》「史地」副刊的內容，了解其宣揚中國文化的內涵與角色；而《國語日報》在創刊時創立了介紹台灣本土文化的「鄉土」副刊，但在戒嚴後隨即宣告停刊，其此時的內涵與角色亦值得深究。最後是討論國府遷台後，蔣介石政權爲鞏固其在台灣的領導，配合「反共抗俄」的宣傳，加強實施黨化教育。黨化教育是最具體也最落實的戒嚴時期之教育，而學生在學校接受黨化教育的制式影響下，自然會反應在「兒童」副刊上學生投稿之文章，而《國語日報》撰擇刊登此類的投稿，一方面代表報紙的言論立場，一方面也可藉此來灌輸學生讀者之意識型態。筆者希望透過分析來探討《國語日報》欲形塑的意識型態內容爲何。

第一節　戰後初期台灣的中國化情形

　　學著黃英哲曾指出：「台灣的文化重建政策早於戰爭結束前五個月，國府已做好諸般準備。」[註1]爲使台灣能夠順利回歸中國，蔣介石早於 1944 年 4 月 17 日，即設置了台灣調查委員會，並指派陳儀擔任主任委員。台灣調查委員會首要工作即是草擬「台灣接管計畫綱要」，此綱要則於 1945 年 3 月 23 日

[註1] 黃英哲，《「去日本化」「再中國化」：戰後台灣文化重建（1945～1947）》（臺北市：麥田文化，2007 年），頁 29。

正式頒布，可視爲接收台灣的藍本及戰後初期台灣的施政方案。在綱要中的「第一通則」即提到「接管後之文化設施，應增強民族意識，廓清奴化思想，普及教育機會，提高文化水準。」〔註2〕研究者吳紹民認爲：「第一通則當中已經把臺灣接收後之方向及目標確立，首重爲掃除皇民化即所謂的奴化思想，並置入中國化的意識。藉著教育文化的傳播功能，希望在最短時間內達成中國化目標。」〔註3〕

　　1945年8月15日，日本宣佈無條件投降後，二次大戰結束，中華民國政府接管臺灣。由於在日本50年的統治下，已有相當多的台灣人被日本化，因此，如何把台灣從日本國的一部分變成中華民國的一省，如何把原屬日本國的國民變成中華民國的國民，是這個階段文化政策的重點〔註4〕。對此，學者黃英哲認爲：

> 「國民政府接收台灣以後，隨即在台灣展開一連串的「去日本化」「再中國化」之文化重建工作。此一台灣文化重建工作，是一種由上往下的「國民建設」，〔略〕此「國民建設」所指涉的是要將已日本化的台灣人「國民化」——這意味著要將台灣「中國化」，台灣人「中國人化」。〔註5〕

戰後實際負責接收工作的是行政長官公署，接收工作則從政治、經濟、文化三方面來進行。當時稱爲「政治建設」、「經濟建設」、「心理建設」。「心理建設」確切地說即爲文化重建工作〔註6〕。行政長官陳儀在1945年12月31日，透過廣播向全島發佈1946年年度工作要領，當中提及：

> 心理建設在發揚民族精神。而語言、文字與歷史，是民族精神的要

〔註2〕〈台灣接管計畫綱要——34年3月14日侍奉字15493號總裁（卅四）寅元侍代電修正核定〉，收入陳鳴鐘、陳興唐主編，《台灣光復和光復後五年省情》，頁49～57。轉引自黃英哲，《「去日本化」「再中國化」：戰後台灣文化重建（1945～1947）》，頁29。

〔註3〕吳紹民，〈戰後初期臺灣文教政策之研究（1945～1951）——以「臺灣省參議會」問政與提案爲中心的探討〉（台南：成功大學歷史研究所在職專班碩士論文，2009年），頁17。

〔註4〕楊聰榮，〈從民族國家的模式看戰後的台灣的中國化〉《台灣文藝》138期，（1993年8月），頁79。

〔註5〕黃英哲，《「去日本化」「再中國化」：戰後台灣文化重建（1945～1947）》，頁223。

〔註6〕黃英哲，《「去日本化」「再中國化」：戰後台灣文化重建（1945～1947）》，頁34。

素。台灣既然復歸中華民國，台灣同胞必須通中華民國的語言文字，懂中華民國的歷史。明年度的心理建設工作，我以爲要注重於文史教育的實行與普及。我希望於一年內，全省教員學生，大概能說國語，通國文、懂國史。學校既然是中國的學校，應該不要再說日本話、再用日文課本。現在各級學校，暫時應一律以國語、國文、三民主義、歷史四者爲主要科目，增加時間，加緊教學。俟國語語文相當通達後，再完全依照部定的課程。〔註7〕

至於「心理建設」的具體方案，陳儀在「台灣省行政長官公署施政方針」的報告中，第一點就提到，「各校普設三民主義、國語國文與中華歷史、地理等科，加多鐘點，並專設國語推進委員會，普及國語之學習。」〔註8〕換句話說，國民政府是意圖要透過中國化的教育政策，形塑台灣人的中國意識。學者何義麟曾指出：「從國府統治者的角度來看，台灣人明顯地未具中國國民之素養。因此，必須施行祖國化教育與推行國語等政策，以確立台灣的通用語言與居民之民族認同。」〔註9〕這裡的祖國化教育，指的就是中國化教育。

而學者楊聰榮亦指出：「國民政府爲了達成台灣的『中國化』，先後強調了『三民主義教育』、『民族精神教育』和『中國文化教育』，其中還特別提到了『國語教育』。實際上主要原則就是『以去日本化（de-Japanification）來達成中國化』，即設法從台灣社會的日常生活中去除和日本有關的記憶及任何有日本象徵意味的東西。」〔註10〕而去日本化的措施包括日文書籍的查禁及禁用日語文等政策，及自 1946 年 10 月 25 日起廢止報紙雜誌之日文欄。身爲長官公署機關報的《臺灣新生報》於 1946 年 10 月 3 日公告了這項廢除日文版的決定：

本署前以臺灣淪陷 50 年，一部分臺胞因受日人強師日文教育之結果，對本國文字未克熟習，故暫准各新聞雜誌附刊日文版，此種措

〔註 7〕 長官公署秘書處，《臺灣省行政長官公署公報》，（台北：長官公署秘書處，1946年），頁 2。轉引自吳紹民，〈戰後初期臺灣文教政策之研究（1945～1951）——以「臺灣省參議會」問政與提案爲中心的探討〉，頁 17。

〔註 8〕 台灣省行政長官公署編，《中華民國三十六年度台灣省行政長官公署工作計劃》（台灣省：台灣省行政長官公署，1947 年），頁 4。轉引自黃英哲，《「去日本化」「再中國化」：戰後台灣文化重建（1945～1947）》，頁 37。

〔註 9〕 何義麟，《跨越國境線——近代台灣去殖民化之歷程》（臺北縣：稻鄉，2006年），頁 204。

〔註 10〕 楊聰榮，〈從民族國家的模式看戰後的台灣的中國化〉《台灣文藝》，頁 81。

施，原為一時權宜之計，現本省光復，瞬屆週年，本署為執行國策，
自未便久任日文與國文並行使用，窒礙本國文字之推行，經決定自
35 年 10 月 25 日起，本省境內所以新聞雜誌附刊之日文版應一律撤
除，除電各縣市政府轉飭遵照外，合行公告週知！〔註11〕

研究者許旭輝認為，《臺灣新生報》日文版被裁廢的原因，是因為其批判政府
〔註12〕。而學者何義麟則指出：「廢止日文欄不僅是推行國語上的考量，也是
掌控台灣人媒體的措施之一。而陳儀政府禁止日文的真正目的，或許並非企
圖控制言論，但實際上確實剝奪台人言論自由。」〔註13〕可知，陳儀政府最
初雖然曾允許新聞雜誌中日文並用，但統治台灣一年後，仍然在國策為上的
情況下，亦開始嚴密控制言論的出版，而國策當然指的就是中國化的政策。
而以加強推行國語政策來消滅日語，實際上就是要加強台灣的中國化。

　　基本上，國府將台灣在殖民地時代所接受的日本文化、思想，稱為「奴
化思想」，而台灣人則是已經被「奴化」了，所以台灣人必須接受祖國的民族
文化教育，在精神文化改造完成後，才能成為真正的國家主人〔註14〕。例如
長官公署機關報《臺灣新生報》在社論〈肅清思想毒素〉中就提到：

　　台灣過去在日本帝國主義者高壓統治之下，〔略〕在文化思想上散
　　播了無數的毒素，使台灣同胞日日受其麻醉與薰陶，對祖國觀念模
　　糊，逐漸離心，以遂「日本化」和「皇民化」的目的。〔略〕我們
　　認為肅清日本在台灣五十年所散播的思想毒素，是目前刻不容緩的
　　工作，應該馬上做，趕快做！〔註15〕

而時任教育處長范壽康更曾於 1946 年 4 月 29 日在台灣省地方行政幹部訓練
團的演講中，公開指責台省人排擠外省工作人員是「完全奴化」。引起省參議
員郭國基的強烈質詢，認為是對台灣同胞的侮辱〔註16〕。雖然范壽康在省參
議會上解釋說是通譯有誤，並向省參議員表明謝罪之意，不過范壽康失言事

〔註11〕《臺灣新生報》，1946 年 10 月 3 日，第一版。
〔註12〕許旭輝，〈戰後初期臺灣報業之發展——以《臺灣新生報》為例〉（臺北，國
　　　　立臺北教育大學社會科教育學系碩士班，2007 年），頁 101。
〔註13〕何義麟，《跨越國境線——近代台灣去殖民化之歷程》，頁 200～201。
〔註14〕何義麟，《跨越國境線——近代台灣去殖民化之歷程》，頁 204。
〔註15〕《臺灣新生報》，1945 年 12 月 17 日。
〔註16〕李筱峰，林呈蓉編著，《臺灣史》（臺北市：華立圖書，2003 年），頁 265。

件促使奴化論爭政治化，造成本省人與外省人對立問題日益尖銳〔註17〕。學者何義麟更指出：「奴化論之論述不僅強迫台灣人自我否定，還讓人覺得具有特別之政治意涵。」〔註18〕

　　而國府的文化重建政策及台灣人「奴化」的指責，則引起了台灣知識分子的強烈反彈，如《民報》在社論〈台灣未嘗「奴化」〉中提出反駁：

> 本省人對於日本人之奴化教育始終沒有接受過，奴顏卑膝、甘心事仇的奴隸根性，除一小部分的御用紳士外，誰也沒有，〔略〕本省人雖然備受經濟的搾取，而斷然不是過著奴隸的生活。至光復以後，才時常看到奴化的文字。〔註19〕

而畫家王白淵也在《政經報》上一篇〈告外省人諸公〉的文章中提出反論來辯駁，他寫道：

> 許多外省人，開口就說台胞受過日本奴化五十年之久，思想歪曲，似乎以為不能當權之口吻。我們以為這是鬼話，除去別有意圖，完全不對。那麼中國受滿清奴化三百年之久，現在女人還穿著旗袍，何以滿清倒台後，漢人仍可當權呢？台胞雖受五十年之奴化政策，但是台胞並不奴化，可以說一百人中間九十九人絕對沒有奴化。只以為不能操漂亮的國語，不能寫十分流利的國文，就是奴化。那麼，其見解未免太過於淺薄，過於欺人。〔註20〕

事實上，台灣知識分子不僅不承認因「日本化」而導致人性也跟著被「奴化」，反而主張「日本化」的另一面其實也包含「近代化」與「世界化」〔註21〕。而另一方面，他們也認為，中國與台灣的文化水準存在差異，王白淵在〈在台灣歷史之相剋〉中就提到：

> 台灣雖然在日本帝國主義高壓之下，竟在高度工業資本主義下，過者半世紀久之生活，因此其意識型態、社會組織、政治理念，均屬工業社會之範疇。〔略〕中國在八年抗戰中，當然有許多地方，有

〔註17〕何義麟，《跨越國境線——近代台灣去殖民化之歷程》，頁206。
〔註18〕何義麟，《跨越國境線——近代台灣去殖民化之歷程》，頁207。
〔註19〕《民報》，1946年4月7日。
〔註20〕王白淵，〈告外省人諸公〉《政經報》2卷2期，1946年1月25日，頁1～2。
〔註21〕黃英哲，《「去日本化」「再中國化」：戰後台灣文化重建（1945～1947）》，頁221。

> 相當進步，但還脫不離次殖民地之性格，帶著許多農業社會的毛病，
> 在這一次的接收過程中，我們明明白白可以看得出農業社會和工業
> 社會的優劣。接收台灣，就是接收日本，從低級的社會組織，來接
> 收高度的社會組織，當然是不容易的。〔註22〕

學者黃英哲指出，「台灣的知識分子主張戰後台灣文化的出路，除了是有選擇
性『中國化』之外，同時也不需完全否定日本文化遺產，應在兩者之間尋求
平衡點，努力創造戰後新的台灣文化。換言之，即反對徹底的『去日本化』
和無條件的『再中國化』。」〔註23〕

然而在這種國府統治者的文化重建政策下，文化衝突仍是日益升高，學
者李筱峰就指出：「一些台灣人開始懷念起日本人，動不動就開口閉口說：『日
本時代如何如何。』而統治者看到台灣人開始懷念起日本時代，動不動就『日
本時代如何如何』，開口閉口又是日語日歌，於是忍不住又痛斥『奴化』，台
灣人被指為『奴化』，又益加不悅，形成循環反應。」〔註24〕而文化的摩擦的
結果，終於導致 1947 年發生的「二二八事件」。學者許雪姬曾研究指出「二
二八事件」時的語言文化衝突問題：

> 有些人在這次事件中由於語言不能溝通而不幸死傷，而在事件中本
> 省人說日語、用日文、穿日式軍服，甚至唱日本國歌、軍歌，這些
> 表現使二二八後，政府機關更進一步嚴禁日文、日語的使用，同時
> 加強國語的推行。本省人面對這一變局，雖對政府的雙重標準感到
> 疑惑，〔略〕仍然學得了國語，從而方便與各省人士的溝通。但有
> 部分人士在遭逢鉅變後，以不說國語做為無言的抗議。〔註25〕

面對「二二八事件」時的語言衝突問題，陳儀在「二二八事件」善後處置時
表示：「以為醸成此次事變的主要因素，是日本思想的反動。台灣淪陷半世
紀，台胞思想，深受日人奴化教育及隔離教育的遺毒。35 歲以下的青年，大
都不瞭解祖國，甚至蔑視中國和中國人。〔略〕所以以後我們最要緊的工作，

〔註22〕 王白淵，〈在台灣歷史之相剋〉《政經報》2 卷 3 期，1946 年 2 月 10 日，頁 7。
〔註23〕 黃英哲，《「去日本化」「再中國化」：戰後台灣文化重建（1945～1947）》，頁 227。
〔註24〕 李筱峰著，《解讀二二八》（臺北市：玉山社，1998 年），頁 107～108。
〔註25〕 許雪姬，〈台灣光復初期的語文問題〉《思與言》，頁 183。

是要以全力改變他們這種錯誤思想。」〔註26〕「二二八事件」後奉命來台宣慰的國防部長白崇禧也曾提及，「二二八事件」發生的原因之一是台灣人受日本奴化遺毒的影響，因此在多次的演講中一再呼籲加強國語、國文的積極傳播〔註27〕。

　　因此，「二二八事件」後，國民政府即著手進行臺灣行政組織的改造重整，1947 年 5 月 16 日，成立臺灣省政府，並由魏道明擔任省主席，除了開始嚴格控制日語日文的使用，也加強國語運動的推行及中國化的政策。研究者俞智仁認為，「『二二八事件』後政府就開始逐步推行『獨尊國語、打壓母語、嚴禁日語』的語言政策。」〔註28〕而研究者吳紹民也指出，「『二二八事件』使的『中國化』政策進入另一強制教化的模式，即更必須強調在教育中融入民族情操與黨國精神。」〔註29〕綜觀魏道明主政時期的省政府「中國化」政策推展情形，研究者夏良業提出：

> 國語運動和愛國運動的推行乃是省政府文教政策的主軸。企圖維持之前的「再中國化」政策，積極加強台化中國化教育。因此，省政府消極方面，不斷禁止各級學校師生使用日語，以及限制日文書籍和出版品的流通，只在政令宣導方面准許繼續使用日語，以求政令宣導能有效進行。另外，一連串去除日本文化和醜化日本形象，也是當局改變台人思想的重要方法；積極方面，則是透過培訓師資、加強學校課程和訓輔工作、推廣社會教育，以及鼓勵至中國大陸各地觀光遊歷等措施，提高台人的國語程度和愛國意識，其推行方式和行政長官公署時期相較更顯激進和強烈。〔註30〕

而台灣的中國化到了 1949 年國府遷台後，有了很大的變化，這時不僅要使台

〔註26〕　〈政務會議紀要　長官指示〉《台灣省行政長官公署公報》春，1947 年 4 月 12 日，頁 174。轉引自何義麟，《跨越國境線──近代台灣去殖民化之歷程》，頁 208。
〔註27〕　許雪姬，〈台灣光復初期的語文問題〉《思與言》，頁 179。
〔註28〕　俞智仁，〈戰後臺灣國民學校國語科教材教法之研究（1950～1962）〉，國立臺北教育大學教育學院社會與區域發展學系碩士論文，2010 年，頁 31。
〔註29〕　吳紹民，〈戰後初期臺灣文教政策之研究（1945～1951）──以「臺灣省參議會」問政與提案為中心的探討〉，頁 28。
〔註30〕　夏良業，〈魏道明與臺灣省政改革 1947～1948〉（台北：國立臺灣師範大學台灣史研究所，2008 年），頁 134。

灣更像中國，而且最重要的是，要使台灣代表中國〔註31〕。不過，「中國化」政策始終是治理台灣當局的最高指導原則，持續不變。學者莊萬壽曾指出，「1950年，國民政府頒布『中央戡亂建國教育實施綱要』，台灣省教育廳亦頒布『非常時期教育綱領』皆強調『民族精神』、『勞動生產』、『文武合一』三種教育。而第一項的『民族精神教育』才是『中華民國憲法』第一條『基於三民主義』立國精神的核心。」〔註32〕事實上兩項綱要都是爲了配合反共抗俄基本國策，並將與此政策相關之「國語」「社會」兩科課程標準加以修訂，於1952年11月修訂完成「國民學校國語、社會二科修訂標準」，其特點無不在增強反共抗俄意識，闡揚三民主義〔註33〕。

　　而本文主要在探討1948～1951年《國語日報》的中國化教育內容，故需對此時期的報業環境先做一說明。首先在「二二八事件」期間，許多報業人士失蹤，一般皆認爲是批評時政而遇害，如前文所述《臺灣新生報》日文版總編輯吳金鍊即爲一例〔註34〕，也使得台籍報業人士此後多沉默不語。故從1947至1950之間，台灣的出版言論界，基本上完全是大陸來台人士的天下，由於國民黨在內戰中逐步敗退，所以大陸遷台發行之刊物日漸增多，大陸來台文化界人士創辦新刊物的例子也不少〔註35〕。

　　《國語日報》創辦於1948年10月25日，是一份爲了推行國語運動而創辦的教育報，因與省國語會關係密切，故官方色彩濃厚，其創刊宗旨即爲輔導語文教育、宣達政府命令及宣揚祖國文化。洪炎秋曾說：「《國語日報》就是用來撲滅日本語文的遺毒，進而推廣國語教育，光復中國精神。」〔註36〕1949年10月25日《國語日報》創刊一週年第四版，還特別加蓋一則紅色醒目的注音國字標語「眞正中國人，得說中國話」，向各界說明辦報意義。而《國語日報》在副刊的創刊詞中更強調，《國語日報》是在「宣揚祖國文化」這個

〔註31〕楊聰榮，〈從民族國家的模式看戰後的台灣的中國化〉，頁84。

〔註32〕莊萬壽，《台灣文化論——主體性之建構》（台北市：玉山社，2003年），頁254～255。

〔註33〕陳美如，《台灣語言教育政策之回顧與展望》（高雄市：高雄復文圖書出版社，2009年），頁98～99。

〔註34〕許旭輝，〈戰後初期臺灣報業之發展——以《臺灣新生報》爲例〉，頁101。

〔註35〕何義麟，《跨越國境線——近代台灣去殖民化之歷程》，頁211。

〔註36〕洪炎秋，〈光復節和國語日報〉，《國語日報》，1950年10月25日，第五版。

意義下努力工作的。〔註 37〕而從《國語日報》配合教育廳登載空中學校之初級及中級國語國文教材（中級國語文選併入於此）內容，也可以證明其形塑大中國的認同，強調中華民族主義的痕跡。試舉 1948 年 12 月 29 日初級國語文選第一課〈可愛的中華〉為例：

（一）

中華！中華！可愛的中華！

世界上沒有一個國家比你更偉大：

西起帕米爾，東到太平洋；

北從黑龍江，南到中、南沙，

你是世界上土地很大的國家。

（二）

中華！中華！可愛的中華！

世界上沒有一個國家比你更偉大：

五萬萬人民，五千年文化，

孔子和國父大名滿天下

你是世界上文明很盛的國家。

（三）

中華！中華！可愛的中華！

世界上沒有一個國家比你更偉大：

江山如錦繡，名產有絲茶；

寶藏無窮盡，特產有鎢砂，

你是世界上物產很富的國家。〔註 38〕

這篇課文後來在 1950 年代更被編成歌曲來傳唱，成為愛國歌曲〔註 39〕，灌輸台灣人的中華民族意識。可知，《國語日報》由於與省國語會關係密切，確實負有協助政府推行國語運動及形塑「中國化」的使命。

〔註 37〕〈我們的副刊〉，《國語日報》，1948 年 10 月 25 日，第三版。

〔註 38〕〈初級國語文選 第一課 可愛的中華〉，《國語日報》，1948 年 12 月 29 日，第二版。

〔註 39〕李筱峰，〈兩蔣威權統治時期的「愛國歌曲」內容析論〉《文史台灣學報》1，2001 年 11 月，頁 147。

第二節 《國語日報》宣揚中國文化內涵

　　《國語日報》創刊時，教育部長朱家驊就在「寫在創刊前的幾句話」中提到，推行國語運動就是要為了要表現我們的民族文化〔註40〕。洪炎秋也說：「光復最要緊的在於使那些和祖國的文化脫了節的人民，重新變成一個地地道道的中國人，〔略〕要使光復徹底完成，就非努力去光復中國精神不可；要光復中國精神，就非努力去使大家能夠熟達中國的語言文字不可。」〔註41〕可知，《國語日報》為國語運動而創辦，推行國語運動就是表現中國文化，就能使台灣人重新變成擁有中國精神的中國人。而台灣的國語運動亦是國府執行「台灣中國化」政策之一，因在本研究第四章中已探討過《國語日報》「輔導語文教育」的角色及內涵，茲不贅。

　　而《國語日報》另有一項創刊宗旨即為「宣揚祖國文化」。事實上，戰後台灣報業負有「宣揚祖國文化」的任務，是官方或民營報紙不可避免的辦報方針。如戰後初期臺灣發行量最大之官報《臺灣新生報》，於 1945 年 10 月 25 日創刊，其辦報任務之一即為「介紹祖國文化」：

> 過去 50 年臺灣受日本統治，對祖國非常隔閡。〔略〕今後我們準備
> 源源介紹豐富的中國文化。以標準國語寫文章，以最大篇幅刊載祖
> 國的消息。因恐閱讀暫時有多少困難，決計附一日文版，使若干重
> 要的言論記事可以對照。但我們的終極目的，是要驅逐日本的皇民
> 化出臺灣的。〔註42〕

而 1946 年 1 月 1 日正式發刊的民營報紙《人民導報》，在其〈發刊辭〉中也提到，「離開祖國五十年的臺灣，許多方面已和祖國變得生疏，特別是文化方面更需要一番的調整，所以要「發揚固有的祖國文化」。〔註43〕可知，《人民導報》也深受戰後大環境的趨勢潮流影響。而《國語日報》在 1948 年 10 月 25 日創刊號第三版〈我們的副刊〉一文中，就已針對「宣揚祖國文化」這項宗旨做重要介紹，也明白宣達了要透過報紙副刊來達到創刊的使命：

> 本報宗旨末一點是宣揚祖國文化。這不是一個口號，我們是在這個

〔註40〕 朱家驊，〈寫在創刊前的幾句話〉，《國語日報》，1948 年 10 月 25 日，第一版。

〔註41〕 洪炎秋，〈光復節和國語日報〉，《國語日報》，1950 年 10 月 25 日，第五版。

〔註42〕 許旭輝，〈戰後初期臺灣報業之發展──以《臺灣新生報》為例〉，頁 98。

〔註43〕 吳純嘉，《《人民導報》研究（1946～1947）兼論其反映出的戰後初期臺灣政治、經濟與社會文化變遷〉（桃園：國立中央大學歷史研究所碩士論文，1998年），頁 74。

意義之下努力工作的。生活方式是文化的表現。我們民族文化的源
遠流長，因爲疆域的廣大〔略〕錯綜的形形色色風俗習慣人情世
相。所以報導研究全國性綜合的文化各方面，對一般大眾互相了解
有幫助，同時也可以讓本省沒出外去各省的人士，得一個增廣見聞，
補充談話資料的機會。再者，把本地風光給外地人士知道，將桑梓
文獻整理叫閭里兒女明白，對全体文化做部分的擴大表彰，也有需
要。我們請求曹端群女士主編了家常，黃得時先生編了鄉土。我們
得兩位允許協助，要深深的感謝慶幸！本省目前社會人士需要對本
國悠久的歷史跟遼闊的地理加深扼要的印象，我們特請夏德儀先生
編了史地。〔註44〕

由這篇文章的內容來看，可知《國語日報》的重要使命之一就是「宣揚祖國
文化」。從前文的探討中我們得知，「二二八事件」後，國府統治者認爲台灣
人大都不瞭解中國，忘掉自己是中國人，所以應該加強實施台灣的中國化教
育，灌輸台灣人中國意識，要台灣人認同自己是中國人。而《國語日報》也
認爲，由於祖國文化博大精深，所以要讓台灣人增廣見聞，補充談話資料的
機會，可知，在此時期創刊的《國語日報》，因爲官方色彩濃厚，所以在這個
時代背景下的，理所當然必須負起「宣揚祖國文化」的責任。基於《國語日
報》「宣揚祖國文化」的宗旨，所以筆者接下來將以「史地」及「鄉土」副刊
爲觀察文本，深究《國語日報》「宣揚祖國文化」的內涵及角色。而「家常」
副刊內容因大多爲家庭教育、育兒、衛生、醫藥、飲食、婚姻等文章，與本
文主題較不相關，故不予以探討。

　　《國語日報》在宗旨中特別強調台灣人目前需要的，就是要對中國悠久
的歷史跟遼闊的地理加深扼要的印象，所以創辦了「史地」副刊，其目的當
然是灌輸台灣人的中國意識，不言可諭；另外特別觀察到，《國語日報》亦認
爲需要把台灣本地風光介紹給外地人士知道，理由是要對全體文化做部分的
擴大表彰，換句話說，《國語日報》認爲台灣文化也是中國文化的一部份，所
以介紹台灣鄉土文化就是宣揚中國文化，因而創辦「鄉土」副刊。但「二二
八事件」後，國府已加強實施台灣的「中國化」教育，然而《國語日報》創
刊時卻仍然出現介紹台灣本土文化的「鄉土」副刊，顯然與統治當局的政策

〔註44〕〈我們的副刊〉，《國語日報》，1948 年 10 月 25 日，第三版。

不一。深入觀察後亦發現，「鄉土」副刊竟只短暫維持了廿七期，從 1948 年
11 月 20 日起出刊，至 1949 年 5 月 28 日止停刊。所以「鄉土」副刊在這時期
的內涵及角色實值得我們去探究。

一、「史地」副刊的內涵與角色

《國語日報》「史地」副刊主編為夏德儀（1901～1998 年），江蘇省人，
畢業於北京大學歷史系，戰後於 1946 年應聘來到台灣，擔任臺灣大學史學系
教授。他在「史地」第一期〈本刊的使命〉中，就明白揭示了它的創刊緣由
及宗旨：

> 歷史記載人類過去的活動，我們讀了歷史，可以拿過去的事情來作
> 現在的參考。地理敘述地球上一切自然和人文的現象。我們讀了地
> 理，可以使我們的生活得到許多的便利。史地對於人生的關係既然
> 這樣的密切，所以史地的知識是任何一個公民所必須具備的。假如
> 測驗一般人民知識水準的高低，史地知識一定佔著重要的成分。本
> 刊的使命就是順應社會的需要，來向一般讀者貢獻史地的知識。我
> 們不寫純粹屬於學術性的史地論文。我們想用淺顯而生動的文字每
> 期寫出幾篇短短的有關史地的文章，希望能引起讀者對於史地知識
> 的興趣。假如學校裏的教師們認為本刊的文章可以用作學生課外的
> 史地補充讀物，那就使我們分外的高興！〔註45〕

從這篇文章中可發現，「史地」副刊的使命，就是順應社會的需要，向一般讀
者貢獻史地的知識。而《國語日報》認為社會上一般讀者所需要的，就是要
對中國悠久的歷史跟遼闊的地理加深扼要的印象，要讓台灣人增廣見聞，補
充談話資料的機會。這點和國府統治者在「二二八事件」後，認為台灣人缺
乏中國意識，所以要加強實施台灣的中國化教育，灌輸台灣人的中國意識，
在目標上是一致的。雖然在〈本刊的使命〉中並未特別強調是貢獻中國史地
的知識，但從筆者前文探討《國語日報》宗旨介紹的內容來看，「史地」副刊
的使命確實是在灌輸中國史地知識，形塑台灣人的中國意識。

〔註45〕夏德儀，〈本刊的使命〉，《國語日報》，1948 年 11 月 19 日，第三版。

圖 5－1　「史地」副刊第一期

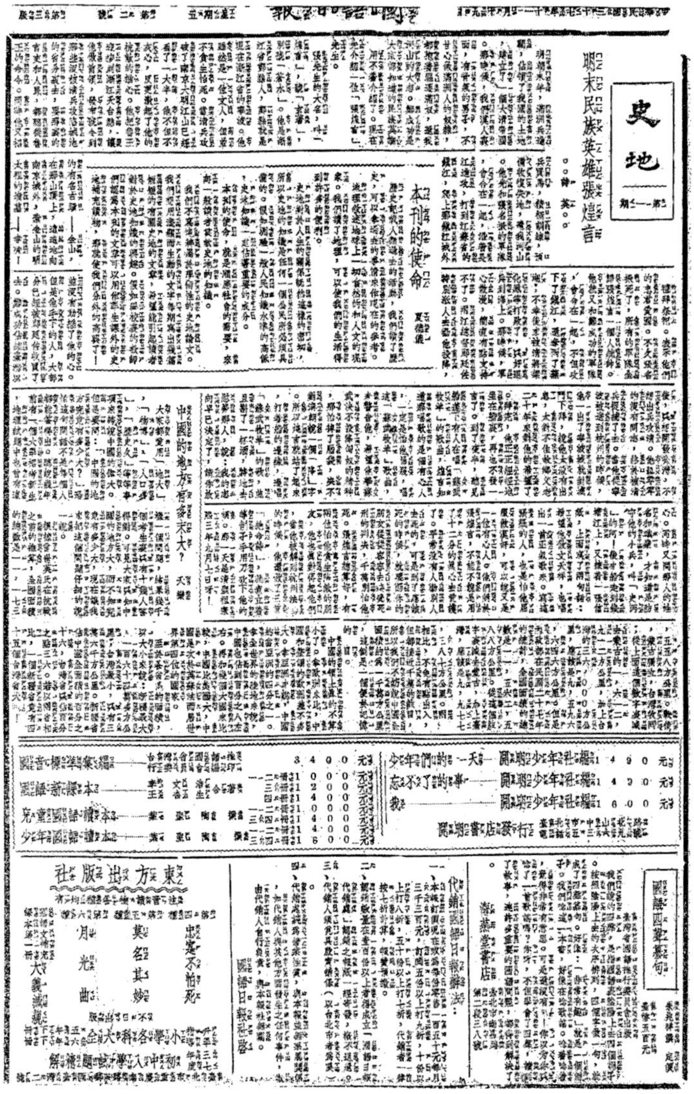
國語日報
史地
明末民族英雄張煌言
本刊的使命
中國的地方有多末大?
東方出版社
國語日報社

資料來源：《國語日報》，1948 年 11 月 19 日，第三版。

在本文的研究範圍內，即自 1948 年 11 月 19 日起至 1951 年 12 月 27 日內，「史地」副刊共出刊了 161 期（筆者實際掌握期數爲 156 期，有 5 期缺漏，分別爲廿九、五五、九二、九七及一〇一期）。每禮拜出版一期，大致上來看，每期的重心都放在歷史與地理上，史與地確實有互相配合，並偏重中國歷史故事及地理介紹。而從五十八期以後，主編改由方師鐸接編，而型態上亦有不同。

方師鐸曾在〈國語日報兩週年 史地週刊一百期〉中曾提到：

> 在這裏我應當向讀者報告的：是從第一期到五十七期，是由臺灣大
> 學史學系教授夏德儀先生主編的。五十八期以後，才由我負責接編。
> 夏先生是研究中國歷史的，所以本刊的前五十期，多偏重中國歷史
> 故事方面。〔略〕都是些永久性的有價值的作品。後五十期，因爲
> 由本報編輯部新聞版的同人們合作撰稿，爲了配合時事，不免多吸
> 收了一些新聞性的作品。〔略〕這中間我們也曾爲紀念岳武穆、鄭
> 成功、蔡元培等人而出了幾次特刊，爲了蒐集北極的新奇故事而出
> 幾期特輯；但大體說起來，各期都還能把握重心，史與地互相配合。
> 〔註46〕

可知，「史地」副刊雖然在夏德儀離去後由方師鐸接編，而型態上也有了改變，
但中國意識型態的形塑仍然是不變的編輯重心。由於本文主要在觀察《國語
日報》透過「史地」副刊實施中國化教育的情形，故屬於中國歷史和中國地
理的內容才列入探討範圍，而配合世界時事所編輯的外國歷史和外國地理，
及地理概論這類型的文章，如〈氣候和人生的關係〉、〈地形氣候和人口分佈
的關係〉、〈語言和地理〉、〈經緯度〉、〈時間〉、〈潮汐〉、〈晝夜長短對於人和
植物的關係〉、〈爲甚麼會有季候的分別？〉、〈千年來──世界地理觀念的改
進〉、〈遠北時代〉、〈颱風是怎樣形成的？〉等，則不予以討論。

至於「史地」副刊內少數幾篇台灣鄉土介紹文章，如〈烏來巡禮〉、〈看
基隆的造船公司〉、〈臺灣地名小考──基隆就是雞籠〉、〈基隆市剪影〉、〈春
天遊草山〉、〈想碧潭〉、〈三橋跨三溪〉、〈日月潭的來歷〉等，暫時不列入分
析。有關台灣鄉土文章的內涵與角色，待觀察「鄉土」副刊內容後再探討。
根據筆者分析「史地」副刊內容發現，和中國歷史有關的篇數共有 121 篇，
統計如表 5－1：

表 5－1 「史地」副刊中國歷史內容篇目表

期 別	日 期	篇 名	作 者
一	1948.11.19	明末民族英雄──張煌言	詩英
二	1948.11.26	明末民族英雄──沈光文	詩英

〔註46〕大方，〈國語日報兩週年 史地週刊一百期〉，《國語日報》，1950 年 10 月 26
日，第三版。

期　別	日　期	篇　　　名	作　者
三	1948.12.03	原始時代的人類生活（上）	味青
四	1948.12.10	琉球和中國	吳藻江
四	1948.12.10	晉太子申生之死	圓顏
四	1948.12.10	原始時代的人類生活（下）	味青
五	1948.12.17	明延平郡王鄭成功	李樹桐
六	1948.12.24	明末民族英雄——秦良玉	詩英
七	1948.12.31	司馬遷的生平	高一凌
七	1948.12.31	曹錕的白話電報	一之
八	1949.01.07	明末民族英雄——史可法	詩英
八	1949.01.07	詹天佑與中國的鐵路——火車掛鉤的發明人	華瓊
九	1949.01.14	夏禹治水的傳說	魏菁
十	1949.01.21	崖山之戰——古今戰記之一	吳藻江
十	1949.01.21	氏族社會怎麼形成的	魏菁
十一	1949.01.28	氏族社會的經濟構造	魏菁
十二	1949.02.04	氏族社會的家族關係與社會組織	魏菁
十三	1949.02.11	氏族社會的宗教和藝術	魏菁
十四	1949.02.18	氏族社會的崩潰	魏菁
十五	1949.02.25	文天祥	詩英
十六	1949.03.04	八十年來的中國與日本（一）——從明治維新到甲午之戰	一之
十六	1949.03.04	日本人和華人	容
十六	1949.03.04	孫中山先生年表（上）	
十七	1949.03.11	八十年來的中國與日本（二）——從甲午戰後到世界大戰期間	一之
十七	1949.03.11	孫中山先生年表（中）	
十八	1949.03.18	八十年來的中國與日本（三）——從世界大戰以後到九一八事變以前	一之
十八	1949.03.18	孫中山先生年表（下）	
十九	1949.03.25	八十年來的中國與日本（四）——九一八事變	一之
二十	1949.04.01	八十年來的中國與日本（五）——九一八事變以來	一之

期　別	日　期	篇　名	作　者
廿一	1949.04.08	陸秀夫	詩英
廿一	1949.04.08	萬里長城的起源	一之
廿二	1949.04.15	我們的老祖宗	希恩
廿五	1949.05.06	談杵歌	臺靜農
廿六	1949.05.13	張世傑	詩英
廿七	1949.05.20	施琅和台灣——鄭氏史譚之一	吳藻江
廿八	1949.05.27	長江水戰史話	吳藻江
三十	1949.06.10	我國第一位大史學家——司馬遷	詩英
卅一	1949.06.17	東漢史學大家——班固	詩英
卅二	1949.06.24	關於秦良玉	冰瑩
卅二	1949.06.24	指鹿爲馬	詩英
卅三	1949.07.01	古今戰記之二——赤壁之戰	吳藻江
卅四	1949.07.08	南北朝的屯田制度	魏菁
卅五	1949.07.15	齊桓公和管仲	吳藻江
卅六	1949.07.22	項羽和劉邦	詩英
卅七	1949.07.29	吳公子季札	詩英
卅八	1949.08.05	我們的始祖和老家	公冶
四十	1949.08.19	聶政之死	林瑞翰
四一	1949.08.26	孔子	詩英
四一	1949.08.26	孔子和弟子們的談話——譯論語三章	一之
四二	1949.09.02	漢武帝和唐太宗時代的我國疆域（上）	葉于岡
四三	1949.09.09	漢武帝和唐太宗時代的我國疆域（下）	葉于岡
四四	1949.09.16	中國古代的貨幣	魏菁
四五	1949.09.23	張騫通西域	林瑞翰
四六	1949.09.30	班超在西域	林瑞翰
四七	1949.10.07	雙十節史話	一之
四八	1949.10.14	晉朝的占田制	魏菁
四九	1949.10.21	晏子	詩英
五十	1949.10.28	孫武與孫臏	林瑞翰
五十	1949.10.28	關於「孫子」這部書	
五一	1949.11.04	司馬光	詩英

期　別	日　期	篇　　　　名	作　者
五二	1949.11.11	西漢蓄奴的風氣	林瑞翰
五三	1949.11.18	諸葛亮	林瑞翰
五四	1949.11.25	古今戰記之三——官渡之戰	林瑞翰
五六	1949.12.08	嵇康	詩英
五七	1949.12.15	中國的歷史故事——荊軻刺秦王	翰
五九	1949.12.29	採用陽曆和民國建國	韋眞
六十	1950.01.06	中國的歷史故事——商鞅和李斯	天樂
六一	1950.01.12	中國史上的錫蘭	韋眞
六二	1950.01.19	英使覲見記	明章
六二	1950.01.19	中國的歷史故事——蘇秦和張儀	瑞翰
六三	1950.01.26	領導東晉恢復中原的祖逖	魏菁
六八	1950.03.02	蔡元培先生傳略	容若
六八	1950.03.02	蔡子民先生軼事	許詩英
七一	1950.03.23	紀念「精忠報國」的岳武穆	大方
七二	1950.03.30	辛亥三、二九之夜——珍聞集錦	大方
七二	1950.03.30	一對革命夫妻	飯香
七六	1950.05.04	五四新文學運動的文獻	胡適
七六	1950.05.04	・從語言到文學的新道路・由言而文	節錄自「國語通訊」第一期
八四	1950.07.06	韓國與我國的關係	劍星
八六	1950.07.20	王同春開發後套故事的補充	容若
八九	1950.08.10	記晉祠	容若
九一	1950.08.24	紀念鄭成功生日	一庵
九一	1950.08.24	鄭成功的精神	容若
九四	1950.09.14	最早輸入西洋科學的徐光啓	容若
九四	1950.09.14	在中國發現最早的人類頭蓋骨	貴
九五	1950.09.21	爲祖國的獨立自由奮鬥——成功湖的蔣廷黻先生	潞
九六	1950.10.05	鄭成功母親的姓氏	汪一庵
九六	1950.10.05	王昭君怎樣嫁到匈奴	韋眞

期　別	日　期	篇　名	作　者
九八	1950.10.10	中華民國開國史——辛亥革命武昌起義	大方
九九	1950.10.19	憶游臥龍岡	玉琛
一百	1950.10.26	國語日報兩週年史地週刊一百期	大方
一〇四	1950.11.13	一千五百年來的中尼關係史	本報資料室
一一八	1951.03.01	司馬光和資治通鑑	張靜候、劉玉琛
一一八	1951.03.01	怎樣研究歷史？	篤重
一一九	1951.03.08	女醫師張竹君	
一一九	1951.03.08	夫人城的來歷	大方
一一九	1951.03.08	秋瑾的詩文	閔燕
一二〇	1951.03.15	和平・奮鬥・救中國	
一二〇	1951.03.15	國父行醫廣告	
一二〇	1951.03.15	國父小時候的故事	鄒魯
一二二	1951.03.29	參加辛亥三・二九廣州血戰回憶錄	大方
一二二	1951.03.29	黃花岡烈士事略序	
一二二	1951.03.29	辛亥廣州起義爲什麼要在三月二十九？	
一二三	1951.04.05	黃帝大戰蚩尤的故事	
一二七	1951.05.03	斯坦因敦煌石窟盜寶記	
一二七	1951.05.03	買通王道士夜半盜古寶	
一二七	1951.05.03	古代敦煌的文明	
一二九	1951.05.17	國語運動的急先鋒盧戇章	
一三一	1951.05.31	中國報紙兩千年演進史	
一三二	1951.06.07	屈原與端午節	
一三三	1951.06.14	國語運動的開山老祖　民眾教育的創始人——自稱臺灣的和尙的王照	
一四一	1951.08.09	古代的牛郎	韋眞
一四三	1951.08.23	國語文獻介紹——國語注音字母報	
一四七	1951.09.20	首倡方音符號的勞乃宣	
一五二	1951.10.25	三年來的國語日報艱辛小史	大方
一五三	1951.10.31	在蔣總統領導下民十九中央議決——改注音字母爲注音符號並定推行注音符號辦法	

期　別	日　期	篇　　　名	作　者
一五三	1951.10.31	蔣總統年譜	
一五七	1951.11.29	推崇關羽的三國志演義 贊揚岳飛的精忠說岳傳	
一五七	1951.11.29	幸運的關羽不幸的岳飛	
一五八	1951.12.06	跟岳飛同時的兩員大將——張浚和張俊不同	
一五八	1951.12.06	古今文選註釋訂正——齊桓公有兩個	東郭

筆者試將上述 121 篇文章依標題名稱及內容詳加研析，大概可以分別從以下數項來了解：

中國歷史人物：此類特別強調抵抗異族侵略的民族英雄和中國歷代先賢的介紹，如民族英雄類有〈明末民族英雄——張煌言〉、〈明末民族英雄——沈光文〉、〈明延平郡王鄭成功〉、〈明末民族英雄——秦良玉〉、〈明末民族英雄——史可法〉；號稱「宋末三傑」的宋末民族英雄——〈文天祥〉、〈陸秀夫〉、〈張世傑〉；〈領導東晉恢復中原的祖逖〉、〈「精忠報國」的岳飛〉。中國歷代君王先賢有〈齊桓公和管仲〉、〈孔子〉、〈晏子〉、〈孫武與孫臏〉、〈項羽和劉邦〉、〈我國第一位大史家——司馬遷〉、〈東漢史學大家——班固〉、〈司馬光〉、〈諸葛亮〉等；另外，被蔣介石政權尊稱為國父的孫文的文章，以及被稱為「民族救星」的蔣介石的年譜，也是不可或缺的，總計這類的文章共 64 篇，超過總數的二分一。

中國歷史戰爭：此類的有〈崖山之戰——古今戰記之一〉、〈古今戰記之二——赤壁之戰〉及〈古今戰記之三——官渡之戰〉、〈長江水戰史話〉等，總計這類的文章共計 9 篇。

中國歷史文化：此類的有〈原始時代的人類生活（上）〉、〈原始時代的人類生活（下）〉、〈琉球和中國〉、〈氏族社會怎麼形成的〉、〈氏族社會的經濟構造〉、〈日本人和華人〉、〈我們的老祖宗〉、〈南北朝的屯田制度〉、〈中國古代的貨幣〉、〈晉朝的占田制〉，〈談杵歌〉、〈西漢蓄奴的風氣〉、〈古代敦煌的文明〉等，總計這類的文章共計 48 篇。

從以上的分析可知，《國語日報》「史地」副刊中國歷史內容以介紹中國的歷史人物為主，包括民族英雄和歷代先賢的事蹟，超過總數的二分之一；另外，也大量出現對中國悠久歷史與文化的宣揚，及文治武功的昌明與鼎盛。

而「史地」副刊內容中和中國地理有關的篇數共有 42 篇，統計如表 5－2：

表 5－2 「史地」副刊中國地理內容篇目表

期 別	日 期	篇 名	作 者
一	1948.11.19	中國的地方有多大？	天樂
二	1948.11.26	中國的敗家子——黃河	圃顏
三	1948.12.03	中國的地勢	圃顏
十	1949.01.21	號稱天府之國的四川	圃顏
十四	1949.02.18	東北新省區	天樂
十五	1949.02.25	東北新省區（續）	天樂
廿一	1949.04.08	西域	天樂
廿六	1949.05.13	金雞納的小史（植物介紹）	天樂
廿七	1949.05.20	五嶽	天樂
廿八	1949.05.27	長江的航路	天樂
卅四	1949.07.08	閒話滇邊	大方
卅五	1949.07.15	閒話滇邊（二）	大方
卅六	1949.07.22	閒話滇邊（三）	大方
卅七	1949.07.29	閒話滇邊（四）	大方
卅九	1949.08.12	閒話滇邊（五）	大方
四十	1949.08.19	閒話滇邊（六）	大方
四一	1949.08.26	孔子的故鄉	天樂
四二	1949.09.02	閒話滇邊（七）	大方
四三	1949.09.09	閒話滇邊（八）	大方
四四	1949.09.16	閒話滇邊（九）	大方
四五	1949.09.23	閒話滇邊（十）	大方
四六	1949.09.30	閒話滇邊（續）	大方
四七	1949.10.07	閒話滇邊（續）	大方
四八	1949.10.14	閒話滇邊（續）	大方
四九	1949.10.21	閒話滇邊（續）	大方
五十	1949.10.28	閒話滇邊（續）	大方
五一	1949.11.04	閒話滇邊（續）	大方
五二	1949.11.11	記舟山群島	良
五二	1949.11.11	閒話滇邊（續）	大方
五三	1949.11.18	閒話滇邊（續）	大方

期　別	日　期	篇　名	作　者
五四	1949.11.25	閒話滇邊（續）	大方
五七	1949.12.15	易水跟督亢	良
五七	1949.12.15	中國的鈾礦	羊
六三	1950.01.26	從地理的觀點來看——未來的臺灣海峽戰	大方
八七	1950.07.27	「滄海桑田」	容若
九六	1950.10.05	西南大城——昆明	
九六	1950.10.05	昆明的舊城——押赤	星
九八	1950.10.10	國慶紀念地——武漢三鎮	
九九	1950.10.19	北方的火炕	容若
一三〇	1951.05.24	中國古文化的寶庫——殷墟	
一三〇	1951.05.24	今日的殷墟——小屯巡禮	
一四五	1951.09.06	颶風‧颱風——人類的第一號公敵 台灣的最嚴重災害	

　　觀察這 42 篇文章並依標題名稱及內容詳加研析，可發現，《國語日報》「史地」副刊中國地理內容以介紹中國大陸的山川景物為主，並加強台灣人對中國地理的認識，如〈中國的地方有多大？〉、〈中國的敗家子——黃河〉、〈中國的地勢〉等，進而明瞭中國疆域的遼闊；而主編方師鐸所寫的〈閒話滇邊〉（共19 篇）則屬於輕鬆休閒的遊記作品，不過方師鐸後來自己認為這種近於小品的遊記，是不大合於學術性的週刊的〔註47〕，所以後續也沒有再繼續刊登。

　　綜上所述可發現，《國語日報》確實透過「史地」副刊來對台灣人實施中國化教育，即中國歷史和中國地理的宣傳教育，篇數總計 163 篇，其中關於中國歷史的篇數共計 121 篇，關於中國地理的篇數共計 42 篇，可知，《國語日報》的「史地」副刊內容以介紹中國歷史為主，佔總數的四分之三。《國語日報》藉此希望能培養台灣人對祖國的認識，進而增強台灣人的中國意識，並激發台灣人對中國的認同；而在中國歷史中又特別強調抵抗異族侵略的民族英雄和中國歷代先賢的介紹，這個思想邏輯為，因為蔣介石為中華民族之命脈所繫，在國共對抗下，中共被視為出賣民族的漢奸，因此為了國家民族，為了解救同胞，就必須要效忠蔣介石所領導的政府，顯見文章的最終目的，就是為了要向民眾形塑蔣介石為「民族救星」的形象，而在一九五〇、一九六〇年代，更成為一個瘋狂造神的運動。

〔註47〕大方，〈國語日報兩週年　史地週刊一百期〉，《國語日報》，1950 年 10 月 26日，第三版。

二、「鄉土」副刊的內涵與角色

前文已揭，《國語日報》認爲需要把台灣本地風光介紹給外地人士知道，而理由是要對全體文化做部分的擴大表彰，顯見仍然是大中國爲主體的中心思想。

圖 5－2　「鄉土」副刊第一期

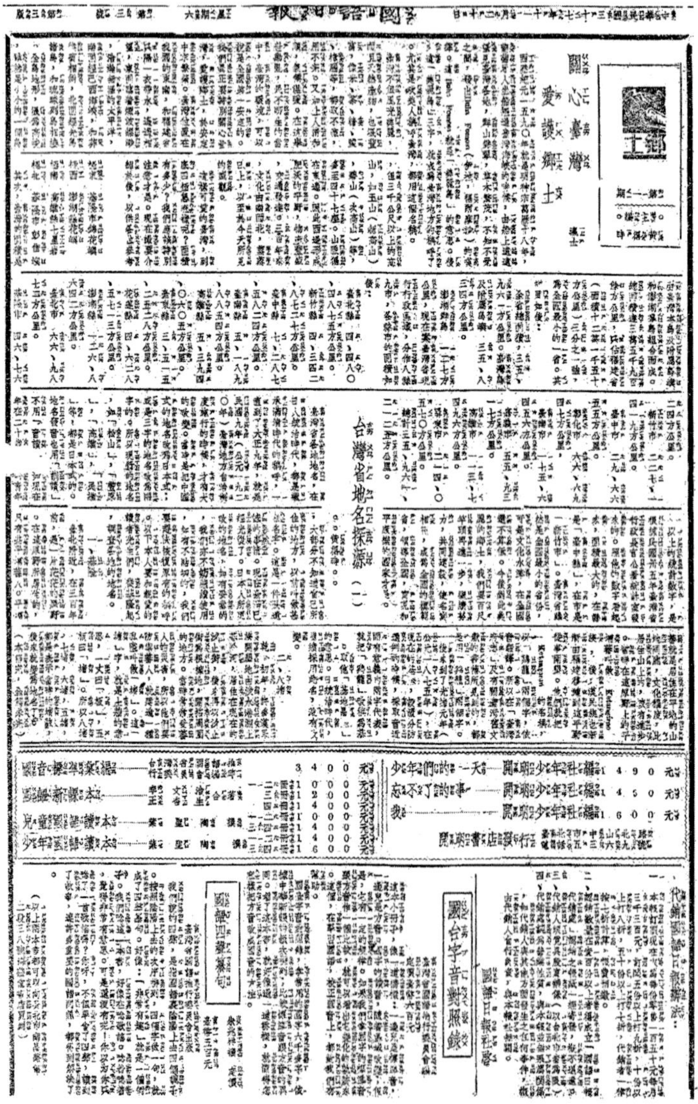
關心臺灣 愛護鄉土

台灣省地名探源（一）

資料來源：《國語日報》，1948 年 11 月 20 日，第三版。

《國語日報》「鄉土」副刊主編爲黃得時（1909～1999 年），出生於日治時期臺北州海山郡鶯歌庄（今新北市樹林區），爲《國語日報》七種副刊中唯

一之台灣省籍主編，其父爲日治時期傳統漢學家黃純青。畢業於日治時期的臺北帝國大學（國立臺灣大學前身），戰後曾擔任臺大中文系教授、《臺灣新生報》副總編輯及省國語會委員〔註48〕。前文已揭，《國語日報》認爲需要把台灣本地風光介紹給外地人士知道，理由是要對全體文化做部分的擴大表彰，因而創辦「鄉土」副刊。可知，對《國語日報》而言，台灣文化是包含在中國文化裏，是以大中國爲主體的思考。

　　而觀察「鄉土」副刊第一期中，雖然沒有發刊詞，但從一篇筆名爲「瀛士」所寫的〈關心臺灣　愛護鄉土〉的內容來看，在介紹台灣的地理位置、四個極點、總面積及各行政區域之餘，最終目的實爲代說明「鄉土」副刊的創刊緣由及宗旨：

> 臺灣不但風光美麗，而且天然產物，也很豐富，像米、茶、糖、鹽、樟腦等，都取之不盡，用不完。又加上人情和順，氣候溫暖。在這舉世動亂，民不聊生的當中，臺灣的環境，可以說是全國第一安定的。我們眞正要特別關心臺灣，愛護鄉土，於安定中求繁榮。〔略〕臺灣省雖然是全國最小的省份，可是文化水準，在全國還不算低。今後對此美麗的鄉土，我們要百尺竿頭更進一步，繼續努力，共同建設，使名實相符，成爲全國的模範省，領導全國，實現和平康樂的國家才是。〔註49〕

　　在〈關心臺灣　愛護鄉土〉這篇代發刊詞的文章中，特別呼籲要關心臺灣，愛護鄉土，也強調臺灣的文化水準不低，希望能繼續努力使它成爲全中國的模範省。在本文的研究範圍內，即自 1948 年 11 月 20 日起至 1949 年 05 月 28 日內，「鄉土」副刊共出刊了 27 期，計文章 79 篇，統計如表 5－3：

表 5－3　「鄉土」副刊篇目表

期　別	日　期	篇　名	作　者
一	1948.11.20	關心臺灣　愛護鄉土	瀛士
		台灣省地名探源（一）	黃得時
二	1948.11.27	我與台灣	胡適
		台灣省地名探源（二）	黃得時

〔註48〕〈人物介紹　黃得時〉，（來源：民俗臺灣網站，
　　　　http://da.lib.nccu.edu.tw/ft/?m=2304&wsn=0610，2012 年 5 月 15 日瀏覽。）
〔註49〕瀛士，〈關心臺灣　愛護鄉土〉，《國語日報》，1948 年 11 月 20 日，第三版。

期 別	日 期	篇 名	作 者
三	1948.12.04	山地同胞的生活	蓬客
		台灣省地名探源（三）	黃得時
四	1948.12.11	古今的臺灣八景	方壺
		台灣省地名探源（四）	黃得時
五	1948.12.18	劉銘傳與臺灣	瀛士
		台灣省地名探源（五）	黃得時
六	1948.12.25	臺灣與北回歸線	牧一
		台灣省地名探源（六）	黃得時
○	1949.01.01	○聯（因文本破損無法辨識，筆者從內文研判應為「春」聯）	黃得時
		台灣省地名探源（六）	黃得時
七	1949.01.08	臺灣的季風	震明
		臺灣各地的名產	克明
		守宮在台灣	達三
		台灣省地名探源（七）	黃得時
八	1949.01.15	臺灣的齋教	山根
		臺北城今古談	編者
		台灣省地名探源（八）	黃得時
九	1949.01.16	不必要的輸入品	黃珠
		會叫喚的壁虎	夏承楹
十	1949.01.22	天上聖母的傳奇	小玲
		潭底空中戰的回憶（編者註 潭底是在臺北縣海山樹林鎮）	簡火輝
		本省最初的進士	明
		借一牛皮地	克
		台灣省地名探源（九）	黃得時
十一	1949.01.29	臺灣人的命名法	得
		端溪硯和螺溪石	時
		台灣省地名探源（十）	黃得時

期　別	日　期	篇　名	作　者
十二	1949.02.05	染齒的風俗	達
		臺灣特有的動物	震明
		台灣省地名探源（十一）	黃得時
十三	1949.02.12	元宵和燈謎	編者
		甘蔗	震明
		台灣省地名探源（十二）	黃得時
十四	1949.02.19	科學和迷信	得
		花蓮的交通	
		台灣省地名探源（十三）	黃得時
十五	1949.02.26	仁聖吳鳳傳	梁容若
		台灣省地名探源（十四）	黃得時
十六	1949.03.12	高山族的婚俗「跳月」	軍志
		清帝所賜寺廟的匾額	克明
		臺灣的黃虎旗	小方
		澎湖女・臺灣牛	震明
		台灣省地名探源（十五）	黃得時
十七	1949.03.19	臺灣和大陸間的跳板——澎湖	葉于岡
		臺南縣的魚塭	震明
		台灣省地名探源（十六）	黃得時
十八	1949.03.26	國姓鄉和豐國糖廠——民族工業的艱苦掙扎	梁容若
		台灣省地名探源（十七）	黃得時
十九	1949.04.02	臺北市的沿革	震明
		血話霧社事件	小方
		台灣省地名探源（十八）	黃得時
二十	1949.04.09	山地的狂歡節	葉于岡
		道士・司公	玄天
		太平山	震明
		台灣省地名探源（十九）	黃得時

期 別	日 期	篇 名	作 者
廿一	1949.04.16	孟姜女哭倒萬里長城的故事	黃得時
		臺灣的儒釋道三教	小方
		澎湖的罪惡墳墓	容若
		台灣省地名探源（十九）續	黃得時
廿二	1949.04.23	臺糖生產躍進中	一彬
		蘭嶼（紅頭嶼）	震明
		台灣省地名探源（二十）	黃得時
廿三	1949.04.30	「梁山伯」與「祝英台」	張景優
		台灣省地名探源（廿一）	黃得時
廿四	1949.05.07	萬華龍山寺的四次復興（建設力量勝過了天災兵禍）	席珍
		蕃薯在台灣	容若
		台灣的宗教和民俗信仰（上）	嚴明森
廿五	1949.05.14	颱風季節臨近前談台灣省的氣象中樞	雷平
		嘉南大圳	震明
		台灣的宗教和民俗信仰（中）	嚴明森
廿六	1949.05.21	北投的古今談	黃得時
		台灣省地名探源（廿二）	黃得時
		台灣的宗教和民俗信仰（下）	嚴明森
廿七	1949.05.28	台灣的婦女手工業「大甲帽」和「大甲蓆」	葉于岡
		談圓山動物園	流人

　　綜觀「鄉土」副刊內容，確為介紹台灣的本地風光，如地理位置、季風、名產、宗教、風俗、交通、產業、高山、地名探源等的文章，可說是包羅萬象。但深究內容後亦可發現，少數存著「去日本化」或「醜化日本」的教育意味，試舉一例，如〈山地同胞的生活〉一文中最後就提到：「日人時代是用『警察力』統治山地，而我們是以『民政』力量辦理山地行政。可見我國的

政治作風，是以『德』服人，不是以『力』治人。」〔註50〕可知，培養愛國情操亦是教育的重點。

不過，「鄉土」副刊只出刊了27期就停刊，從1949年6月4日起改爲「科學版」，而這個改變也引起讀者翁元喜女士投書抗議，認爲「『鄉土』副刊在鄉土教育上非常有用，因何不續出下去？關於鄉土的材料我們也很需要」，而《國語日報》最後也只是在報上簡單地說，是主編黃得時在臺大教課太忙了，並且也提到正在徵求「鄉土」類的文章，有了就可以登；而他們也希望黃得時能繼續成爲撰稿的特約編輯〔註51〕。

筆者懷疑的是，如果主編黃得時沒空撰稿，那爲何不找它人代替？如「史地」副刊主編曾由夏德儀換成方師鐸，「週末」副刊主編也曾由何容換成夏承楹及林海音，而這兩種副刊也沒有因爲主編的更換而消失，爲何「鄉土」副刊成爲「國策」下的犧牲品？而筆者也觀察到《國語日報》「週末」副刊內容，從1949年12月3日起，也就是由本省籍的林含英（作家林海音本名）主編後，出現多篇關於台灣風物的小品及散文，如〈臺灣的年糕〉〔註52〕、〈捧台灣菜〉〔註53〕、〈新竹白粉〉〔註54〕等，雖然或許如《國語日報》所提，是徵求到「鄉土」類的文章才予以刊登，但筆者認爲，《國語日報》刊登台灣鄉土的文章的方式，實從名符其實的「鄉土」副刊版面做明顯的介紹，就此遁入「週末」副刊內，改以較隱晦的方式來發表。而「鄉土」副刊在停刊後，也成爲《國語日報》創刊七種副刊中，最「短命」的副刊。筆者認爲原因有兩點，第一，違背統治當局加強實施窄化的「中國化」教育政策；第二、和在台灣實施戒嚴後，政府對報章雜誌進行嚴密的統制管理有關。

「二二八事件」後，在國府已加強實施台灣的「中國化」教育的情況之下，而《國語日報》創刊時卻仍然出現介紹台灣本土文化的「鄉土」副刊，筆者亦認爲原因可能有兩點：第一，如學者何義麟所指，「二二八事件至1949年戒嚴之前，亦即魏道明主政時期，台灣的言論控制較爲寬鬆。因此，大陸

〔註50〕〈山地同胞的生活〉，《國語日報》，1948年12月4日，第三版。
〔註51〕〈屏東翁元喜女士問〉，《國語日報》，1949年10月30日，第三版。
〔註52〕〈臺灣的年糕〉，《國語日報》，1949年12月31日，第三版。
〔註53〕〈捧台灣菜〉，《國語日報》，1949年12月31日，第三版。
〔註54〕〈新竹白粉〉，《國語日報》，1949年12月31日，第三版。

來台人士尚能表達對台灣社會的真正感受。」〔註55〕第二，和「語文乙刊」一樣，「鄉土」副刊，亦是「去殖民化」工具。前文已揭，「語文乙刊」是把恢復本省方言當成推行國語的手段之一，把台語當成學習國語的工具一樣；而此時的「鄉土」副刊，是省國語會的另一項「去日本化」的工具，在大中國的意識下，把台灣文化納爲中國文化的一環，以「台灣化」的方式推進「中國化」及移去「日本化」。學者徐秀慧曾指出：

> 戰後初期「台灣省行政長官公署」推行文化重建時，雖以「中國化／去日本化」的文化政策爲起點，卻因陳儀本人的「開明」傾向網羅一些進步文化人來台，使「中國化」的文教政策又陸續增加了「台灣化」、「現代化」的內容。在許壽棠主持的省立編譯館、魏建功與何容主持的國語推行委員會，以及半官半民的文化協進會等文化機構中，都可看到來台的進步文化人積極與台灣文化人合作促進兩岸文化的交流與融合。〔註56〕

可知，行政長官時期的省國語會曾企圖以「台灣化」來推進「中國化」並完成「去日本化」的文化重建工作。但自二二八事件後，新成立的台灣省政府已加強實施台灣人的中國化教育；而在1949年5月20日台灣省開始實施戒嚴後，國府更開始實施「反共復國」的文教體制，執行全然排除「異己」的文化政策，無論「日本化」、「台灣化」、「赤色化」，還有「黑色」、「黃色」等一概列入「文化清潔運動」掃除的對象〔註57〕，言論自由也受到更嚴苛的限制。而觀察「鄉土」最後一期的出刊日期，即1949年5月28日後發現，正好就在台灣省戒嚴令剛頒布不久後，故筆者認爲「鄉土」副刊的消失，應是和政府對報章雜誌進行嚴密的統制管理有關。學者林淇瀁曾說，「傳播自由的宰制，源自二二八事件之後，意識型態國家機器對思想言論自由的控制手段之一。」〔註58〕而學者何義麟也指出，「在這樣的反共年

〔註55〕何義麟，《跨越國境線——近代台灣去殖民化之歷程》，頁180。
〔註56〕徐秀慧，〈中國化？台灣化？或是現代化？論陳儀政府時期文化重編的內容與性質〉，《文學與社會學術研討會——2004青年文學會議論文集》（臺北市：國家臺灣文學館籌備處，2004年），頁165。
〔註57〕徐秀慧，〈中國化？台灣化？或是現代化？論陳儀政府時期文化重編的內容與性質〉《文學與社會學術研討會——2004青年文學會議論文集》，頁187。
〔註58〕林淇瀁，《書寫與拼圖：臺灣文學傳播現象研究》（臺北市：麥田出版，2001年），頁31。

代下，新聞自由完全被扼殺，台灣報業進入最黑暗的年代」。〔註59〕

第三節　黨化教育的實施

一、黨化教育的政策

　　1949 年 5 月 20 日台灣開始實施戒嚴後，國府統治當局即對人民的思想、言論、出版、信仰等自由加以箝制。而 1949 年 12 月 7 日國府遷台後，在中國國民黨一貫的政策下，學校教育即開始全面進行黨化教育的措施。學者林玉体曾指出：「黨化教育就是最具體也最落實的戒嚴時期之教育。」〔註60〕而時任台大哲學系教授殷海光也曾在《自由中國》上發表一篇〈我們的教育〉，提到當時教育的原則：

> 這幾年來，在背後控制臺灣教育的原則有兩個：一是「黨化教育」；二是狹隘的「民族精神教育」。而這兩個原則又是互相滲透，互相支持，互相作用的。臺灣黨化教育的得以實施，顯然並非出于家長及受教育之歡迎悅納，而全係藉政權便利佈署。屬行黨化教育者挾其無可抗拒的政治優勢和一二頂大帽子，控制學校機構，樹立黨團組織，並且掌握大部分教職人員。網既佈成，待等進而規定課程，灌輸黨化思想，傳政治神話，控制學生課內外活動。彼等藉黨化教育，把下一代人鑄造成合于他們主觀需要的類型。〔略〕揆諸「黨即國」的主張，此種作用甚明。〔註61〕

殷海光最後在文末直言：

> 基于配合民主與科學的要求，並為了挽救下一代，建議停止黨化教育。他認為，「黨化教育壓窄人心，製造偏見，除對一黨以外，對國家民族有什麼好處？老實說，在世界的現狀之下，黨化教育是不會成功的。退一步說，黨化教育即令可以成功，充其量也不過是造出一批只聽一個黨的話的盲從之眾而已。這樣的人離開了黨的窩子，根本不能適應外界的新環境，只有成為廢料。」〔註62〕

〔註59〕何義麟，《跨越國境線——近代台灣去殖民化之歷程》，頁 183。
〔註60〕林玉体，《台灣教育史》（臺北市：文景，2003 年），頁 188。
〔註61〕社論，〈我們的教育〉《自由中國》第 18 卷 2 期，1958 年 1 月 16 日，頁 47。
〔註62〕社論，〈我們的教育〉《自由中國》，第 18 卷 2 期，1958 年 1 月 16 日，頁 48。

而學者李筱峰曾進一步指出當時教育內涵的兩個現象：

> 其一，黨化教育的內容，包括蔣氏個人的神格化崇拜；其二，「民族精神教育」的同時，是「去台灣化」的過程。為了成就蔣介石總統其個人獨裁，教育系統和大眾傳播媒體經常要塑造其英雄形象，渲染其領袖魅力。學校裡面充斥著許多為他個人歌功頌德的教材，歌頌他是「民族的救星，時代的舵手，世界的偉人」。〔略〕在當時的教育裡面，從領袖、黨、政府、國家，到民族，幾乎被畫上等號。配合「反共抗俄」政策的宣傳，從「效忠領袖」到「熱愛民族」幾乎是同義詞。〔略〕教育必須防止台灣主體意識的建立，才能成就「中華民族主義」的發展。所以，「去台灣化」的教育，乃勢所必然。
> 〔註63〕

而殷海光在文中提到厲行黨化教育者就是挾著政治優勢的人，當然指的就是國府統治者，即中國國民黨。中國國民黨以孫文的三民主義為思想中心，在國府遷台後，遂在台灣實施以三民主義為根據的教育，即三民主義教育，而三民主義教育其實就是黨化教育，二者等同。國民黨教育行政委員會於 1927 年通過教育方針草案時就曾對「黨化教育」做了以下定義：

> 我們所謂黨化教育，就是在國民黨指導下，把教育變成革命化和民眾化。換句話說，我們的教育方針，要建築在國民黨的根本政策之上。國民黨的根本政策是三民主義、建國方略、建國大綱、和歷次全國代表大會的宣言和議決案。我們的教育方針應該根據這種材料而定，這是黨化教育的具體意義。〔略〕我們有了確定的教育方針，便要把學校的課程重新改組，使與黨意不違背，〔略〕並能發揮黨義和實施黨的政策。〔註64〕

對此，學者莊萬壽曾指出，蔣介石政權這樣做的目的實是為了要台灣人民接受中華民族的道統說。他說：「三民主義是蔣介石最高大的圖騰柱，標示著他承繼孫文、治理中國的合法性與合理性。」〔註65〕「而三民主義的道統說，

〔註63〕 李筱峰，《臺灣全志·卷首，戰後臺灣變遷史略》（南投市：臺灣文獻館，2004年），頁 102。

〔註64〕 《教育雜誌》，卷十九號八，1927 年八月，總頁 30063。轉引自林玉体，《台灣教育史》，頁 197。

〔註65〕 莊萬壽，《台灣文化論——主體性之建構》，頁 254。

就是把中國偉人與中國文化化結合起來、偉人用以傳承偉大的中國文化，『道統』其實就是『政統』。」〔註66〕可知，蔣介石強調他是合法眞傳的中華民族繼承者，並藉此鞏固他在台灣的領導。

　　關於黨化教育的特色，殷海光曾在《自由中國》中提到：「一、灌輸青年，使青年們於不知不覺之間從黨的立場和一孔之見來看世界，看人，看事。二、將教育當做黨的宣傳工具，製造青年們分享黨的情緒；憎惡黨所憎惡的事物；喜好黨所所喜好的事物。三、神化黨的人物，和黨的歷史。四、造成青年們一個印象，以爲國家雖大，若無此黨，則日月無光，天地爲之色變；故捨此黨莫屬。五、要把下一代牽著鼻子走，跟著歌頌這個黨，爲這個黨搖吶喊。」〔註67〕

　　綜上所述，在黨化教育的實施下，國民黨將其一黨統治的意識，向下一代灌輸，而最容易形塑立意識型態的地方就在學校。誠如學者莊萬壽所言，「近代殖民地的同化運動，最有效的莫過於把殖民地的兒童、青少年集中到學校，關起門來，施以殖民者所需要的教材與活動。」〔註68〕

　　接下來筆者將觀察《國語日報》「兒童」副刊學生投稿之文章，選擇的原因在於，學生在學校接受黨化教育的制式影響後，其思考模式及內容自然會反應在「兒童」副刊學生投稿之文章上；而《國語日報》撰擇刊登此類的投稿，一方面代表報紙的言論立場，一方面也可藉此來向學生讀者形塑意識型態，筆者希望透過分析來了解其內涵與角色。

二、「兒童」副刊登載「黨化教育」內容分析

　　《國語日報》創刊時即設立了「兒童」副刊，在創刊號〈我們的副刊〉一文中提到，「報紙往往沒有小孩兒們的份兒，我們願意爲下一代服務，特請兒童教育專家張雪門先生主持。他編兒童，想來兒童們皆大歡喜。」〔註69〕

〔註66〕 莊萬壽，《台灣文化論──主體性之建構》，頁259。
〔註67〕 殷海光，〈學術教育應獨立於政治〉，原載《自由中國》第18卷10期。轉引自李筱峰，《叛徒的告白》，（臺北市：四季，1981年），頁198。
〔註68〕 莊萬壽，《台灣文化論──主體性之建構》，頁255。
〔註69〕 〈我們的副刊〉，《國語日報》，1948年10月25日，第三版。

圖 5－3 「兒童」副刊第一期

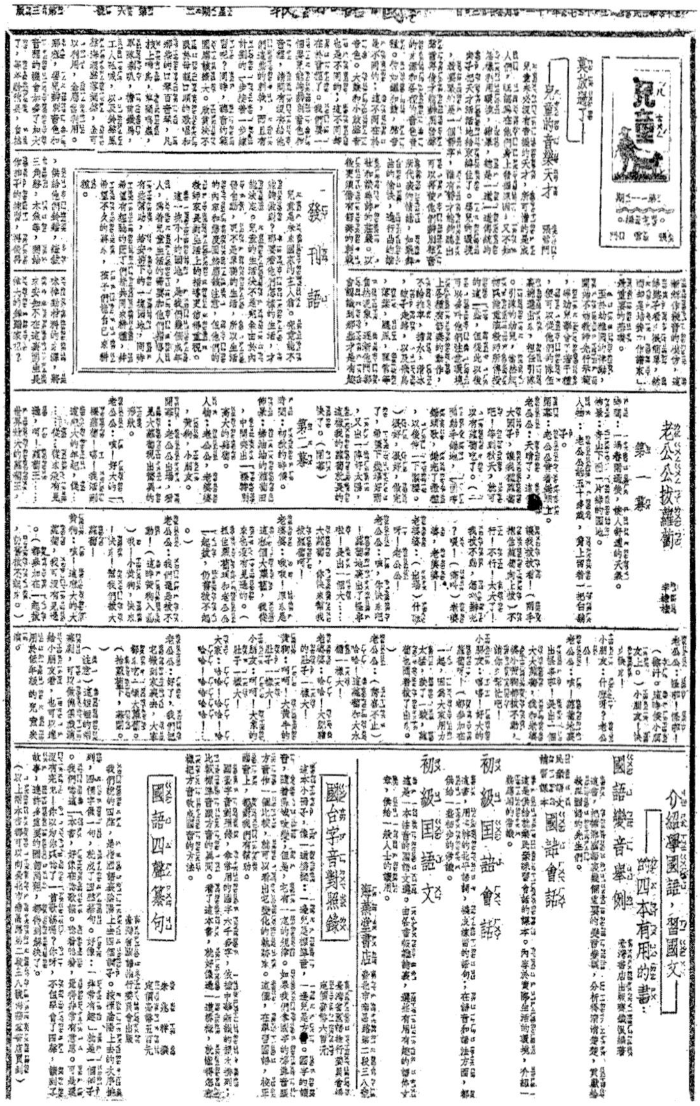
兒童

發刊語

老公公拔蘿蔔

介紹學國語，習國文的四本有用的書

國語變音舉例

國語會話

國語四聲纂句

資料來源：《國語日報》，1948 年 11 月 23 日，第三版

《國語日報》「兒童」副刊主編爲張雪門（1891～1973 年），中國浙江省人，時任臺灣省立臺北育幼院院長，其在〈發刊語〉一文中希望這個園地由成人和兒童一起來耕種，換句話，此刊徵稿的對象即爲成人和兒童，他提到：

> 兒童是國家未來的主人翁。究竟能不能夠做到？那要看他們怎樣的生活，才能決定。兒童的生活決不是完全由於內發自動，更不是單

　　獨的生活，所以生活的內容和態度固然應該注意，但他們的教師家
長對生活上的指導更值得重視。

　　這一塊小小的園地，是我們幾個成年人，為著兒童生活的需要和他們
指導人有些幫助，給安排下的一塊園地，同時希望有經驗的園丁們能
共同來耕種，并希望在不久的將來，孩子們能自己來耕種。〔註70〕

而筆者根據前文所揭之「黨化教育」的特色，將「兒童」副刊登載「黨化教
育」內容做一歸納分析，觀察範圍自 1948 年 11 月 23 日起至 1951 年 12 月 25
止，經筆者詳析後大概可以分成下列幾項特點，不過筆者仍然要強調，即有
些文章可能同時擁有好幾項特點，在此僅以中心思想來做粗略分類。

（一）醜化日本教育，推崇中國教育

　　此類文章如〈回憶五年來的小學生活〉：我們在小學裏，一共受了兩種教
育。從一年級到三年級，受的是日本教育；那時他們的教育是奴化教育，非
常難受。〔略〕臺灣光復了，我們才受到祖國的教育。因為我國是民主國家，
所以教育以及其他一切都和日本時代的不同。〔註71〕

　　〈給國內小朋友的一封信〉：記得我四年級以前是受著日本的教育，非常
難受，甚至連說話都不能自由，現在我們能夠脫離這種的奴化教育，接受了
我國的民主教育，我們應當怎樣感謝祖國呢？所以我們現在非常努力，用功
讀書，以備將來為國家服務。〔註72〕

　　〈看日本軍人遺族圖〉：日本靠了這種教育，把國家弄得富強起來，也因
為這種教育，上一次打了一個大敗仗。聽說現在還是這樣地訓練人民呢。實
在太可怕了。〔註73〕

　　〈我們的自治〉：回想在日本的時代，大家都受著壓迫的教育，沒有自由，
不講平等，怎麼能容許我們有自治呢？〔註74〕

〔註70〕張雪門，〈發刊語〉，《國語日報》，1948 年 11 月 23 日，第三版。

〔註71〕桃園國校六年四班生 蕭錦霞，〈回憶五年來的小學生活〉，《國語日報》，1949
　　　　年 3 月 22 日，第三版。

〔註72〕桃園國校五年四班生 蕭錦霞，〈給國內小朋友的一封信〉，《國語日報》，1949
　　　　年 3 月 29 日，第三版。

〔註73〕台北育幼院小學部四上 陳詩，〈看日本軍人遺族圖〉，《國語日報》，1949 年 6
　　　　月 14 日，第三版。

〔註74〕桃園國校六年丁級 黃滿麗，〈我們的自治〉，《國語日報》，1949 年 7 月 12 日，
　　　　第三版。

從文章內容中可發現，學生都認為日本教育是奴化教育，是不民主的；而中國是民主教育，比日本的進步，所以我們現要努力用功讀書，以備將來為國家服務。

（二）強調中國意識，增進國家認同

此類文章如〈會說國語的好處〉：我們都是中國人，除去不會說話的人以外，應當都會說國語。〔略〕國語實在太重要了！所以每個人都應讓會聽會說才好。〔註75〕

〈我學習國文的經過〉：自從臺灣光復以來，我們回到祖國也已經過了六個年頭了。我們在學校裏很自由，好好地學習祖國的國文。〔註76〕

〈看完了臺灣圖〉：最近我借到了一本中國分省圖，我翻到第十圖，正是我們的臺灣省。〔註77〕

從文章內容中可發現，學生認為自己是中國人，所以要學習國語，而台灣是中國的一部分，可知學生們的所認同的國家，就是中國，而台灣是中國的一省。

（三）對台灣的歌詠

此類文章如〈美麗的台灣〉：臺灣，這個美麗的寶島，在這個島上，有著外省稀有的東西。〔註78〕

〈美麗的台灣〉台灣真美麗！是全中國最好的地方。〔略〕台灣啊！你可以說是世界上最美麗的了。〔註79〕

〈美麗的台灣〉我們有這樣著名，這樣美麗的台灣，我很想大家把身體運動強健起來，將來把台灣保護起來，不要別國把台灣佔去了。所以我們要把台灣保護，把台灣建設成一個更美麗的台灣。〔註80〕

〔註75〕台北育幼院 江濤，〈會說國語的好處〉，《國語日報》，1950 年 2 月 13 日，第三版。

〔註76〕豐原瑞穗國民學校 魏清鎮，〈我學習國文的經過〉，《國語日報》，1950 年 3 月 20 日，第三版。

〔註77〕省立臺北育幼院 洪玲娜，〈看完了臺灣圖〉，《國語日報》，1950 年 12 月 18 日，第三版。

〔註78〕三年級外省組第一名 余承智，〈美麗的台灣〉，《國語日報》，1949 年 7 月 5 日，第三版。

〔註79〕四年級外省籍組第二名 席裕俊，〈美麗的台灣〉，《國語日報》，1949 年 7 月 5 日，第三版。

〔註80〕四年級外省組第三名 王香玲，〈美麗的台灣〉，《國語日報》，1949 年 7 月 5 日，第三版。

此類文章為數不多,而這三篇亦是刊登中華兒童教育社臺灣分社所舉辦兒童作文競賽作品,純粹供愛好兒童作品之研究〔註81〕。但仍可見此時建設新台灣,保護台灣的口號。

(四)挑動「國仇家恨」,引發「懷鄉」情緒

此類文章如〈給小薇的信〉:從前我們每次都在一起玩耍,一同遊戲,多麼快樂呀!自從我離開了北平,北平就打起仗來了。聽說天這樣冷,你們都沒有水,沒有電,沒有煤,我是多麼想念你們呀!〔略〕希望你們快來臺灣吧!〔註82〕

〈流丐〉:啊!他不是個乞丐,他原有家鄉,有慈愛的父母,親愛的兄弟,可愛的家園,但被那無情的炮火毀滅了。他流浪在飢餓寒冷裏,他不能行走,只有痛苦的躺在街上沉思回憶。我一邊走著,一邊想,國家怎麼變成了這樣!一般流浪者,流浪到何年何月才能回到家鄉。〔註83〕

〈月夜憶故鄉〉:民國三十六年,爸爸又被派到臺灣來做事,我們也隨後跟來臺灣。我以為日本投降,就可以過安居樂業的生活了,哪知可恨的共匪,又到處擾亂,使各處兵荒馬亂,現在那可愛的故鄉人民,都過著飢寒交迫的生活。將來收復大陸,我一定要到那久別的故鄉探望一次。〔註84〕

〈我的故鄉〉:我的故鄉,是一個繁華的都市──天津市。〔略〕可惡的共匪,把我的故鄉佔去三年了。故鄉的一切,都被共匪破壞了,想起來真使我說不出的難過,恨不得把我們共匪都打死,立刻回到故鄉。〔註85〕

〈天南地北〉:可恨好景不常,共匪到處搗亂,使人們不能安居樂業。徐蚌會戰失敗後,共匪迫近南京,爸爸叫媽媽帶我和弟弟、妹妹、外婆等逃到臺灣〔註86〕。

〔註81〕〈中華兒童教育社台灣分社舉辦兒童作文競賽選載〉,《國語日報》,1949 年 7 月 5 日,第三版。

〔註82〕北師附小三甲 賈文湘,〈給小薇的信〉,《國語日報》,1949 年 1 月 11 日,第三版。

〔註83〕女師附小六下甲班 林木蘭,〈流丐〉,《國語日報》,1949 年 4 月 26 日,第三版。

〔註84〕北師附小六乙 朱墉章,〈月夜憶故鄉〉,《國語日報》,1951 年 1 月 8 日,第三版。

〔註85〕國語實小 栗錦榮,〈我的故鄉〉,《國語日報》,1951 年 1 月 22 日,第三版。

〔註86〕臺中空軍子弟學校 馬福全,〈天南地北〉,《國語日報》,1951 年 6 月 12 日,第三版。

　　〈團圓和離散〉：我的家庭可算是美滿的，幸福的。但是，想到有一部分的人，他們的父母或兒女留在大陸，不得團聚，這是多麼不幸啊。同胞們，我們再一想到在大陸上的人們，他們正愁著，沒飯吃，沒衣穿，沒屋住，那又是多麼悲慘啊。同胞們，我們要消滅共匪，打回大陸，願大家努力吧。〔註87〕

　　〈散步〉：我們吃完了晚飯，洗過澡，爸爸、媽媽帶著我們兄弟五個在外面散步。〔略〕我忽然想到，不知大陸同胞能不能得到這樣快樂的享受？〔註88〕

　　〈家鄉〉：江蘇省的江都，是我的家鄉。我喜歡他一年四季的景色。〔略〕我想念我的家鄉，我多麼想念我的家鄉啊！〔註89〕

　　〈懷念北海〉：到過故都——北平的，誰都知道那壯麗的北海吧！〔略〕可惜現今已被赤匪佔領，懷念北海，不知道變成怎樣了！〔註90〕

　　〈故鄉〉：我的故鄉在廣西桂林，我非常想念它，時刻不忘。〔註91〕

　　從此類文章的內容可發現，學生在認知上被形塑著：由於中共挑起戰爭，導致人民流離失所，沒有飯吃，所以我們要消滅並匪，打回大陸，回到故鄉。

（五）培養愛國意識，鼓舞戰鬥意志

　　此類文章如〈我要去航海〉：我要去航海，把無際的海征服，加強我國領海的疆域。〔註92〕

　　〈螞蟻〉：現在中國，四分五裂，還不如一群螞蟻，他們的團結性是多麼的強啊！中國再不團結，共同抵抗外來的侵略，不論是世界兩種勢力的對立，不論是日本再興，對於中國都是非常危險的！〔註93〕

　　〈我的志願〉：我將來要去考空軍，因為現在的中國四面仍有許多野心勃勃的國家，虎視耽耽，需要有許多空軍去抵抗他們才能得到永久的和平。〔略〕

〔註87〕黃小飛，〈團圓和離散〉《國語日報》，1951年8月21日，第三版。

〔註88〕趙蜀剛，〈散步〉，《國語日報》，1951年9月18日，第三版。

〔註89〕臺北市一女中一年上期　方謙明，〈家鄉〉，《國語日報》，1950年3月20日，第三版。

〔註90〕臺北育幼院五下　周竟成，〈懷念北海〉，《國語日報》，1950年3月20日，第三版。

〔註91〕女師附小四上戊組　馬葆玲，〈故鄉〉，《國語日報》，1951年1月1日，第三版。

〔註92〕女師附小五上乙　于振六，〈我要去航海〉，《國語日報》，1949年1月11日，第三版。

〔註93〕國語實小六下甲　張羅，〈螞蟻〉，《國語日報》，1949年5月3日，第三版。

當空軍的人對國家的貢獻是何等偉大啊！所以我將來願做一個空軍。〔註94〕

〈愛國得獎〉：一天，有個賣冰根兒的小孩子在街上，看見很多人買愛國獎券，他心裏想：難道別人能愛國，我就不能愛國嗎？於是他就把賣冰棒兒賺的錢也買了一張。〔略〕大家都稱讚他愛國而得到獎金。〔註95〕

〈水上看飛機〉：牠們是跨海過山的大英雄；牠們也是衝鋒陷陣的敢死隊。牠們是爭取和平的天使；牠們也是我們臺灣的褓母。〔註96〕

〈我愛祖國　也愛臺灣〉：我為什麼愛臺灣呢？那就不用說了，臺灣的同胞有誰不愛或不喜歡臺灣呢？假使他不喜歡臺灣，為什麼要在臺灣住呢？〔略〕我愛臺灣，但是我更愛祖國。為什麼呢？雖然臺灣好，我們不能忘了祖宗。〔略〕現在我們正在讀書的時候，我們一定要努力讀書，以期將來把我們的祖國，建設成全世界最好的國家。我國是全世界最大的國家，土地又最廣大，人口也最多，把我們的祖國建設成最好的國家，並不是很難的事。同胞們努力吧！祖國是我們的，我們一定要努力才好，一定要愛祖國才好。〔註97〕

〈看了電影以後〉：我看完了這場電影，深深地感到了抗戰的艱苦，可是正因為艱苦，才能夠使我們強健起來。〔註98〕

〈早操〉：「強國要先強種，強種先要強身」，假使現在我們每個人身體都很強健的話，那麼我們每個人都能夠有力量來保衛國家，國家就不會受異族的壓迫和侵略了！〔註99〕

〈我的空軍朋友〉：我看到過許多空軍，也認識許多空軍，他們個個強壯的身體，高尚的品格都使我敬佩。〔略〕幾年來共匪的作戰，使得大陸上不能安定，我隨著來到臺灣。這個勇敢的飛將軍因為品格好，而且作戰的能力強，所以派到很遠很遠的地方去考察盟國的空軍，再來一次的學習。我想

〔註94〕國語實小六下甲　張羅，〈我的志願〉，《國語日報》，1949 年 7 月 19 日，第三版。

〔註95〕北師附小六乙　李希謙，〈愛國得獎〉，《國語日報》，1950 年 10 月 2 日，第三版。

〔註96〕鳳山大東國校，〈水上看飛機〉，《國語日報》，1950 年 11 月 20 日，第三版。

〔註97〕山腳國校　茂，〈我愛祖國　也愛臺灣〉，《國語日報》，1950 年 11 月 27 日，第三版。

〔註98〕臺北育幼院　洪玲娜，〈看了電影以後〉，《國語日報》，1950 年 12 月 25 日，第三版。

〔註99〕東師附小學生　戴憲次，〈早操〉，《國語日報》，1951 年 1 月 29 日，第三版。

他不久的將來反攻大陸的時候，一定是一個能為國效勞的英雄。〔註100〕

〈克難運動時間〉：我們的學校雖然是鄉下小小的學校，但是國軍的愛國克難運動的風氣也流到本校了。〔略〕我們努力的幹，幹。直到太陽落下去了，我們才扛著鋤頭唱著「保衛大臺灣」〔註101〕，勇壯的回校。〔註102〕

〈歌聲〉：一年以前，我最愛唱「保衛大臺灣」這歌了，因為「我們已經無處後退」，我們如不能確保臺灣，便只有和臺灣同歸於盡了。老師說過，保衛臺灣是反共抗俄的手段，不是目的；反攻大陸才是反共抗俄的目的，〔略〕因此我便把這首「保衛大臺灣」的熱情，移轉到「反攻進行曲」這歌上來了，只要我一想唱歌，我就單唱這一支歌。聽啊：「反攻，反攻，反攻大陸去！」這歌聲多麼嘹亮，氣勢多麼雄壯，意志又多麼堅定！——每當我唱到末了「反攻回去，反攻回去，把大陸收復」的時候，我像被捲入在反攻的洪流裏，從吳淞口登陸一樣。〔略〕無線電不斷播送出捷報：有的匪軍陣前起義了，有的匪首束手被俘了，毛澤東向西伯利亞逃去，莫斯科已給原子彈炸成平地了，全國統一了，天下太平了。我實在愛唱「反攻進行曲」這支歌，我愛它有美麗的遠景，我愛它有雄偉的畫面。唱啊！唱啊！全臺灣八百萬軍民一齊參加這一個大合唱啊。要唱得更響亮，要唱得更雄壯，更要唱出一幕歷史性的行動來——把大陸收復。〔註103〕

從此類文章中發現，學生被教導認為中國是全世界最大的國家，土地又最廣大，人口也最多，而國家要團結，人民要愛國，才能消滅敵人；另外，每個人都要保持身強體壯，長大後要和英勇的軍人一樣要報效國家，最後再收復大陸失土。

從筆者的分析後發現，《國語日報》撰擇刊登「黨化教育」類的投稿文章，

〔註100〕利，〈我的空軍朋友〉，《國語日報》，1951年8月14日，第三版。
〔註101〕〈保衛大臺灣〉這首歌是由當時身兼「民族報」副刊主編的孫陵，奉國民黨中央黨部文宣部長任卓宣之命於作詞完成，其詞亦被視為反共文學第一聲，作曲者為李中和，並長期在軍中及機關學校教唱。歌詞如下：「保衛大台灣！保衛大台灣！保衛民主復興的聖地，保衛人民至上的樂園，萬眾一心，全體動員，節約增產，支援前線！打倒蘇聯強盜！消滅共匪漢奸！〔略〕。（來源：國立台灣文學館，http://www.nmtl.gov.tw/index.php?option=com_klg&task=ddetail&id=362&Itemid=238，2012年5月20日瀏覽）。不過弔詭的是，後來這首歌傳出因被中共改成〈包圍打台灣〉而遭到禁唱。
〔註102〕山腳國校 劉茂，〈克難運動時間〉，《國語日報》，1951年1月29日，第三版。
〔註103〕韓清蓮，〈歌聲〉，《國語日報》，1951年10月16日，第三版。

可分成五種特點。而從這五點特點也可代表《國語日報》的言論立場，及形塑意識型態的角色。在此模式的運作之下，除了作者因為作品獲得刊登而得到獎勵，並繼續習寫此類文章外，讀者也會因此而模仿創作，投稿內容相似之文章，期望得到主編的青睞，每位學生更是個個變得憂國憂民；久而久之，文章因為在意識型態的灌輸下，內容不再創新，也就愈來愈八股了。

以上述作文題目為例，任何形式的作文題目最後都和國仇家恨或愛國意識有關連，如〈散步〉一文的最後，竟是想到不知大陸同胞能不能得到這樣快樂的享受、〈螞蟻〉則聯想到中國要團結，才不會外國欺負、〈愛國得獎〉透過生活困苦的人因愛國而買獎券，最後中獎的故事，表達愛國就會有好的福報、〈看了電影以後〉會想到抗戰的辛苦等，這些都顯示出學生只要在這類題目上寫出和國仇家恨或愛國意識的內容，文章就能獲得刊登，並可賺取稿費。

總而言之，《國語日報》撰擇刊登「黨化教育」類的文章，除了代表報社的言論立場外，文章也是報社藉此來向讀者型塑「黨化教育」的教材；而我們從學生投稿的文章內容也發現，戒嚴時期「黨化教育」的教條，幾乎是相當徹底地灌輸在學生的思想上。

第六章　結　論

　　二次大戰後，國民政府接管台灣，認爲台灣「日本化」情形嚴重，因此積極地要將台灣「中國化」，並實施「語文復原」工作。1946 年 4 月，國民政府成立「台灣省國語推行委員會」（下文簡稱省國語會），做爲戰後台灣國語教育的執行機構，大力推動「國語」運動，目的是要加強台灣人民對中國文化的了解。而《國語日報》爲了推行國語運動而創辦，雖然是一份民營報紙，但是從發行之初，就與省國語會密不可分。1949 年初，《國語日報》就將編輯、印刷工作都移到省國語會，借重省國語會人力辦報；省國語會則利用報社的印刷設備，解決書刊傳佈的困難。1949 年 3 月，《國語日報》社成立董事會時，省國語會委員等人更列名其中，此後《國語日報》社的人事即具有濃厚的官方色彩。但《國語日報》言論立場的特殊性對於內容編輯的影響，卻從未被詳細地檢視。在上述問題意識下，本文透過國府遷台前後之《國語日報》史料爬梳，探討《國語日報》在戰後身爲國語政策的執行者，亦是中國意識型態的形塑者，其具體的內涵與角色。

　　首先，從戰後初期臺灣推行國語運動的情形來看，在社會語言使用上仍是日語和母語共同存在的情形下，省國語會除了樹立國語標準，也針對臺灣的特殊情形，訂定六條「臺灣省國語運動綱領」，做爲在臺灣推行國語工作之準則。之後省國語會爲解決書刊及傳布的不足，建議政府創辦一份學習國語的報紙，最後在由政府撥款，省國語會籌辦的情形之下，於 1948 年 10 月 25 日創辦了《國語日報》。《國語日報》創刊初期，因處於國共內戰下，時局變易，經營困難，只好將廠房及門市賣出，以支應基本開銷。之後在董事長傅斯年的主動建議下，接受省政府的委託編印注音書籍，賺進一千令的白報紙，

省下一大筆經費；省參議會更早在報紙創刊初期，就決議援助《國語日報》，而從 1950 年 4 月 1 日起，省國語會再撥墊四萬元爲全省國民學校每校訂閱《國語日報》兩份，這些都可見政府爲順利推行國語運動，利用官方資源援助民營報業的痕跡。

其次，由於國民黨在國共內戰中逐步敗退，因此大陸文化界人士也紛紛來台，故此時期的《國語日報》社重要成員還有一項特色就是幾乎都爲外省籍人士。而《國語日報》創刊時，報社人員一些重要的職務幾乎都由「省國語會」的幹部出任，他們除了實際參與報紙的編輯外，更發表多篇文章宣傳國語推行理念。此外《國語日報》的台灣省新聞版面，除了是政府宣達國語政令的最佳途徑，更是省國語會宣傳國語理念的工具。省國語會最終的目的，則是要透過新聞報導，營造社會上學習國語的熱潮，並將推行國語運動的風氣帶動起來，達到推行國語成功的目標，《國語日報》此時儼然成爲省國語會的機關報。

《國語日報》創刊重要使命即爲替省國語會執行國語政策，而省國語會及報社的重要領導人物，即魏建功、何容及洪炎秋等人的國語推行理念，基本上是相當一致的，主要就是「樹立標準」及「提倡恢復本省方言」，而這兩個理念的落實則具體表現在「語文甲刊」及「語文乙刊」上。透過「語文甲刊」的深入分析後發現，關於「國音」的論述，共計 187 篇，數量最多，佔全體 58%，內容以省國語會專家發表「國音」專論爲主，再以「解答問題」專欄的互動方式爲輔，將注音符號及標準發音推廣普及。而透過「語文乙刊」的深入分析後發現，關於「練習文章類」的內容，共計 406 篇，數量最多，佔全體 54%。如果再加上性質接近，同樣是讓讀者對照練習的「課本教材類」，那麼就佔了全體的 77%。可知，「語文乙刊」內容以提供方音符號的基本教材及創作文章，讓讀者進行對照學習爲主，並以省國語會專家學者的理論支持爲輔，來實行臺語復原，從方言比較學習國語。

戰後，國民政府首重掃除台灣人的所謂「奴化」思想，並置入中國化的意識。藉著教育文化的傳播功能，希望在最短時間內達成中國化目標，意圖要透過中國化的教育政策，形塑台灣人的中國意識。但台灣知識分子不僅不承認因「日本化」而導致人性也跟著被「奴化」，反而主張「日本化」的另一面其實也包含「近代化」與「世界化」；而另一方面，他們也認爲，中國與台灣的文化水準存在差異，而文化的摩擦的結果，終於導致 1947 年發生的「二

二二八事件」。「二二八事件」後，臺灣省政府成立，除了開始嚴格控制日語日文的使用之外，也開始加強國語運動的推行及中國化的政策。而台灣的中國化到了 1949 年國府遷台後，有了很大的變化，這時不僅要使台灣更像中國，而且最重要的是，要使台灣代表中國。不過，「中國化」政策始終是治理台灣當局的最高指導原則，持續不變。

在這個背景之下，《國語日報》曾強調它是在「宣揚祖國文化」這個意義下努力工作的，並因此創辦了「史地」和「鄉土」兩個副刊。經筆者深究後發現，《國語日報》的「史地」副刊內容以介紹中國歷史為主，佔總數的四分之三。《國語日報》藉此希望能培養台灣人對中國的認識，進而增強台灣人的中國意識，並激發台灣人對中國的認同；而在中國歷史中又特別強調抵抗異族侵略的民族英雄和中國歷代先賢的介紹，目的則是為了要向民眾形塑蔣介石為「民族救星」的形象，及強調他是合法真傳的中華民族繼承者，藉此鞏固他在台灣的領導。

而《國語日報》在以大中國為主體的前提之下，創辦了介紹台灣本地風光的「鄉土」副刊。但「二二八事件」後，在國府已加強實施台灣的「中國化」教育的情況之下，而《國語日報》創刊時卻仍然出現介紹台灣本土文化的「鄉土」副刊，筆者認為原因在於二二八事件至 1949 年戒嚴之前，亦即魏道明主政時期，台灣的言論控制較為寬鬆；及在大中國的意識下，把台灣文化納為中國文化的一環，以「台灣化」的方式推進「中國化」及移去「日本化」。經筆者分析「鄉土」副刊內容後亦發現，除了介紹台灣文化之外，亦存著「去日本化」或「醜化日本」的教育意味，「鄉土」副刊此時成為「去殖民化」工具。

而 1949 年 12 月 7 日國府遷台後，在中國國民黨一貫的政策下，學校教育即開始全面進行黨化教育的措施，黨化教育就是最具體也最落實的戒嚴時期之教育。在黨化教育的實施下，國民黨將其一黨統治的意識，向下一代灌輸，而最容易形塑意識型態的地方就在學校。而學生在學校接受黨化教育的制式影響後，其思考模式及內容自然會反應在「兒童」副刊學生投稿之文章上。而《國語日報》撰擇刊登此類的投稿，一方面代表報紙的言論立場，一方面也可藉此來向學生讀者形塑意識型態。

經筆者分析後《國語日報》「兒童」副刊內容後發現，《國語日報》撰擇刊登「黨化教育」類的投稿文章，可分成五種特點：一、醜化日本教育，推

崇中國教育；二、強調中國意識，增進國家認同；三、對台灣的歌詠；四、挑動「國仇家恨」，引發「懷鄉」情緒；五、培養愛國意識，鼓舞戰鬥意志。在此模式的運作之下，除了作者因為作品獲得刊登而得到獎勵，並繼續習寫此類文章外，讀者也會因此而模仿創作，投稿內容相似之文章，期望得到主編的青睞，是故每位學生個個變得憂國憂民；久而久之，文章因為在意識型態的灌輸下，內容不再創新，形式也就愈來愈八股了。總而言之，《國語日報》撰擇刊登「黨化教育」類的文章，除了代表報社的言論立場外，文章也是報社藉此來向讀者型塑「黨化教育」的最佳教材。

然而，隨著 1949 年 5 月 20 日台灣開始實施戒嚴後，國府統治當局即開始對人民的思想、言論、出版、信仰等自由加以箝制。而與省國語會關係密切之《國語日報》，因為擁有濃厚的官方色彩，除了更積極地替政府宣傳、執行政策及形塑意識型態外，其內容亦需受到政府的更嚴屬的控制，這點可從「語文乙刊」及「鄉土」副刊的消失來證明。首先是「語文乙刊」的消失，省國語會原本的理念是要「實行臺語復原，從方言比較學習國語」，此時是把臺語當成學習國語的工具；而國府遷台之初，由於對社會掌控尚未深入，並未嚴禁台語，故「語文乙刊」此時期仍能存在於《國語日報》。不過，隨著蔣介石政權逐漸穩定下來，語言政策開始定於一尊，這項「恢復本省方言」的工作，也因與當局者的語言政策背道而馳，使得「語文乙刊」被迫於 1954 年 11 月後消失。其次，以大中國為主體及成為去殖民化工具的「鄉土」副刊，最後竟只出刊了 27 期就停刊，而觀察「鄉土」最後一期的出刊日期，即 1949 年 5 月 28 日後，發現正好就在台灣省戒嚴令剛頒布不久後，筆者認為是因為違背統治當局愈來愈窄化的「中國化」教育政策，及和台灣實施戒嚴後，政府對報章雜誌進行嚴密的統制管理有關。而《國語日報》刊登台灣鄉土的文章的方式，也從「鄉土」副刊遁入「週末」副刊內，改以較隱晦的方式來發表。

綜觀所述，本文藉由探討國府遷台前後《國語日報》之內容，分析在戰後台灣推行國語運動的背景下，《國語日報》身為國語政策的執行者，亦是中國意識型態的形塑者，其具體的內涵與角色。經由本文的探討，發現自從台灣實施戒嚴後，政府開始對言論自由進行嚴密的統制管理；當國府遷台後，隨著蔣介石政權逐漸穩定下來，語言政策開始定於一尊，「中國化」教育政策也愈趨窄化。總體而言，國府遷台前後《國語日報》內容之變化，顯示出政府執行更徹底的國語政策，及更窄化的中國化教育。

參考書目

基本史料

1. 《國語日報》，1948 年 10 月 25 日～1951 年 12 月 31 日。

專書

1. 王天濱，《臺灣報業史》（臺北市：亞太圖書，2003 年）。

2. 王天昌，《書和人第三輯》（臺北市：國語日報社，1987 年）。

3. 王聿鈞、孫斌編著，《朱家驊先生言論集》（臺北市：中央研究院近代史研究究，1977 年）。

4. 王正方，《我這人話多：導演講故事》（臺北市：九歌，2008 年）。

5. 王美玉總編輯，《台灣久久：台灣百年生活印記》（臺北市：天下遠見，2011 年）。

6. 方師鐸，《五十年來中國國語運動史》（臺北市：國語日報社，1969 年）。

7. 方師鐸，《台灣話舊》（臺中市：中市文化局，2000 年）。

8. 李筱峰，《解讀二二八》（臺北市：玉山社，1998 年）。

9. 李筱峰、林呈蓉編著，《臺灣史》（臺北市：華立圖書，2003 年）。

10. 李筱峰，《台灣史 100 件大事（下）》（臺北市：玉山社，1999 年）。

11. 李筱峰，《臺灣全志·卷首，戰後臺灣變遷史略》，（南投市：臺灣文獻館，2004 年）。

12. 李筱峰，《叛徒的告白》，（臺北市：四季，1981 年）。

13. 何義麟，《跨越國境線——近代台灣去殖民化之歷程》，（臺北縣：稻鄉，2006）。

14. 汪彝定，《走過關鍵年代——汪彝定回憶錄》（臺北：商周文化股份有限公司，1991 年）。

15. 呂東熹，《政媒角力下的台灣報業》（台北市：玉山社，2010 年）。

16. 林淇瀁，《書寫與拼圖：臺灣文學傳播現象研究》，（臺北市：麥田出版，2001 年）。

17. 林良等，《見證：國語日報六十年》（台北市：國語日報，2008 年）

18. 林慶彰主編，《日治時期臺灣知識分子在中國》（臺北：北市文獻會，2004 年）。

19. 林莊生，《懷樹又懷人：我的父親莊垂勝、他的朋友及那個時代》（臺北市：自立晚報，1992 年）。

20. 林玉体，《台灣教育史》，（臺北市：文景，2003 年）。

21. 洪炎秋等，《何容這個人》（台北：國語日報社，1975 年）。

22. 洪炎秋，《教育老兵談教育》（臺北市：三民書局，1974 年）。

23. 洪炎秋，《語文雜談》（臺北市：國語日報附設出版部，1978 年）。

24. 封德屏總編輯，《文學與社會學術研討會——2004 青年文學會議論文集》，（臺北市：國家臺灣文學館籌備處，2004 年）。

25. 施善繼、林一明執行編輯，《因爲是祖國的緣故》（台北市：人間，2001 年）。

26. 吳濁流，《無花果》（台北市：前衛出版社，1993 年）。

27. 吳濁流，《台灣連翹》（臺北市：草根出版，1995 年）。

28. 吳守禮，《閩臺方言研究集・1》（臺北市：南天，1995 年）。

29. 吳昭新著，《臺語文讀本》（新竹市：凡異文化，2007 年）。

30. 夏祖麗，《從城南走來：林海音傳》（臺北市：天下遠見，2000 年）。

31. 夏祖麗、應鳳凰、張玉璋合著，《蒼茫暮色裡的趕路人：何凡傳》（臺北市：天下文化，2003 年）。

32. 梁若容，《國語與國文》（臺北市：國語日報社，1969 年）。

33. 梁容若，〈齊鐵恨先生的業績與志事〉，《藍天白雲集》（臺北：三民書局，1978 年）。

34. 國立臺灣師範大學國音學編輯委員會編纂，《國音學》，（臺北市：正中書局，1982 年）。

35. 湯芝萱等撰寫，《讀報教育指南・入門篇》（臺北市：國語日報社，2006 年）。

36. 馮季眉總編輯，《見證：國語日報六十年》（臺北市：國語日報社，2008 年）。

37. 黃英哲，《「去日本化」「再中國化」：戰後臺灣文化重建（1945～1947）》（臺北市：麥田文化，2007 年）。

38. 黃宣範，〈國語運動與日語運動〉，《語言、社會與族群意識》（臺北：文鶴出版社，1993 年）。

39. 張博宇，《臺灣地區國語運動史料》（臺北市：臺灣商務印書館，1974 年）

40. 張博宇，《慶祝臺灣光復四十年 臺灣地區國語推行資料彙編（中）》（台北市：台灣省立新竹社會教育館，1988 年）。

41. 陳國祥、祝萍作，《臺灣報業演進四十年》（臺北市：自立晚報，1987 年）。

42. 陳美如，《台灣語言教育政策之回顧與展望》（高雄市：高雄復文出版，2009 年）。

43. 陳明柔，《我的勞動是寫作：葉石濤傳》（臺北市：時報文化，2004 年）。

44. 莊萬壽，《台灣文化論──主體性之建構》，（台北市：玉山社，2003 年）。

45. 楊秀菁、薛化元、李福鐘主編，《戰後台灣民主運動史料彙編・七，新聞自由（1945～1960）》（臺北縣新店市：國史館，2002 年）。

46. 楊允言、張學謙、呂美親主編，《臺語文運動訪談暨史料彙編》（臺北縣：國史館，2008 年）。

47. 葉石濤，《我的勞動是寫作──葉石濤傳》（臺北市：時報文化，2004 年）。

期刊論文

1. 方祖燊，〈國語大師何容先生年表〉，《語文建設通訊》第 60 期，（1999 年 7 月），頁 74～75。

2. 王天昌，〈懷念洪炎秋社長)〉，《書和人》，第 388 期，（1980 年 4 月），頁 7～8。

3. 朱兆祥，〈廈語音韻的檢討〉，《南大中文學報》2，（1963 年 12 月）

4. 李筱峰，〈從《民報》看戰後初期臺灣的政經與社會〉，《臺灣史料研究》第 8 號（1996 年 8 月），頁 98～122。

5. 李筱峰，〈兩蔣威權統治時期的「愛國歌曲」內內析論〉，《文史台灣學報》1，2001 年 11 月，頁 135～178。

6. 李西勳，〈臺灣光復初期推行國語運動情形〉，《臺灣文獻》46：3（1995 年 9 月），頁 173～208。

7. 何義麟，〈戰後初期臺灣報紙之保存現況與史料價值〉，《臺灣史料研究》第 8 號（1996 年 8 月），頁 88～97。

8. 何容，〈本省的國語運動〉，《臺灣教育輔導月刊》，1：1，（1950 年 11 月），頁 29～30。

9. 何容，〈臺灣推行國語工作的回顧與展望〉，《中國語文》，第二十九卷第四期，（1971 年 10 月），頁 9～12。

10. 黃英哲，〈魏建功與戰後台灣「國語」運動（1946～1948）〉，《臺灣文學研究學報》第 1 期（2005 年 10 月），頁 79～107。

11. 洪炎秋，〈十五年來的國語日報〉，《報學》3：3（1964 年 3 月），頁 70～72。

12. 洪炎秋，〈國語日報簡介〉，《臺灣文獻》26：4／27：1（1976 年 3 月），頁 158～165。

13. 洪炎秋，〈十五年來的國語日報〉，《報學》3：3（1964 年 3 月），頁 70～72。

14. 許雪姬，〈台灣光復初期的語文問題〉，《思與言》29 卷第 4 期，（1991 年 12 月），頁 155～184。

15. 陳正茂，〈梁容若（1904～1997）〉，《傳記文學》75：6＝451，（1999 年 12 月），頁 142～144。

16. 陳培豐，〈日治時期臺灣漢文脈的漂游與想像：帝國漢文、殖民地漢文、中國白話文、臺灣話〉，《臺灣史研究》第 15 卷第 4 期（2008 年 12 月）張兆年，〈國語日報和兒童讀物〉，《臺灣教育》第 399 期（1984 年 3 月），頁 15～18。

17. 賴青萍，〈堅持的舵手──國語日報社〉，《精湛》第 10 期，（1989 年 10 月），頁 6～10。

18. 國語日報社，〈飛躍五十──國語日報五十歲生日〉，5：7＝55《小作家月刊》，（1998 年 11 月），頁 49～59。

19. 萬麗慧，〈兒童文學的領航者──訪《國語日報》董事長林良〉，第 22 期《全國新書資訊月刊》，（2000 年 10 月），頁 33～36。

20. 楊聰榮，〈從民族國家的模式看戰後的台灣的中國化〉，《台灣文藝》138 期，（1993 年 8 月），頁 77～113。

21. 社論，〈我們的教育〉，《自由中國》，第 18 卷 2 期，1958 年 1 月 16 日，頁 48。

學位論文

1. 李治國，〈《國語日報兒童文學牧笛獎》圖畫故事書研究〉，（臺東：臺東師範學院兒童文學研究所論文，2003 年）。

2. 呂東熹，〈臺灣戰後民營報業發展的歷史結構分析──以《自立晚報》為例〉，（臺北：私立銘傳大學傳播管理研究所碩士論文，2002 年）。

3. 呂婉如，〈《公論報》與戰後初期台灣民主憲政之發展（1947～1961）〉，（臺北：國立臺灣師範大學歷史研究所論文，2001 年）。

4. 沈倖妃，〈國小六年級兒童作文的辭格研究──以九十四年《國語日報》為例〉，（臺北：臺北市立教育大學中國語文學系碩士班論文，2008 年）。

5. 林家安，〈2008 年國語日報高年級童詩金榜研究〉，（臺中：國立臺中教育大學語文教育學系碩博士班論文，2010 年）。

6. 林芳儀，〈國小三年級讀報教育之行動研究——以閱讀國語日報爲例〉，（臺北：國立臺北教育大學語文與創作學系碩士班，2011 年）。

7. 林瑋，〈「國語日報」品牌再造研究〉，（臺北：國立政治大學經營管理碩士學程（EMBA）論文，2009 年）。

8. 林哲璋，〈「國語日報」的歷史書寫〉，（臺東：國立臺東大學兒童文學研究所論文，2006 年）。

9. 俞智仁，〈戰後臺灣國民學校國語科教材教法之研究（1950～1962）〉，（臺北：國立臺北教育大學教育學院社會與區域發展學系碩士論文，2010 年）。

10. 侯詩瑜，〈國語日報華語教師文化教學現況調查與研討〉，（臺北：國立臺灣師範大學華語文教學研究所論文，2008 年）。

11. 吳純嘉，〈《人民導報》研究（1946～1947）兼論其反映出的戰後初期臺灣政治、經濟與社會文化變遷〉，（桃園：國立中央大學歷史研究所碩士論文，1998 年）。

12. 吳紹民，〈戰後初期臺灣文教政策之研究（1945～1951）——以「臺灣省參議會」問政與提案爲中心的探討〉，（台南：成功大學歷史研究所在職專班碩士論文，2009 年）。

13. 夏良業，〈魏道明與臺灣省政改革 1947～1948〉，（台北：國立臺灣師範大學台灣史研究所，2008 年。

14. 陳秀枝，〈國語日報牧笛獎及其童話作品研究〉，（臺東：臺東師範學院兒童文學研究所論文，2002 年）。

15. 陳恕的，〈《民報》觀點看戰後初期〈1945～1947〉台灣的政治與社會〉，（台中：私立東海大學歷史研究所，2002 年）。

16. 陳靜如，〈摘要策略教學對國小三年級學生閱讀理解能力之影響——以國語日報爲教材〉，（嘉義：國立中正大學教育研究所論文，2011 年）。

17. 陳玫吟，〈國民小學二年級實施讀報教育之行動研究——以國語日報爲例〉，（嘉義：國立中正大學教學專業發展數位學習碩士在職專班論文，2009 年）。

18. 陳怡安，〈《國語日報》海洋教育議題之內容分析〉，（臺中：國立臺中教育大學課程與教學研究所論文，2009 年）。

19. 許旭輝，〈戰後初期臺灣報業之發展——以《臺灣新生報》爲例〉，（臺北：國立臺北教育大學社會科教育學系碩士班，2007 年）。

20. 黃淑英，〈《民報》與戰後初期的臺灣〉，（臺北：國立臺灣師範大學歷史研究所論文，2003 年）。

21. 楊茹美，〈從《國語日報》〈小詩人專刊〉看兒童心目中父母親的形象〉，（臺東：臺東師範學院兒童文學研究所論文，2002 年）。

22. 劉容枝，〈讀報教育營造班級閱讀環境之行動研究——以國語日報爲例〉，（高雄：高雄師範大學工業科技教育學系論文，2010 年）。

23. 劉芳蓉，〈現代童話之主題分析——以國語日報牧笛獎得獎童話作品爲例〉，（花蓮：國立花蓮師範學院國民教育研究所論文，2005 年）。

24. 鄭惠月，〈《國語日報》語文專欄與國小語文教學之應用研究〉，（臺北：臺北市立教育大學中國語文學系碩士班論文，2010 年）。

25. 鍾宇欣，〈運用國語日報讀報教學提升國小四年級學童中文寫作能力之行動研究〉，（臺中：國立臺中教育大學課程與教學研究所論文，2010 年）。

26. 鍾張涵，〈提升兒童識讀能力與媒體近用研究——以《國語日報》實施 NIE 爲例〉，（臺北：世新大學新聞學研究所（含碩專班）論文，2009 年）。

27. 蘇美如，〈讀報教育對國小四年級學童寫作能力成效之研究——以《國語日報》爲例〉，（屏東：國立屏東教育大學中國語文學系碩士班，2011 年）。

其他報紙文章

1. 王白淵，〈告外省人諸公〉，《政經報》2 卷 2 期，1946 年 1 月 25 日。

2. 王白淵，〈在台灣歷史之相剋〉，《政經報》2 卷 3 期，1946 年 2 月 10 日。

3. 社論，〈肅清思想毒素〉，《臺灣新生報》，1945 年 12 月 17 日。

4. 社論〈台灣未嘗「奴化」〉，《民報》，1946 年 4 月 7 日。

5. 魏建功，〈何以要提倡從臺灣話學習國語〉，《臺灣新生報》，1946 年 5 月 28 日，「國語」第二期。

6. 陳璟民、趙靜瑜，〈國語日報捧馬民眾質疑違反經營目的〉，《自由時報》，2009 年 5 月 26 日，政治新聞版。

電子媒體

1. 國語日報社，〈國語日報的故事——簡史〉，（來源：國語日報網站，http://www.mdnkids.com/info/history/02_1.asp，2011 年 7 月 11 日瀏覽）。

2. 國語日報社，〈「響應文資保存」本報合訂本贈臺文館典藏——2010／11／19〉，（來源：國語日報網站，http://www.mdnkids.com/info/news/adv_listdetail.asp?serial=70008&keyword=響應文資保存，2012 年 1 月 1 日瀏覽）。

3. 自由電子報，〈創始於 1934 年／波麗路 台灣最老的西餐廳〉（來源：自由電子報，http://www.libertytimes.com.tw/2010/new/dec/5/today-life11.htm#，2012 年 3 月 31 日瀏覽）。

4. 臺北市國語實驗小學，〈臺北市國語實驗小學——校史沿革〉（來源：，臺北市國語實驗小學

http://www.meps.tp.edu.tw/modules/tinyd/index.php?id=2，2012 年 4 月 1 日瀏覽）。

5. 民俗臺灣，〈人物介紹 黃得時〉，（來源：民俗臺灣網站，
   http://da.lib.nccu.edu.tw/ft/?m=2304&wsn=0610，2012 年 5 月 15 日瀏覽）。